国家社会科学基金青年项目最终成果

中共北京市委党校(北京行政学院)学术文库系列丛书

国家社科基金丛书
GUOJIA SHEKE JIJIN CONGSHU

企业异质性与
中国出口市场多元化研究

Firm Heterogeneity and
China's Export Market Diversification

马相东　著

人民出版社

序　言

　　马相东博士的新作《企业异质性与中国出口市场多元化研究》即将出版。付梓前,作者嘱我写一篇序言。

　　恰好十年前,作者在其博士学位论文基础上修改而成的学术专著《企业异质性与中国出口省际失衡研究》出版,我也曾受邀作序。十年光阴,转瞬即逝。但过去这十年,恰是世界与中国动荡激变的十年,是世界经济与中国经济剧烈变革的十年,出现了无数新情况、新问题。这为中国经济与世界经济的研究者,既提供了广阔的用武之地,也提出了巨大的挑战。马相东博士作为研究中国经济与世界经济的优秀年轻学者,有幸赶上了这个巨变时代,也为回答时代挑战作出了自己的不懈努力。从十年间两部专著以及他在此期间发表的诸多学术论文、经济时评,我们可以清晰地看到作者所研究问题的不断拓展、视角的转换、认识的不断深入,看到一个年轻学者不断走向学术成熟。

　　本书是基于作者所承担的国家社科基金青年项目“企业异质性与中国出口市场多元化研究”最终成果修改整理而成的。其主题与十年前的著作既密切关联又显著深化、扩展,具有清晰的逻辑脉络与思想的连续性。两部著作都基于国际贸易学界广为流行的异质性企业贸易理论(新新贸易理论),研究视角和问题又有所不同。早期的著作主要研究企业异质性条件下中国各省出口极度不平衡的原因与对策,视角向内;而本书则视角向外,专注于在企业异质性基础上通过贸易广延边际与集约边际扩展实现中国出口市场多元化,以市场多元化促进大变革时代的中国对外贸易高质量发展。

本书的视角转变因应了时代之变,而内容则尝试回答时代之问:在世界处于百年变局,经济全球化走向不明,区域化、集团化与意识形态化日益明显,全球贸易进入低增长新常态的背景下,中国如何能够因应时势,利用异质性企业和区域比较优势不同的特点,通过战略性贸易政策实现出口市场多元化,促进对外贸易高质量发展和推进贸易强国建设。

从本书的主要篇章内容来看,分别探讨了异质性企业贸易理论与中国出口市场多元化、全球贸易新趋势下中国出口市场多元化新发展、高质量共建"一带一路"与中国出口沿线新兴市场拓展、创新驱动发展战略下外贸新业态发展与中国出口市场多元化、自由贸易区提升战略下高标准自贸区网络构建与中国出口市场多元化等问题。这些问题,准确地反映了当前和未来相当长时间内中国外贸发展面临的机遇与挑战,既有理论分析和理论探讨,更多的是从全球化退潮下中国对外经贸关系发展现实的战略视角提出问题和分析问题,并探寻解决方案。

相东博士长期专注于新新贸易理论基础上中国贸易政策与对外经贸关系战略研究。他曾在北京大学、美国哥伦比亚大学、日本京都大学等国内外著名高校求学或从事研究,这使他积累了良好的学术基础与研究视野,毕业后任职于北京市委党校这样一个学术性与思想性、政策性并重的机构,又使其研究倾向和学术风格不同于在大学等纯学术机构任职的研究人员,这些特点和风格也自然都体现在本书之中。以我与相东博士长期合作和交流的感受以及阅读本书的体会,我认为其特点和风格主要体现在以下三方面:

其一,扎实的学术基础,紧跟学术前沿。近年来,新新贸易理论(异质性企业贸易理论)可以说是整个国际经贸研究领域最热门的内容,研究者众多。相东十几年前做博士学位论文时就敏锐地选择了这一当时在国内尚不太流行的方向,十多年来一直专注于这一方向。这使他对该领域的基本理论和最新进展了然于胸,用起来便得心应手,并且在熟练掌握的基础上加以扩展,付诸应用。无论是十几年前讨论中国出口企业异质性时在生产率之外考虑到中国企业的制度差异、垄断因素,还是在本书将异质性企业贸易边际扩张的思想应用到中国出口市场多元化,都是如此。

其二,牢牢把握国家经济战略与政策方向。相东任职于党校,这使他的研究工作天然地与党和国家的经济政策、方针紧密联系。他没有让这种学术与政策和政治的紧密关联成为研究工作的障碍,反而变为优势,使其可以更及时、准确地了解和把握国家经济发展大政方针,找到更具有现实意义和政策针对性的研究方向与课题。了解国际贸易学界研究状况的人都知道,新新贸易理论的主流研究方向是生产率与出口选择、出口的二元边际等等,中国学者则大多是以中国的经验和数据检验这些理论结论,证实或者证伪,如提出"生产率悖论"等。而将该理论与中国出口市场多元化,特别是与高质量共建"一带一路"、自贸试验区等宏观战略与政策联系在一起的研究还不多。我认为,这就使本书的研究具有了不同的意义和价值。

其三,理论与实践相结合,落脚中国现实。毋庸讳言,作为西方主流经济学理论的一部分,新新贸易理论也是以西方特别是美国的经济现实与经济问题为基础的。虽然经济学理论具有很强的普适性,经济发展与经济行为也具有相当的一般规律性,但作为社会科学和人类经济活动的反映,经济学理论还具有很强的社会属性、民族属性、文化属性和政治意识形态属性,经济规律也不像物理学的定律那样绝对、一律和严格,而只是在一个较长时期内起作用的大致的规律。鉴于中国在体制、文化、政治制度和经济发展阶段方面都与欧美发达经济体有较大差异,中国的经济学研究既要借鉴世界成果,又要兼顾中国现实。唯有如此,才能使经济学真正成为造福于中国人民的致用之学,而不是比赛模型漂亮、实证唯美的屠龙术或者花拳绣腿。我不大赞成有人以不可能存在"中国物理学"为理由反对探索"中国经济学"。这种把经济学理解为数理科学,把经济活动完全理解为物质过程,忽略人、忽略人的行为、忽略人的思想与意识、忽略制度和文化对人类经济活动和经济行为影响的思维,恐怕是有点走火入魔了,实践上也毫无益处。正因为如此,我一直欣赏和鼓励相东博士研究中注重现实、落脚中国、勤于实践的精神。这些,当然也体现在本书之中。

我希望并且相信,相东在未来对国际贸易理论的研究中,会更多地走到外贸企业当中,到从事贸易活动的机构和人员当中,了解真情况,发现真问题,发掘贸易发展和贸易行为的影响因素,而不仅仅是坐在书斋里看数据,如此一定会获得更多、更有意义的真知灼见与研究成果。我们期待相东博士的第三部以国际贸易新理论为基础的、研究中国出口企业贸易行为的著作早日面世。

是为序。

王跃生

2022 年 6 月 26 日于北京大学

目　　录

导　　论

一、研究背景和意义

《中华人民共和国国民经济和社会发展第十四个五年规划和2035年远景目标纲要》提出,加快构建以国内大循环为主体、国内国际双循环相互促进的新发展格局,要"优化国际市场布局,引导企业深耕传统出口市场、拓展新兴市场,扩大与周边国家贸易规模,稳定国际市场份额"①。国务院批复的《"十四五"对外贸易高质量发展规划》则将"优化国际市场布局"列为"十四五"时期中国对外贸易高质量发展的首要任务。这既为"十四五"时期乃至到2035年中国加快构建新发展格局和推进外贸高质量发展指明了具体思路,也向学术界提出了一个具有重要理论和现实意义的新课题:在世界百年变局和世纪疫情交织、中国进入新发展阶段和加快构建新发展格局的大背景下,如何运用学术前沿推动中国出口新兴市场拓展和市场多元化新发展?

"出口市场多元化",是中国抵御外部需求冲击、分散风险和"稳出口"的重要战略举措。该战略自1986年被正式提出以来,尽管取得了重要进展,但仍有较大发展空间。2019年以来,受世界经济增长低迷、国际经贸摩擦加剧、

---

① 《中华人民共和国国民经济和社会发展第十四个五年规划和2035年远景目标纲要》,人民出版社2021年版,第41页。

世纪疫情和乌克兰危机反复等诸多因素影响,中国出口的外部需求面临巨大冲击,"稳出口"形势严峻。为此,2022 年中国政府工作报告指出,外部环境更趋复杂严峻和不确定下,稳出口难度增大。2022 年 4 月召开的中共中央政治局会议强调,"要坚持扩大高水平对外开放,积极回应外资企业来华营商便利等诉求,稳住外贸外资基本盘"。① 在此背景下,推进中国出口新兴市场拓展和市场多元化新发展,具有重要的现实意义。

1986 年以来,"出口市场多元化"引起了学者们不同视角的研究。早期的研究主要从宏观层面对出口市场多元化战略本身及其实施成效进行审视和评价(强永昌,1992;刘力,1996;华晓红,2002;杨长湧,2010)。近年来,随着研究的深入,一些学者尝试从企业生产率(钱学锋和余弋,2014)、出口波动(易会文和黄汉民,2014)、出口绩效(刘乃全、戴晋,2015)、"一带一路"建设(马相东和王跃生,2017)、海外投资(程晓青,2019)、地方嵌入(贺灿飞和任卓然,2021)和人力资本积累(邱斌、刘启明和孙少勤,2021)等不同视角对出口市场多元化的作用及其影响因素展开了深度研究。然而,既有研究中,鲜有文献运用当代前沿的异质性企业贸易理论对中国出口市场多元化展开全面、深入的研究。

20 世纪 90 年代中期以来,大量基于企业生产和贸易层面数据的微观经验研究发现,不同发展水平国家的同行业内部各企业相互之间在企业规模、劳动生产率水平等各方面特征上存在着显著的异质性(Bernard 等,2003)。与此同时,企业异质性也与企业参与诸如出口、进口中间产品或对外直接投资(FDI)等国际贸易投资活动的企业决策息息相关。一些研究发现,能够从事出口或对外直接投资的企业只是同行企业中的一小部分,较之非出口企业,出口企业的规模相对更大、劳动生产率水平相对更高(Bernard 和 Jensen,1995; Bernard 和 Wagner,1997)。不仅如此,这种异质性对贸易模式和贸易结构、贸

---

① 《中共中央政治局召开会议:分析研究当前经济形势和经济工作,审议国家"十四五"期间人才发展规划》,《人民日报》2022 年 4 月 30 日。

易福利所得和收入分配等各方面产生着重要的影响。由此,国际贸易理论和实证研究重点,不断由传统的研究国家和产业等宏观层面日渐转入到研究企业和产品等微观层面,异质性企业贸易理论应运而生,成为当代的国际贸易理论前沿。

异质性企业贸易理论的核心思想可归为两大方面:一方面,企业生产率差异是造成企业异质性的最主要原因,生产率水平由低至高是决定企业依次作出退出市场、仅在国内销售、同时在国内国际市场销售等贸易行为决策的关键因素;另一方面,贸易自由化的企业"自选择效应",可通过要素资源重新配置促进行业总体生产率提高和社会福利改进(Melitz,2003)。

该理论在经典的贸易引力方程的拓展研究认为,一国的出口增长可以分解为集约边际(Intensive Margin)和扩展边际(Extensive Margin)两大部分。前者主要是指既有出口企业在现有出口市场上出口额的增加,后者则主要是指新企业进入出口市场和既有出口企业新出口市场的增加(Bernard 等,2012)。由此可见,扩展边际包括出口市场多元化。既有理论研究表明,包括出口市场多元化在内的扩展边际更有利于促进一国的出口增长,主要原因有三点:第一,出口增长的动力主要源于扩展边际。在梅里兹(Melitz,2003)模型中,可变贸易成本的提高对集约边际具有正、反双重效应,假定企业生产率水平服从帕累托分布,这两种效应完全抵消,集约边际独立于可变贸易成本。因此,可变贸易成本仅通过出口市场的扩展边际对贸易增长产生影响(Chaney,2008;Arkolakis 等,2008;Bernard 等,2012)。第二,分散风险。集约边际极易遭受外部冲击从而导致增长大幅波动并进一步引发较高的收入不稳定,同时还可能因为出口数量扩张而导致该国贸易条件恶化从而出现贫困化增长。扩展边际会增加贸易品的范围而不只是贸易量,不仅有利于出口国提升多元化的生产结构,也使逆向贸易条件效应不太可能发生(Hummels 和 Klenow,2005;Hausmann 和 Klinger,2006)。不仅如此,出口市场多元化还可以降低一国企业对冲宏观经济脆弱性与外部需求冲击,这对发展中国家来说尤其重要

（Haddad 等，2013；Önder 和 Yilmazkuday，2016）。第三，提高生产率水平。出口市场多元化可降低企业的需求不确定性，从而提高其工艺创新方面投资的动力，进而促进其生产率提高（Juvenal 和 Monteiro，2013）。

有鉴于此，本书研究拟运用当代前沿的异质性企业贸易理论，分析中国出口新兴市场拓展和市场多元化新发展的有利因素及其形成机理，在此基础上提出推进中国出口新兴市场拓展和市场多元化新发展的基本策略与路径，以期为相关学术研究提供研究参考，同时为中国相关政府部门制定外贸政策和相关外贸企业开拓国际市场提供决策参考。

二、研究思路

本书研究分为三大板块，研究思路如下。

第一大板块，是研究基础板块，由第一章和第二章组成。第一章从历史和现实两个维度分析中国出口市场多元化的历史演进与现实意义，为全书的研究和分析提供历史与现实基础。第二章对异质性企业贸易理论的相关研究梳理和述评之后，运用其核心思想初步分析中国出口新兴市场拓展和市场多元化新发展的四大有利因素。该章为全书的研究和分析提供理论基础。

第二大板块，是深度分析板块，由第三章至第六章组成。该板块在第二章初步分析的基础上，运用异质性企业贸易理论，深度分析中国出口市场多元化新发展的四大有利因素及其助推机理，之后提出其推进策略与路径。其基本逻辑是：

一方面，分析外部环境对中国出口保稳提质及出口市场多元化的双重影响与应对策略。第三章重点运用异质性企业贸易理论深度分析全球贸易格局"南升北降"、价值链重构、贸易区域化三大新趋势为中国出口新兴市场拓展、竞争新优势培育、高标准自贸区构建等带来新的历史机遇和形成倒逼机制，在此基础上，提出"十四五"时期乃至到 2035 年中国推进出口市场多元化新发展的总体策略和重点路径。

另一方面,分析中国自身经济发展战略助推出口市场多元化的形成机理与推进路径。对应全球贸易格局"南升北降"等三大新趋势所带来新的历史机遇和形成的倒逼机制,第四章至第六章依次深度分析共建"一带一路"高质量发展、创新驱动发展战略下的外贸新业态发展、自由贸易区提升战略下的高标准自贸区构建,如何助推中国出口市场多元化。这三章又分两个层级。首先,2013 年以来,中国出口市场多元化战略的实施主要融入"一带一路"建设中,中国出口新兴市场拓展主要是对"一带一路"沿线国家和地区的拓展。因此,第四章运用异质性企业贸易理论深度分析共建"一带一路"高质量发展助推中国出口企业拓展沿线新兴市场的形成机理及其重点推进路径。其次,生产率水平和贸易自由化是异质性企业贸易理论的两个核心概念,与之相对应,创新驱动发展战略下的外贸新业态发展和自由贸易区提升战略下的高标准自由贸易区构建,日益成为助推中国出口市场多元化的强劲动能。因此,第五章和第六章分别重点分析如何推进外贸新业态发展和高标准自由贸易区构建。

第三大板块,是学术思考板块,由第七章组成。推动出口市场多元化,最终目的是推进外贸高质量发展和贸易强国建设,而开放发展、保稳提质和经济安全,则是"十四五"时期乃至到 2035 年中国推进出口市场多元化、外贸高质量发展和贸易强国建设的关键。为此,第七章围绕开放发展、保稳提质和经济安全三个主题,运用异质性企业贸易理论对中国推进出口市场多元化、外贸高质量发展和贸易强国建设这几个现实问题进行学术思考。

三、学术价值和应用价值

与既有研究相比,本书基于异质性企业贸易理论研究中国出口市场多元化,研究视角比较新颖。推进中国出口新兴市场拓展和市场多元化新发展,对"十四五"时期乃至到 2035 年中国外贸高质量发展和新发展格局构建具有重要的现实意义。目前,对运用异质性企业贸易理论这一学术前沿研究中国出口市场多元化这一重要课题的既有研究,无论是数量还是质量均远远不足。

本研究将弥补这一缺憾与不足,具有较高的学术价值和应用价值。

(一)具有较高的学术价值

本书运用异质性企业贸易理论,深度分析中国出口市场多元化发展的历史机遇及其形成机理,所得出的一些新研究结论,可为相关学者的学术研究提供一定参考。

第一,从辩证思维和异质性企业贸易理论视角分析,全球贸易新常态和新趋势虽然会对中国出口保稳提质产生巨大冲击,但同时也可为中国外贸高质量发展及出口市场多元化新发展带来新的历史机遇和形成倒逼机制:一是全球贸易格局"南升北降"可为中国出口新兴市场拓展带来新机遇;二是全球价值链收缩与重构可倒逼中国加快培育出口竞争新优势;三是全球贸易区域化可为中国加快构建面向全球的高标准自由贸易区网络创造有利条件。

第二,根据异质性企业贸易理论,企业出口的市场选择主要受出口市场规模、贸易自由化和金融发展等因素影响,而高质量共建"一带一路"的设施联通、贸易畅通、资金融通恰恰分别起到激发和创造新的市场需求、提高贸易自由化便利化、促进金融创新与发展等作用。这将极大地促进中国与沿线国家和地区的贸易与投资发展,并成为中国出口企业拓展沿线新兴市场与推进出口市场多元化的新引擎。

第三,根据异质性企业贸易理论,由于存在沉没出口市场进入成本,只有较高生产率水平的企业才可以出口方式进入国际市场。因此,通过提升企业生产率和降低贸易成本,均可促进企业开拓国际市场。党的十八大以来,中国政府大力实施创新驱动发展战略,跨境电商、海外仓、市场采购贸易、外贸综合服务企业、保税维修、离岸贸易等六种外贸新业态、新模式蓬勃发展。外贸新业态的发展,可通过降低贸易成本、促进贸易自由化便利化、提升贸易竞争力、扩大外贸主体等途径助推中国出口企业拓展新兴市场和推动市场多元化。

第四,贸易自由化的企业"自选择效应",不仅可通过要素资源重置促进行业总体生产率的提升,而且可通过增加贸易伙伴和降低贸易成本促进出口市场多元化,而高标准自贸区的构建又可促进贸易投资自由化便利化。因此,高标准自由贸易区的构建可助推中国出口新兴市场拓展与市场多元化。加快构建面向全球的高标准自由贸易区网络,首先要立足周边。从异质性企业贸易理论视角分析,两国经济规模差异过大、企业创新能力偏弱、贸易层次较低、基础设施及其互联互通建设较差,是制约中国与周边国家双边自由贸易区构建的主要因素。

(二)具有较高的应用价值

基于异质性企业贸易理论,本书提出的比较新颖、具有较强针对性和可操作性的推动策略与路径,既可为中国有关政府部门制定对外贸易政策提供决策依据,也可为相关企业开拓国际市场提供决策参考。

第一,"十四五"时期乃至到2035年,顺应全球贸易新趋势,推进中国出口市场多元化新发展的基本策略包括:顺应全球贸易格局"南升北降"新趋势,积极拓展对"一带一路"沿线和广大亚非拉新兴市场出口;顺应全球价值链收缩与重构新趋势,加快培育中国出口竞争新优势;顺应贸易区域化与集团化新趋势,加快构建立足周边、辐射"一带一路"、面向全球的高标准自由贸易区网络。

第二,推进中国出口企业拓展"一带一路"沿线新兴市场的重点路径:一是加强循序渐进、社会责任和风险管控意识,以缓解"一带一路"建设资金短缺、增进东道国信任、化解地缘政治风险,激活沿线需求新天地;二是通过推进开放平台建设、构建高标准自由贸易区网络、完善贸易畅通网络等,深化与沿线国家和地区贸易畅通合作,进一步促进沿线贸易投资自由化便利化;三是加大金融创新、开放和监管力度,构建服务共建"一带一路"高质量发展的金融大动脉。

第三,由于创新内在的不确定性和公共物品属性而导致的市场失灵,新业态、新模式的发展需要发挥政府的积极作用。因此,各地各部门要加强统筹协调,在制度建设、政府管理、服务集成等领域不断开展创新,解决外贸企业在创新发展中遇到的困难和问题,进而更好地推进外贸新业态、新模式的创新发展,使其进一步成为推动中国出口竞争新优势培育和出口市场多元化新发展的新动能。

第四,推进面向全球的高标准自由贸易区网络构建的基本策略,在于坚持共商共建共享理念,促进双边和区域经济和贸易共同繁荣发展。具体路径包括:推进"互利共赢"全方位合作,促进经济共同繁荣;扩大科技创新合作深度和广度,打造创新共同体;发挥顺向投资产业升级效应,促进产业结构共同升级;深化金融合作与创新,加快设施联通建设。

第一章 中国出口市场多元化的
历史演进与现实意义

"出口市场多元化",是中国抵御外部需求冲击、分散出口风险、"稳出口"的重要发展战略。该战略自1986年被正式提出以来,尽管已经取得重要进展,但仍有较大发展空间。

2022年以来,中国出口发展面临的不确定性不稳定性因素增多。国际方面,新冠肺炎疫情和乌克兰危机让本已脆弱的世界经济雪上加霜,外部需求复苏势头明显放缓。国内方面,劳动力和土地等要素成本持续上升,外贸传统竞争优势不断弱化,稳出口难度增大。在此背景下,推进中国出口市场多元化新发展,具有重要的现实意义。

本章主要从历史和现实两个维度,分析中国出口市场多元化战略的历史演进与现实意义,为后文的研究做铺垫。

第一节 新发展格局构建下的出口市场多元化

国家"十四五"规划和2035年远景目标纲要提出,加快构建新发展格局,要"优化国际市场布局,引导企业深耕传统出口市场、拓展新兴市场,扩大与周边国家贸易规模,稳定国际市场份额"。这既为"十四五"时期乃至到2035

年中国加快构建新发展格局规划了具体路径,也再次凸显了"出口市场多元化"的新时代意义。

"出口市场多元化",是中国抵御外部需求冲击、分散风险和"稳出口"的重要发展战略。该战略自1986年正式被提出以来,尽管已经取得一定成效,但总体进程仍然缓慢,还有很大发展空间。

改革开放四十多年以来,中国经济发展取得了举世瞩目的巨大成就,在全球经济中的国际地位也随之持续提升。根据世界银行世界发展指数(WDI)数据库数据,如果按照购买力平价(PPP)计算,早在2002年,中国和日本的国内生产总值(GDP)分别为3.67万亿国际美元和3.42万亿国际美元,中国经济总量就已经超过日本,跃居全球第二;如果按美元汇率计算,2010年,中国和日本的GDP则分别为5.88万亿美元和5.50万亿美元,中国经济总量也赶超日本,中国成为仅次于美国的全球第二大经济体(马相东,2012)。

党的十八大以来,中国以共建"一带一路"为引领,推动开放型经济新体制建设迈上新台阶,以更加开放的心态、更加自信的步伐融入世界经济,国家经济实力不断跃上新台阶。据世界银行数据,如果按美元汇率计算,2021年,中国的GDP为17.73万亿美元,中国的经济总量占世界经济总量(96.10万亿美元)的18.5%。

与此同时,中国货物出口也发展迅猛,国际地位随之不断提升。据中国商务部数据显示,中国货物出口从1978年的97.5亿美元增至2021年的3.36万亿美元,43年增长了345倍,年均增长15.6%,其中,1978—2007年实现了年均19.0%的高速增长奇迹。中国货物出口占全球货物出口的份额,从1978年的0.7%持续提高至2009年的9.9%,2021年进一步提高至15.1%;其在全球的排名,则相应从1978年的全球第32位持续提升至2009年的全球第一位,至2021年连续13年位居全球第一大货物出口国。

尽管如此,中国货物出口面临外部需求冲击时的脆弱性问题一直困扰着中国对外贸易发展,2008年国际金融危机所导致的外需不足对中国货物出口的冲击尤其突出。国际金融危机以来,世界经济进入深刻调整期,全球贸易在增长速度、发展方式、格局调整和驱动机制等方面随之呈现"新常态"(马相东和王跃生,2015)。全球贸易新常态对中国的货物出口产生了很大冲击和负面影响。据中国商务部数据显示,中国货物出口的年均增长速度,从危机前2002—2008 年的 27.3%,大幅下滑至危机期间 2009—2011 年的 11.9%,之后进一步下滑至危机后 2012—2020 年的 3.7%。

2021 年,受中国经济发展和疫情防控保持全球领先地位、全球经济保持复苏态势、中国稳增长政策措施效果持续显现三大有利因素支撑,中国货物出口实现了 29.9% 的强劲增长,开创 2011 年以来的十年新高。然而,2022 年以来,中国外贸发展面临的不确定性、不稳定性、不均衡性因素增多。国际方面,新冠肺炎疫情起伏反复导致全球经济增速显著放缓,乌克兰危机让本已脆弱的世界经济雪上加霜,全球经济正在进入"漫长的增长乏力、通胀高企时期"(World Bank,2022),外部需求复苏势头明显放缓。国内方面,劳动力和土地等要素成本持续上升,资源环境承载能力达到"瓶颈",外贸传统竞争优势不断弱化,局部疫情时有发生,进一步加大外贸企业的生产经营困难。叠加2021 年外贸基数较高的因素,中国扩大出口面临的形势复杂严峻。"稳出口难度增大"(李克强,2022)。据中国海关统计数据显示,2022 年上半年,中国货物出口增长率又回落至 13.2%。

在上述背景下,进一步推进中国出口新兴市场拓展和市场多元化新发展,对中国优化货物出口国际市场布局和加快构建新发展格局,具有重要的新时代意义。下面主要从历史和现实两个维度,分析中国出口市场多元化战略的历史演进与现实意义,为后文的研究作铺垫。

第二节　中国出口市场多元化战略的历史演进

"出口市场多元化",简言之,就是在巩固和发展已有国际市场的基础上,积极开辟新的国际市场,以优化出口国际市场布局、分散出口过度集中风险,促进出口稳定增长。中国早在 1985 年 9 月就提出实施出口市场多元化战略的基本思想,1986 年 3 月正式提出这一战略。本书以三大重要历史事件为节点,将中国出口市场多元化战略的形成和发展分为以下三大阶段:

一、早期发展阶段(1985 年 9 月—2001 年 11 月)

改革开放初期(1979—1981 年),中国出口保持了年均 31.4% 的较高增长速度。但随之而来的石油价格冲击和世界经济衰退使中国贸易增长受阻(Keller,Li 和 Shiue,2011)。"六五"期间(1981—1985 年),中国出口年均增长速度仅为 8.9%。为了增加出口和创造更多的外汇,1985 年 9 月通过的《中共中央关于制定国民经济和社会发展第七个五年计划的建议》提出,"解决好这个关系我国现代化全局的问题,必须在出口商品的构成、国际市场的开拓和出口商品的生产布局这三个方面,采取适应国际市场需求和符合我国国情的正确战略","在国际市场的开拓方面,要在继续巩固和发展已有市场的同时,积极开辟新的市场"[1]。1986 年中国政府工作报告明确提出:"要扩大外贸出口,创造更多的外汇,最根本的是要采取适应国际市场需求和符合我国国情的正确战略。""要积极开拓国际市场,在继续巩固和发展已有市场的同时,进一步面向世界各国和各地区,做到出口市场多元化。"[2]至此,中国政府文件中首次出现"出口市场多元化"一词。

20 世纪 90 年代初期,针对中国对外贸易过于集中在美国、日本、西欧等市场的问题,为突破西方制裁,减少政治风险和经济风险,中国再次明确推进出口市场多元化战略。其主要内容是:在巩固和扩大发达国家市场的同时,加

---

[1] 《中共中央关于制定国民经济和社会发展第七个五年计划的建议》,人民出版社 1985 年版,第 28—29 页。

[2] 中共中央文献研究室编:《十二大以来重要文献选编》(中),人民出版社 1986 年版,第 943 页。

快开拓发展中国家特别是周边国家和地区市场(钱学锋和余弋,2014)。这在中国"八五"(1991—1995年)计划纲要、1992年和1994年中国政府工作报告中都有明确表述。中国"八五"计划纲要将"努力巩固已有的市场,积极开拓新的市场"①列为增加出口创汇的重要工作。1992年中国政府工作报告明确提出:"深化外贸体制改革,重点是改革进出口管理办法,推进外贸市场的多元化。"②1994年中国政府工作报告进一步明确提出:"要实行以质取胜和市场多元化战略,提高加工深度,增加技术含量,加强售后服务,在巩固和发展现有市场的同时,积极开拓新的市场。"③

20世纪90年代中后期,世界经济波动加剧,中国货物出口增长也随之大幅波动,尤其是东南亚金融危机对中国货物出口的冲击很大。据中国商务部数据显示,中国货物出口增长速度,从1994年的31.9%和1995年的23.0%迅速回落到1996年的1.5%、1998年的0.5%;1999年略有回升,也不过6.1%(见表1-1)。为此,中国"九五"(1996—2000年)计划纲要将"坚持以质取胜和市场多元化的对外贸易战略"单独列为其第八章第二节,明确提出:要"发展双边和多边贸易,相互促进,实现市场多元化。在巩固提高传统市场占有率的基础上,大力开拓新市场,拓展出口渠道"。④

在1996—2000年的各年中国政府工作报告中,也都明确强调了要坚持和实施市场多元化战略。如,2000年中国政府工作报告提出,进一步扩大对外开放,要"继续实行以质取胜和市场多元化战略,贯彻落实各项鼓励出口的政策,努力扩大出口","积极开拓国际市场,特别要大力拓展非洲、拉美、东欧、

---

①　中共中央文献研究室编:《十三大以来重要文献选编》(中),人民出版社1991年版,第1413页。

②　中共中央文献研究室编:《十三大以来重要文献选编》(中),人民出版社1993年版,第2004页。

③　中共中央文献研究室编:《十四大以来重要文献选编》(中),人民出版社1996年版,第724页。

④　中共中央文献研究室编:《十四大以来重要文献选编》(中),人民出版社1997年版,第1881页。

独联体等新兴市场,积极发展与周边国家及发展中国家的经贸关系"①。

表 1-1　1991—2021 年中国货物进出口情况　(单位:百分比)

年份	中国货物进出口增长率	中国货物出口增长率	中国 GDP 增长率	世界货物出口增长率
1991	17.5	15.7	9.3	0.6
1992	22.0	18.2	14.2	7.7
1993	18.2	8.0	13.9	-0.1
1994	20.9	31.9	13.0	14.3
1995	18.7	23.0	11.0	19.8
1996	3.2	1.5	9.9	4.5
1997	12.2	21.0	9.2	3.5
1998	-0.4	0.5	7.8	-1.6
1999	11.3	6.1	7.7	3.9
2000	31.5	27.8	8.5	12.7
2001	7.5	6.8	8.3	-4.0
2002	21.8	22.4	9.1	4.9
2003	37.1	34.6	10.0	16.8
2004	35.7	35.4	10.1	21.5
2005	23.2	28.4	11.4	13.9
2006	23.8	27.2	12.7	15.5
2007	23.6	25.9	14.2	15.6
2008	17.8	17.3	9.7	15.2
2009	-13.9	-16.0	9.4	-22.2
2010	34.7	31.3	10.6	21.8
2011	22.5	20.3	9.6	19.9
2012	6.2	7.9	7.9	0.9
2013	7.5	7.8	7.8	2.4
2014	3.4	6.1	7.4	0.3

① 中共中央文献研究室编:《十五大以来重要文献选编》(中),人民出版社 2001 年版,第 1184 页。

年份	中国货物 进出口增长率	中国货物 出口增长率	中国 GDP 增长率	世界货物 出口增长率
2015	-8.1	-2.9	7.0	-12.9
2016	-6.8	-7.7	6.8	-3.1
2017	11.4	7.9	6.9	10.6
2018	12.5	9.9	6.7	10.2
2019	-1.0	0.5	6.0	-2.8
2020	1.7	3.6	2.2	-7.2
2021	31.7	29.9	8.1	26.3
1991—2000	15.5	15.4	10.5	6.5
2002—2008	26.1	27.3	11.0	14.8
2013—2021	5.8	6.1	6.5	2.6

注:最后三行为年均值。

资料来源:笔者根据中国国家统计局和联合国贸易与发展会议数据库(UNCTADstat)数据整理计算
　　　得出。

二、调整发展阶段(2001 年 12 月—2012 年 10 月)

2001 年 12 月,中国成功加入世界贸易组织(WTO),由此开启中国经济对
外开放第二次浪潮(马相东和王跃生,2021)。2002—2008 年,随着加入世界
贸易组织带来的开放红利和自身劳动力比较优势的充分发挥,中国货物出口
呈现出爆炸式增长。2002—2008 年,中国货物出口平均增长速度为 27.3%,
既是同期自身 GDP 年均增长速度(11.0%)的 2.5 倍和世界贸易年均增长速
度(14.8%)的 1.8 倍,也是此前十年(1991—2000 年)自身出口年均增长速度
(15.4%)的 1.8 倍(见表 1-1)。

但是,这并没有根本改变中国出口增长面临外部需求冲击的脆弱性(钱
学锋和余弋,2014)。在 2000—2001 年世界经济温和衰退、2008 年国际金融
危机、2020 年新冠肺炎疫情、2022 年乌克兰危机等大事件冲击之下,中国货
物出口都不同程度地出现了大幅萎缩。有数据显示,2001 年,中国出口增

长速度仅为 6.8%,低于同期 GDP 增长速度;2009 年中国出口增长速度甚至为-16.0%,而同期 GDP 增长速度为 9.4%(见表 1-1)。因此,2001—2004 年的中国政府工作报告连续 4 年都强调了出口市场多元化战略的重要性。

2001 年中国政府工作报告提出,进一步扩大对外开放,要"大力推进市场多元化战略,开拓新的出口市场"。① 2002 年中国政府工作报告提出,全面提高对外开放水平,要"继续实施市场多元化战略,力争今年外贸出口有所增长。要力保现有市场,开拓新的市场"。② 2003 年中国政府工作报告提出,扩大对外开放,要"稳定鼓励出口的各项政策措施,实施市场多元化战略,坚持以质取胜,扩大商品和服务贸易"。③ 2004 年中国政府工作报告提出,提高对外开放水平,要"努力保持对外贸易适度增长。要继续实施市场多元化战略,坚持科技兴贸,以质取胜,优化出口商品结构,促进加工贸易转型升级"。④

随着 2002—2004 年连续三年高速增长(年均增长 30.8%,见表 1-1),中国对外贸易的首要任务不再是扩大出口,而是转变对外贸易增长方式。2005 年之后连续四年的中国政府工作报告不再强调出口市场多元化战略。2005 年中国政府工作报告将"加快转变对外贸易增长方式"列为对外开放工作的首要任务,提出要"优化出口商品结构,促进加工贸易升级,保持出口继续增长。继续搞好能源、重要原材料、关键技术和重大设备的进口"。⑤

之后,尽管中国"十一五"(2006—2010 年)规划纲要也曾提出"积极开拓

---

① 中共中央文献研究室编:《十五大以来重要文献选编》(中),人民出版社 2001 年版,第 1697 页。

② 朱镕基:《政府工作报告——2002 年 3 月 5 日在第九届全国人民代表大会第五次会议上》,人民出版社 2002 年版,第 24 页。

③ 朱镕基:《政府工作报告——2003 年 3 月 5 日在第十届全国人民代表大会第一次会议上》,人民出版社 2003 年版,第 48 页。

④ 温家宝:《政府工作报告——2004 年 3 月 5 日在第十届全国人民代表大会第二次会议上》,人民出版社 2004 年版,第 29 页。

⑤ 温家宝:《政府工作报告——2005 年 3 月 5 日在第十届全国人民代表大会第三次会议上》,人民出版社 2005 年版,第 27 页。

非传统出口市场,推进市场多元化"①,但在 2006—2008 年连续三年的中国政府工作报告中并没有明确强调市场多元化战略,而是强调转变贸易增长方式和改善进出口失衡状况。2006 年中国政府工作报告提出,进一步扩大对外开放的首要任务,是"要转变贸易增长方式,注重优化进出口结构,努力改善进出口不平衡状况"。②

　　2008 年国际金融危机对世界贸易及中国出口都产生了严重冲击。据世界贸易组织统计数据显示,2009 年,世界贸易同比增长-22.2%;中国出口同比增长-16.0%(见表 1-1)。面对新的国际形势,2009 年和 2010 年连续两年的中国政府工作报告,再次强调实施出口市场多元化战略。2009 年中国政府工作报告提出,继续深化改革开放,要"坚持出口市场多元化和以质取胜战略,巩固传统出口市场,大力开拓新兴市场"。③ 2010 年中国政府工作报告则将"拓市场"列为进一步扩大开放主要着力点之首,并明确提出:要"坚持实施市场多元化战略和以质取胜战略,落实和完善出口退税、出口信贷、出口信用保险等各项政策措施,继续改善海关、质检、外汇等方面的服务。巩固传统市场,大力开拓新兴市场"。④

　　中国"十二五"(2011—2015 年)规划纲要将"积极开拓新兴市场,推进出口市场多元化"作为继续稳定和拓展外需、培育出口竞争新优势的重要方面。⑤ 2012 年中国政府工作报告指出,2011 年工作"我们坚持出口和进口并

---

　　①　《中华人民共和国国民经济和社会发展第十一个五年规划纲要》,人民出版社 2006 年版,第 62 页。

　　②　温家宝:《政府工作报告——2006 年 3 月 5 日在第十届全国人民代表大会第四次会议上》,人民出版社 2006 年版,第 29 页。

　　③　温家宝:《政府工作报告——2009 年 3 月 5 日在第十一届全国人民代表大会第二次会议上》,人民出版社 2009 年版,第 33 页。

　　④　温家宝:《政府工作报告——2010 年 3 月 5 日在第十一届全国人民代表大会第三次会议上》,人民出版社 2010 年版,第 41 页。

　　⑤　《中华人民共和国国民经济和社会发展第十二个五年规划纲要》,人民出版社 2011 年版,第 132 页。

重,利用外资和对外投资并举,全面提升开放型经济水平。积极推进市场多元化战略,努力优化贸易结构"①,2012 年工作要"深入实施科技兴贸、以质取胜和市场多元化战略,支持企业培育自主品牌、营销网络和研发中心,引导加工贸易向产业链高端延伸、向中西部转移。巩固美日欧传统市场,开拓新兴市场"②。

三、新时代发展阶段(2012 年 11 月以来)

2012 年 11 月,党的十八大胜利召开。由此,中国特色社会主义进入新时代,中国出口市场多元化战略在新时代得到新的丰富和发展。

2013 年中国政府工作报告在过去五年工作回顾部分中,充分肯定了实施出口市场多元化战略的积极成效,指出:"实施市场多元化战略,进出口总额年均增长 12.2%,从世界第三位提升到第二位,其中出口额跃居世界第一位,占国际市场份额比 2007 年提高 2 个多百分点,进出口结构优化,贸易大国地位进一步巩固。"③

2013 年 9 月和 10 月,中国国家主席习近平先后提出共建"丝绸之路经济带"和"21 世纪海上丝绸之路"(以下简称"一带一路")倡议。共建"一带一路"倡议不仅拓展了对外开放领域,也为中国对外贸易和出口市场多元化新发展提供了难得的历史机遇。此后的中国政府工作报告尽管大多数年份没有直接提及出口市场多元化战略,但对"一带一路"建设进行了重点部署,也暗含着对出口市场多元化的重视和发展。

2014 年中国政府工作报告提出,开创高水平对外开放新局面,要"抓紧规

---

① 温家宝:《政府工作报告——2012 年 3 月 5 日在第十一届全国人民代表大会第五次会议上》,人民出版社 2012 年版,第 10 页。
② 温家宝:《政府工作报告——2012 年 3 月 5 日在第十一届全国人民代表大会第五次会议上》,人民出版社 2012 年版,第 33 页。
③ 温家宝:《政府工作报告——2013 年 3 月 5 日在第十二届全国人民代表大会第一次会议上》,人民出版社 2013 年版,第 14 页。

划建设丝绸之路经济带、21世纪海上丝绸之路,推进孟中印缅、中巴经济走廊建设,推出一批重大支撑项目,加快基础设施互联互通,拓展国际经济技术合作新空间"。① 2015年中国政府工作报告提出,构建全方位对外开放新格局,要"推进丝绸之路经济带和21世纪海上丝绸之路合作建设"。② 2016年中国政府工作报告对"一带一路"建设进行了更为全面的部署。该报告提出,开拓发展更大空间和推进新一轮高水平对外开放,均要扎实推进"一带一路"建设,而扎实推进"一带一路"建设,则从"统筹国内区域开发开放与国际经济合作,共同打造陆上经济走廊和海上合作支点,推动互联互通、经贸合作、人文交流""构建沿线大通关合作机制,建设国际物流大通道""推进边境经济合作区、跨境经济合作区、境外经贸合作区建设"等方面进行了具体部署。③

　　2016年3月,中国"十三五"(2016—2020年)规划纲要再次明确提出推动出口市场多元化。该规划纲要第十一篇"构建全方位开放新格局"提出,要"以'一带一路'建设为统领,丰富对外开放内涵,提高对外开放水平"。④ 在其第四十九章"完善对外开放战略布局"中提出,加快对外贸易优化升级,要"优化对外贸易布局,推动出口市场多元化,提高新兴市场比重,巩固传统市场份额"。⑤ 这是中国特色社会主义进入新时代以来,在中国官方文件中,首次提到出口市场多元化战略。该规划纲要还专设一章(第五十一章)全面规划推进"一带一路"建设。2017年和2018年的中国政府工作报告,尽管没有直接部署出口市场多元化,但均对扎实推进"一带一路"建设和推进"一带一

　　① 李克强:《政府工作报告——2014年3月5日在第十二届全国人民代表大会第二次会议上》,人民出版社2014年版,第19页。
　　② 李克强:《政府工作报告——2015年3月5日在第十二届全国人民代表大会第三次会议上》,人民出版社2015年版,第20页。
　　③ 李克强:《政府工作报告——2016年3月5日在第十二届全国人民代表大会第四次会议上》,人民出版社2016年版,第30—31页。
　　④ 《中华人民共和国国民经济和社会发展第十三个五年规划纲要》,人民出版社2016年版,第122页。
　　⑤ 《中华人民共和国国民经济和社会发展第十三个五年规划纲要》,人民出版社2016年版,第124页。

路"国际合作进行了具体部署。

2018 年 8 月,在推进"一带一路"建设工作 5 周年座谈会上,习近平总书记提出:"推动共建'一带一路'向高质量发展转变,这是下一阶段推进共建'一带一路'工作的基本要求"。① 此后,中国政府从推动共建"一带一路"高质量发展方面进一步丰富和发展了出口市场多元化战略。2019 年中国政府工作报告提出,推动全方位对外开放,培育国际经济合作和竞争新优势,要"推动出口市场多元化"。② 这是中国特色社会主义进入新时代以来,在中国政府工作报告中,首次明确提到出口市场多元化。2021 年中国政府工作报告在继续部署高质量共建"一带一路"的同时,提出,促进外贸外资稳中提质,要"发展跨境电商等新业态新模式,支持企业开拓多元化市场"。③

2021 年 3 月,中国"十四五"(2021—2025 年)规划和 2035 年远景目标纲要提出,加快构建以国内大循环为主体、国内国际双循环相互促进的新发展格局,要"优化国际市场布局,引导企业深耕传统出口市场、拓展新兴市场、扩大与周边国家贸易规模,稳定国际市场份额"。④ 这进一步丰富和发展了中国出口市场多元化战略。2022 年中国政府工作报告在继续部署高质量共建"一带一路"的同时,提出,推动外贸外资平稳发展,要"加快发展外贸新业态新模式,充分发挥跨境电商作用,支持建设一批海外仓……创新发展服务贸易、数字贸易,推进实施跨境服务贸易负面清单。深化通关便利化改革,加快国际物流体系建设,助力外贸降成本、提效率"。⑤

---

① 《习近平谈治国理政》(第三卷),外文出版社 2020 年版,第 487 页。
② 李克强:《政府工作报告——2019 年 3 月 5 日在第十三届全国人民代表大会第二次会议上》,人民出版社 2019 年版,第 32 页。
③ 李克强:《政府工作报告——2021 年 3 月 5 日在第十三届全国人民代表大会第四次会议上》,人民出版社 2021 年版,第 29 页。
④ 《中华人民共和国国民经济和社会发展第十四个五年规划和 2035 年远景目标纲要》,人民出版社 2021 年版,第 41 页。
⑤ 李克强:《政府工作报告——2022 年 3 月 5 日在第十三届全国人民代表大会第五次会议上》,人民出版社 2022 年版,第 29 页。

第三节　中国出口市场多元化战略的实施效果

在出口市场多元化战略的推动下,中国出口新兴市场拓展不断取得新进展,国际市场布局日趋多元,遍布全球的多元化贸易格局逐步形成。尤其是,2013 年提出共建"一带一路"倡议以来,中国与沿线新兴市场和发展中国家贸易持续较快增长,份额显著提升。尽管如此,中国出口市场多元化仍有较大发展空间。

一、中国出口市场多元化战略的实施成效

改革开放以后,中国全方位发展对外贸易,出口市场多元化发展取得重大进展。一般而言,出口市场多元化的发展成效可以用出口市场分散度和均匀度(集中度)两大指标衡量。就这两个指标而言,无论是从其自身发展的纵向比较,还是与全球主要经济体发展的横向比较,中国出口市场多元化的发展都取得了较大成效。

(一)从自身发展的纵向比较视角看,中国出口市场多元化发展成效显著

其一,从出口市场分散度指标看,中国出口市场数量由少到多。改革开放四十多年来,中国先后与世界上所有国家和地区都建立了贸易关系。自2001 年 12 月加入世界贸易组织以后,中国产品出口更是节节攀升、海外市场遍地开花。早在 2011 年 12 月,中国的贸易伙伴就已经由 1978 年的几十个国家和地区发展至 231 个国家和地区。[1] 这通常被认为是中国出口市场多元化战略取得明显成效的主要标志之一。

---

[1]　中华人民共和国国务院新闻办公室:《中国的对外贸易(2011 年 12 月)》,《人民日报》2011 年 12 月 8 日。

尤其是,自2013年共建"一带一路"倡议提出以来,中国与"一带一路"沿线国家和地区的贸易往来日益紧密,占中国外贸的比重稳步提升。据中国海关统计数据,2022年上半年,中国对"一带一路"沿线国家和地区的进出口同比增长17.8%;截至2022年6月,中国与"一带一路"沿线国家和地区的进出口值占中国外贸进出口总值,由2013年的25.0%提升至2022年上半年的31.1%,提高了6.1个百分点。

其二,从出口市场均匀度(集中度)指标看,无论是前十位出口市场占比,还是前五位出口市场占比及前三位出口市场占比,都呈现出稳步下降趋势。据中国商务部数据显示,分地区看,中国出口前十位市场占比,由2005年的86.4%逐步下降到2013年的79.2%和2021年的75.8%;前五位市场占比,由2005年的74.9%分别下降至2013年的67.3%和2021年的62.3%;前三位市场占比,则相应由56.6%分别下降至2013年的49.4%和2021年的46.9%(见表1-2)。

表1-2 2005年、2013年和2021年中国出口前十位地区占比 (单位:%)

位次	2005年		2013年		2021年	
	出口地区	占比	出口地区	占比	出口地区	占比
1	美国	21.4	中国香港	17.4	美国	17.1
2	欧盟*	18.9	美国	16.7	欧盟	15.4
3	中国香港	16.3	欧盟	15.3	东盟	14.4
4	日本	11.0	东盟	11.0	中国香港	10.4
5	东盟**	7.3	日本	6.8	日本	4.9
6	韩国	4.6	韩国	4.1	韩国	4.4
7	中国台湾	2.2	俄罗斯	2.2	印度	2.9
8	俄罗斯	1.7	印度	2.0	英国	2.3
9	加拿大	1.5	中国台湾	1.8	中国台湾	2.0

续表

位次	2005 年		2013 年		2021 年	
	出口地区	占比	出口地区	占比	出口地区	占比
10	澳大利亚	1.5	澳大利亚	1.7	俄罗斯	2.0
前三		56.6		49.4		46.9
前五		74.9		67.3		62.3
前十		86.4		79.2		75.8

注:* 欧盟:1994 年前称欧共体,成员国包括德国、英国、法国、意大利、比利时、丹麦、葡萄牙、西班牙、爱尔兰、卢森堡、荷兰、希腊 12 国。1995 年,增加奥地利、芬兰、瑞典 3 国,成员国增加至 15 国。2004 年 5 月,增加塞浦路斯、匈牙利、马耳他、波兰、爱沙尼亚、拉脱维亚、立陶宛、斯洛文尼亚、捷克、斯洛伐克 10 国,成员国增至 25 国。2007 年 1 月,增加罗马尼亚、保加利亚等 2 国,成员国增至 27 国。2013 年 7 月,增加克罗地亚,成员国再次增至 28 个。2020 年 1 月,英国正式脱离欧盟,成员国减至 27 个。自 2020 年起,欧盟数据不包括英国。

** 东盟:自 2000 年起,包括马来西亚、菲律宾、泰国、印度尼西亚、新加坡、文莱、越南、老挝、缅甸和柬埔寨 10 国。

资料来源:笔者根据中国海关统计数据推算得到。

与此同时,中国积极开拓对东盟、拉丁美洲、非洲等新兴市场出口,对这些市场的出口占比稳步提升。据中国商务部数据显示,分国别(地区)看,美国、中国香港、日本、韩国和德国等前五位中国传统出口市场所占比重,由 2005 年的 57.6%持续下降至 2013 年的 48.1%,2021 年进一步下降至 40.3%;与之相对应,东盟、拉丁美洲、非洲、印度和俄罗斯五个新兴市场和地区所占比重,则从 2005 年的 15.8%不断上升至 2013 年的 25.8%,2021 年进一步提升至 30.5%。其中,东盟在中国出口市场中的占比,从 2005 年的 7.3%稳步提高到 2013 年的 11.0%,2021 年进一步提高至 14.4%;拉丁美洲在中国出口市场中的占比,从 2005 年的 3.1%提高到 2013 年的 6.1%,2021 年进一步提高至 6.8%(见表 1-3)。

表1-3　2005年、2013年和2021年中国出口分国别(地区)占比(单位:%)

市场	序号	2005年		2013年		2021年	
		国别(地区)	占比	国别(地区)	占比	国别(地区)	占比
传统市场	1	美国	21.4	中国香港	17.4	美国	17.2
	2	中国香港	16.3	美国	16.7	中国香港	10.4
	3	日本	11.0	日本	6.8	日本	4.9
	4	韩国	4.6	韩国	4.1	韩国	4.4
	5	德国	4.3	德国	3.0	德国	3.4
	合计		57.6		48.1		40.3
新兴市场	1	东盟	7.3	东盟	11.0	东盟	14.4
	2	拉丁美洲	3.1	拉丁美洲	6.1	拉丁美洲	6.8
	3	非洲	2.5	非洲	4.2	非洲	4.4
	4	俄罗斯	1.7	俄罗斯	2.2	印度	2.9
	5	印度	1.2	印度	2.2	俄罗斯	2.0
	合计		15.8		25.8		30.5

注:(1)为便于国际比较,前五位出口市场特指出口国别(地区),而非一般意义的贸易伙伴。
(2)新五位出口市场特指东盟、拉丁美洲、非洲、印度、俄罗斯。自2000年起,东盟包括马来西亚、菲律宾、泰国、印度尼西亚、新加坡、文莱、越南、老挝、缅甸和柬埔寨10国。
资料来源:笔者根据中国海关统计数据推算得到。

（二）与全球主要经济体发展的横向比较,中国出口市场多元化发展成效明显

以前五位出口市场集中度指标为例,无论是与美国、日本、德国、英国等主要发达经济体相比较,还是与印度、韩国、俄罗斯、巴西等主要新兴市场和发展中经济体①相比较,中国都位于中位偏后。根据联合国商品贸易数据库数据

① 据世界银行世界发展指标(WDI)数据库数据,按现值美元计算,2021年,全球GDP前五位经济体依次为美国(23.00万亿美元)、中国(17.73万亿美元)、日本(4.94万亿美元)、德国(4.22万亿美元)、英国(3.19万亿美元),第六位至第十位依次为印度(3.17万亿美元)、法国(2.94万亿美元)、意大利(2.10万亿美元)、加拿大(1.99万亿美元)、韩国(1.80万亿美元),第十一位和第十二位依次为俄罗斯(1.78万亿美元)和巴西(1.61万亿美元)。

显示,2020 年,中国前五位出口市场所占比重为 42.2%。与美国、日本、德国、英国四个主要发达经济体相比,只有德国(36.1%)低于中国,美国(50.0%)和日本(59.5%)明显高于中国,英国(43.7%)也略高于中国;与印度、韩国、俄罗斯、巴西四个主要新兴市场和发展中经济体相比,韩国(60.7%)和巴西(52.0%)也均明显高于中国(见表1-4)。

表1-4　2020 年中国出口前五位市场集中度比较　　(单位:%)

国家	前五位出口国别(地区)					前五位占比
	1	2	3	4	5	
美国	加拿大	墨西哥	中国	日本	英国	50.0
日本	中国	美国	韩国	中国台湾	中国香港	59.5
德国	美国	中国	法国	荷兰	英国	36.1
英国	美国	德国	爱尔兰	荷兰	法国	43.7
中国	美国	中国香港	日本	越南	韩国	42.2
印度	美国	中国	阿联酋	中国香港	新加坡	37.8
韩国	中国	美国	越南	中国香港	日本	60.7
俄罗斯	中国	荷兰	德国	白俄罗斯	土耳其	36.9
巴西	中国	美国	阿根廷	荷兰	加拿大	52.0

资料来源:笔者根据联合国商品贸易数据库(UN Comtrade Database)数据计算整理得出。

二、中国出口市场多元化的未来拓展空间

尽管中国出口市场多元化取得了重大进展,但总体进程仍然缓慢,还有很大发展空间。从出口市场集中度指标看,中国出口前十位市场的比重依然偏高,而且前十位地区或市场比较固化。

从地区看,自 2005 年以来,中国出口前五位地区一直是美国、欧盟、东盟、中国香港、日本,第六位至第十位地区基本是韩国、印度、英国、中国台

湾、俄罗斯[①],只是具体位次略有变化而已。直到 2021 年,中国出口前十位和前五位地区所占比重仍然分别高达 75.8% 和 62.3%,甚至前三位地区所占比重(46.9%)也接近 50%(见表 1-2)。

从国别(地区)看,自 2005 年以来,中国出口传统市场前五位一直是美国、中国香港、日本、韩国和德国,只是美国和中国香港的具体位次略有变化而已。直到 2021 年,中国出口传统市场前五位占比仍高达 40.3%,其中美国占比仍高达 17.2%(见表 1-3)。

第四节　中国出口市场多元化的未来推进意义

从中国出口市场多元化战略的历史演进中,可以得出以下三个特征事实:

第一,中国货物出口增长速度与全球贸易增长速度大致同步,都与世界经济增长速度呈现明显的同周期变化。当世界经济处于下行或陷入衰退时,全球贸易增长速度随之出现剧烈波动或急速下滑,中国货物出口增长速度也会剧烈波动或急速下滑。这说明中国货物出口极易受到外部需求冲击的影响(钱学锋和余弋,2014)。其实这也是一个普遍现象,大部分国家货物出口一般受外部影响较大。

第二,每当中国出口增长遭遇外部需求冲击而剧烈波动或急速下滑之后,中国政府工作报告都会强调实施市场多元化战略。这在中国"七五"计划以来的八个五年计划(规划)时期都可以观察到,在"九五"和"十五"计划时期表现得尤为明显。这体现出中国政府希望通过出口市场的多元化来分散风险确保出口的稳定增长。

第三,2013 年以后,尽管中国政府工作报告很少直接提出口市场多元化,但市场多元化战略的实施实际已经被融合到共建"一带一路"中,市场多元化

[①] 自 2020 年起,欧盟数据不包括英国。2021 年,英国取代澳大利亚成为中国出口前十伙伴。

战略不是被削弱了,而是获得了难得的历史战略机遇。

"十四五"时期甚至到 2035 年,推动中国出口新兴市场拓展和市场多元化新发展,具有重大现实意义:不仅有利于扩大出口和拉动经济增长,而且有利于分散出口市场过度集中风险,还有利于抵御外部需求冲击。

一、扩大出口和拉动经济增长

在改革开放的伟大历史进程中,对外贸易尤其是出口贸易对中国经济发展始终意义重大。有的学者认为,经济增长的本质,其实就是贸易的增长。这是因为,每个企业都需要把产品和服务卖出去,才能实现企业自身的生存与成长,从而推动国家经济的发展与壮大,产品和服务卖出去就是贸易,包括国内贸易和国际贸易的增长(张文魁,2018)。对中国来说,出口贸易的增长尤其重要。这是因为,在改革开放初期外汇短缺、内需不足的情形下,中国经济增长主要依靠出口带动。1978—2011 年,中国经济增长主要靠出口和投资"双轮"驱动。

2012 年中国特色社会主义进入新时代以来,尽管外汇不再短缺,内需作用不断提高,经济增长也由主要依靠出口和投资拉动向依靠消费、投资、出口协调拉动转变,但新形势下出口仍具有新的时代意义。这是因为,出口不仅拉动经济增长,而且往往与创新正相关(Akcigit 和 Melitz,2022)。出口市场多元化可降低企业的需求不确定性,从而提高其工艺创新方面投资的动力,进而促进其生产率提高(Juvenal 和 Monteiro,2013;Qian 和 Yaşar,2016)。[1]

企业出口增长可以分解为出口的集约边际和扩展边际两大部分,前者主要是指既有出口企业在现有出口市场上出口额的增加,后者则主要是指新企业进入出口市场和既有出口企业新出口市场的增加(Melitz,2003;Bernard 等,2012)。相对而言,出口的扩展边际意义更大,更有利于促进贸易增长。在梅

---

① 更多文献可参考陈勇兵、李梦珊、赵羊和李冬阳:《企业出口市场的选择:一个文献综述》,《财贸研究》2015 年第 3 期。

里兹(Melitz,2003)模型中,可变贸易成本的提高对集约边际具有正、反双重效应,在生产率帕累托分布的特殊情形下,这两种效应完全抵消,集约边际独立于可变贸易成本(Melitz,2003)。因此,可变贸易成本仅通过出口市场的扩展边际对贸易增长产生影响(Bernard 等,2012)。

二、抵御出口的外部需求冲击

当前,百年变局和世纪疫情交织叠加,乌克兰等地缘冲突加剧,世界经济复苏脆弱乏力,全球通胀高位运行,中国出口发展环境面临的复杂性、严峻性、不确定性上升。

未来五年甚至更长一段时期,世界经济及中国出口的外部需求很可能将持续低迷,传统增长引擎对世界经济的拉动作用越来越弱,而新的世界经济增长点尚未形成。受产出缺口逐步弥合、人口老龄化日益严重等因素影响,发达经济体潜在增长率不断下降,其产出增长乏力和国内需求疲软的发展态势估计难以根本扭转。国际货币基金组织(IMF)预计,2027 年,发达经济体的实际 GDP 增长率仅为 1.6%,其中,美国和欧元区分别为 1.7%和 1.3%,日本仅为 0.4%;发达经济体的国内需求增长率仅为 1.6%,其中,美国和欧元区分别为 1.6%和 1.4%,日本仅为 0.4%(见表1-5)。由此可见,未来五年甚至更长一段时期,世界经济尤其是发达经济体经济的发展形势不容乐观,中国出口的外部需求将很可能持续低迷。

既有研究发现,出口市场多元化不仅可以促进经济长期增长,而且可以降低一国或企业应对外部冲击时的脆弱性(Haddad 等,2013),可以对冲宏观经济脆弱性与外部需求冲击,这对发展中国家来说尤其重要(Önder 和 Yilmazkuday,2016)。

因此,作为抵御外部需求冲击和扩大出口的重要战略举措,出口市场多元化发展的现实意义将日益凸显。

表 1-5　2010—2027 年世界经济和贸易、发达经济体实际 GDP 和总国内需求增长率

（单位:%）

项目	类别	2010 年	2015 年	2020 年	2021 年	预测		
						2022 年	2023 年	2027 年
世界贸易	货物和服务	12.5	2.7	−7.9	10.1	5.0	4.4	—
	货物	14.5	2.2	−4.9	10.9	4.4	3.8	—
实际 GDP	世界经济	5.4	3.4	−3.1	6.1	3.6	3.6	3.3
	发达经济体	3.0	2.3	−4.5	5.2	3.3	2.4	1.6
	美国	2.5	2.7	−3.4	5.7	3.7	2.3	1.7
	欧元区	2.1	2.0	−6.4	5.3	2.8	2.3	1.3
	日本	4.2	1.6	−4.5	1.6	2.4	2.3	0.4
实际总国内需求	发达经济体	2.9	2.6	−4.4	5.2	3.5	2.3	1.6
	美国	2.9	3.4	−3.0	6.9	4.0	2.1	1.6
	欧元区	1.5	2.3	−6.2	4.2	2.9	2.5	1.4
	日本	2.4	1.1	−3.7	0.6	2.0	2.1	0.4

资料来源:笔者根据国际货币基金组织(2018,2022)①表 A1、A2 和 A9 整理得到。

三、分散出口市场过度集中风险

如前所述,尽管中国出口市场多元化取得重大进展,但中国货物出口过度集中在美国、欧盟和日本等发达经济体的问题依然比较突出。据中国商务部数据显示,直到 2021 年,美国、欧盟和日本等三大传统地区所占的出口比重仍然达到 37.4%,而东盟、印度、俄罗斯三大新兴市场的占比依然只有 19.3%（见表 1-2）。

---

① IMF, *World Economic Outlook*, *April* 2018: *Cyclical Upswing*, *Structural Change*, Washington, D.C.: IMF Publications, 2018, pp.240, 241, 253.

IMF, *World Economic Outlook*, *April* 2022: *War Sets Back the Global Recovery*, Washington, D.C.: IMF Publications, 2022, pp.137, 138, 150.

不仅如此,未来一段时期美国和欧盟经济的不确定性和风险很可能将加大。尤其考虑到,中美经贸摩擦不仅是贸易之争,还是全球经济地位之争、未来国际经济秩序与经贸规则制定权之争,更是不同经济体制与发展道路之争,因此,中美经贸摩擦将长期持续(王跃生和林雪芬,2020)。现实中,美国对华贸易保护强度也频频升级。如,2021 年 6 月,美国国会参议院审议通过的"2021 年美国创新和竞争法案"(The United States Innovation and Competition Act of 2021),把中国视为美国的战略竞争者和最主要挑战,要求拨款 2000 多亿美元确保美国在关键技术领域的对华优势。又如,2022 年 7 月,美国国会众议院通过的"2022 年芯片和科学法案"(CHIPS and Science Act of 2022),对美国本土芯片产业提供巨额补贴,部分条款限制有关企业在华正常经贸与投资活动。

扩展边际更有利于分散风险。出口市场的扩展边际将会增加贸易品的范围而不只是贸易量,不仅有利于出口国提升多元化的生产结构,也使逆向贸易条件效应不太可能发生(Hummels 和 Klenow,2005;Hausmann 和 Klinger,2006)。

因此,中国宜防患于未然,发展和开辟新的出口市场,提高新兴市场的出口比重,以分散中国出口市场的过度集中风险。

第二章　异质性企业贸易理论与中国出口市场多元化

异质性企业贸易理论的核心思想可归纳为两点：生产率是决定企业作出退出市场、国内销售、出口至国际市场等决策的关键因素；贸易自由化的企业"自选择效应"可通过要素资源重置促进行业总体生产率的提升。

该理论在出口增长二元边际方面的拓展研究认为，一国的出口增长可以分解为集约边际和扩展边际两大部分，前者主要指既有出口企业在现有出口市场出口额的增加，后者则主要指新企业进入出口市场和既有出口企业新出口市场的增加。对发展中国家来说，包括出口市场多元化在内的扩展边际更为重要。

本章对异质性企业贸易理论及其在出口增长二元边际方面的拓展研究作一系统梳理，并运用其核心观点简要分析推进中国出口市场多元化的有利因素，为后文研究及国内相关研究提供前沿的理论基础、分析工具和研究方法。

第一节　经典国际贸易理论的回顾与反思

19世纪初期至20世纪末期近两百年间，国际贸易理论的发展大致分可为三个阶段：李嘉图比较优势理论和H—O定理等传统贸易理论、克鲁格曼的新贸易理论,以及 H—K 联合模型理论(马相东和杨丽花,2010)。①

19 世纪初英国经济学家李嘉图提出的比较优势理论、20 世纪二三十年代瑞典经济学家赫克歇尔(Heckscher)和俄林(Ohlin)创立的 H—O 定理等传统国际贸易理论认为,一国对外贸易是建立在各国国家层面的差异基础之上的,而国家差异产生的原因,则或者是技术差异("李嘉图"比较优势),或者是要素禀赋差异("赫克歇尔—俄林"比较优势)。李嘉图的比较优势理论认为,即使一国所有产业的生产率水平都高于其他国家,该国也能够通过专注于其最擅长领域生产,从与其他国家进行国际贸易交往中受益,从而实现国家福利改进(Ricardo,1817)。李嘉图比较优势理论简单明了,成为国际贸易理论最重要的基石之一。赫克歇尔和俄林的 H—O 定理认为,资本充裕的国家在资本密集型商品上具有相对优势,劳动力充裕的国家在劳动密集型商品上具有相对优势;一个国家在进行国际贸易时出口密集使用其相对充裕和便宜的生产要素的商品,而进口密集使用其相对缺乏和昂贵的生产要素的商品(Ohlin,1933)。H—O 定理成功地解释了当时的贸易模式,从而成为 20 世纪 30 年代继李嘉图比较优势理论之后影响力最大的国际贸易理论,这也是俄林获得 1977 年诺贝尔经济学奖的重要原因之一。

传统贸易理论的主要假设是规模报酬不变和完全竞争,认为各国按照资源禀赋差异形成的不同比较优势进行贸易,这很好地解释了国家间和产业间贸易。然而,20 世纪 60 年代以后,部分研究发现,大部分双边国际贸易发生在结构相似的贸易伙伴之间,产业内贸易的比重逐步提升,而产业间贸易的比重呈下降趋势(Grubel 和 Lloyd,1975)。其中,发达国家相互之间产业内贸易尤为明显。例如,美国、德国和日本等发达国家之间相互进出口汽车。李嘉图比较优势理论和 H—O 定理等传统贸易理论难以解释这些现象。对此,70 年

① 也有学者将整个国际贸易理论的发展分为传统贸易理论、新贸易理论和新新贸易理论三个大的阶段,参见方虹、王旭:《马克·梅利茨对异质性企业贸易理论的贡献——科睿维安"引文桂冠奖"得主学术贡献评介》,《经济学动态》2018 年第 4 期。

代末期 80 年代初期,随着产业内贸易和产业集聚现象不断增多,以克鲁格曼(Krugman)为代表的经济学家构建了新贸易理论来解释这些新的国际贸易现象,国际贸易理论由此进入一个新的发展阶段。迪克西特(Dixit)和诺曼(Norman)、兰卡斯特(Lancaster)等先后各自独立形成了一系列新的思想:即使不存在传统的比较优势,规模经济和不完全竞争也可以促进国际贸易的产生(Dixit 和 Norman,1980;Lancaster,1980)。埃塞尔(Ethier)则构建了基于中间产品而非最终产品的规模经济产业内贸易模型(Ethier,1979;Ethier,1982)。新贸易理论由此诞生。新贸易理论文献中,克鲁格曼(1979)具有里程碑意义。该文用十分简单的、基于规模报酬递增和垄断竞争假设的数学模型,清晰地论证了国际贸易不仅可能在资源相似的两国之间(如,美国和加拿大、德国和法国;又如,中国和印度、巴西和墨西哥;等等)发生,而且还可以在各国之间同一产业内部进行(Krugman,1979)。新贸易理论清晰明了地解释了产业内贸易现象和当时现实世界中的贸易模式,彻底改变了国际贸易理论的面貌。这也是克鲁格曼获得 2008 年诺贝尔经济学奖最主要的原因之一。

但是,传统贸易理论和新贸易理论对贸易模式的一些重要特征事实,比如,贸易自由化对产业间就业变化和各要素收入分配的影响,以及发生在发达国家之间、常为跨国公司所掌控的知识密集型产品之间的产业内贸易等,一样难以提供完美的解释。为此,产业间贸易和产业内贸易的联合贸易模型应运而生。该模型最早由克鲁格曼提出(Krugman,1981),并由赫尔普曼(Helpman)和马库森(Markusen)等进一步扩展(Helpman,1984;Markusen,1984)。赫尔普曼和克鲁格曼将上述模型及其他扩展模型进行了有机整合并进行新的扩展,构建了 H—K 联合模型(Helpman 和 Krugman,1985)。H—K联合模型意义重大,正如赫尔普曼所言,"考虑到技术差异、要素价格不同和贸易成本等因素的修正之后,H—K 联合模型的分析框架提供了对一般国际贸易模式非常优美的解释,很快成为该领域理论研究和经验分析的典范"(Helpman,1999)。瑞典皇家科学院则认为,H—K 联合模型提供了在更广范围内对双边贸易流量进行经验研究的基础。

然而,无论是李嘉图模型、H—O 模型等传统贸易理论,还是克鲁格曼模型等新贸易理论,以及赫尔普曼和克鲁格曼的 H—K 联合模型,都假设企业具有同质性。尽管这一研究假设便利分析,却与国际贸易的现实世界并不相符。国际贸易的现实世界中,同产业内各企业之间在企业规模、劳动生产率和工资水平、资本和技术密集程度等诸多方面存在明显差异。与此同时,上述理论模型对诸如贸易自由化通过资源重新配置促进产业生产率和福利的提高等其他特征事实也难以解释。因此,21 世纪以前原有的三大国际贸易理论再一次遇到新的挑战(马相东,2012)。丰富的国际贸易现实推动国际贸易理论进一步向前发展。

第二节　异质性企业贸易理论的早期研究述评

应对上述挑战,21 世纪以来,国际贸易理论界对贸易模式和双边贸易流的理论和实证研究重点,从传统的国家和产业等宏观层面研究日渐转入到企业和产品等微观层面研究。其中,以梅里兹(2003)模型和伯纳德等模型(Bernard, Eaton, Jensen 和 Kortum,2003,以下简称 BEJK 模型)为代表的两类异质性企业贸易模型最具影响力和代表性,能较好地解释当代国际贸易现实世界中的贸易模式和生产率增长等诸多特征事实,异质性企业贸易理论由此应运而生。下文对异质性企业贸易理论的早期研究作一简要介绍和述评。

一、关于企业异质性的经验发现

20 世纪 90 年代中期以来,大量基于企业和产品层面数据的微观经验研究发现,不同发展水平国家的同行业内部各企业之间在企业规模、劳动生产率水平等各方面特性上存在显著的差异性。如,伯纳德等(2003)发现,1992 年美国所有制造业企业中,企业规模(以营业收入衡量)对数的标准偏差是

1.67,劳动生产率水平(以每工人所创造的增加值衡量)对数的标准偏差是0.75;即使将考察的行业范围缩小,企业的这种差异性程度也并没有多大程度削弱,如在美国企业,当将考察范围缩小至400多个行业时,0.75的劳动生产率差异仅仅减少至0.66(Bernard 等,2003)。这种产业内各企业间在企业规模、生产率等特性方面的差异性被称为企业异质性。瓦格纳(Wagner)则认为,除了企业规模和劳动生产率水平差异之外,企业的异质性还应体现在企业历史、人力资本、资本密集度和所有权性质等方面(Wagner,2007)。

与此同时,企业的异质性也与企业参与诸如出口、进口中间产品或对外直接投资等国际贸易与投资活动的企业决策行为直接相关。一些研究发现,出口企业并非所有企业的随机样本,而只是同行业企业中的一小部分;而且,较之非出口企业,出口企业的规模相对更大、劳动生产率水平相对更高。如,一项针对美国企业的研究发现,同一行业内的出口企业与非出口企业差异显著:较之非出口企业,出口企业往往规模更大、生产率和工资水平更高以及技术和资本更为密集等各种显著异质性特征(Bernard 和 Jensen,1995)。随后,更多文献对美国企业的进一步研究得出了类似结论(Bernard 和 Jensen,1997;Bernard 和 Jensen,1999;Bernard 等,2003;Helpman, Melitz 和 Yeaple,2004;Bernard, Jensen, Redding, Schott,2007,以下简称 BJRS)。如,赫尔普曼和梅里兹等发现,在1994年美国最大的1996家企业中,出口企业的企业规模是非出口企业规模的2倍,出口企业的生产率水平是非出口企业生产率水平的1.39倍(Helpman, Melitz 和 Yeaple,2004)。又如,伯纳德等(2007)发现,所考察的2000年美国550万家企业中,只有4%的企业从事出口,而在这些出口企业中,仅前10%大企业的出口额就占了所有出口企业总出口额的96%(BJRS,2007)。与此同时,一些对德国企业(Bernard 和 Wagner,1997;Bernard, Jensen 和 Wagner,1997),对哥伦比亚、墨西哥和摩洛哥企业(Clerides, Lack 和 Tybout,1998),对韩国和中国台湾企业(Aw, Chung 和 Roberts,2000),对智利企业(Pavcnik,2002),对法国企业(Eaton, Kortum 和 Kramarz,2004)的类似研究,也得出大体相似的结论。①

出口企业的生产率水平之所以高于非出口企业,是因为存在"自选择效应"和"出口学习效应":(1)由于存在出口沉没成本,只有生产率高的企业才能承担这一成本从而选择进入出口市场,而生产率低的企业只能在国内销售或被迫退出市场,也即"自我选择效应"导致高生产率企业出口;(2)出口企业进入国外市场能够学习别国的生产技术和经验,获得学习提高的机会,从而提高其生产率水平,也即"出口学习效应"导致出口企业进一步提高其生产率水平(Melitz,2003;Chaney,2008;Eaton, Kortum 和 Kramarz,2011)。

另一部分使用企业和产品微观层面数据的经验文献,考察了贸易自由化对企业异质性与出口状态之间联系的影响。这种情形下,贸易自由化引起市场份额在处于同一行业中竞争的出口企业与非出口企业之间的重新配置(Tybout,2003)。如,一项针对智利企业的研究发现,贸易自由化引起市场份额在各企业之间重新配置(通过进入、退出、出口市场进入和市场份额重新配置等所引起的市场配置)可以解释智利 1979—1986 年出口竞争行业生产率水平提高(25%)中的绝大部分(Pavcnik,2002)。然而,对大部分国家来说,由于贸易体制的重大改革也是其宏观经济政策变化的一部分,因此仍然很难将这种企业间重新配置所引起的生产率水平提高与贸易自由化的直接效应联系起来。但是,一项研究表明,贸易自由化导致贸易成本降低,显著提高美国非出口企业退出国内市场或转向国外市场出口的可能性,促进资源向生产率水平较高的出口企业重新配置,从而提高整个行业的平均生产率水平(Bernard,Jensen 和 Schott,2006)。

二、异质性企业贸易理论的提出

显然,此前的同质性企业贸易模型,无论是李嘉图模型、H—O 模型等传

---

① 马相东:《企业异质性与中国出口省级失衡研究》,人民出版社 2012 年版。

统国际贸易理论,还是克鲁格曼模型等新国际贸易理论,以及 H—K 联合模型,都解释不了上述微观层面的贸易模式。这种新的挑战推动着国际贸易理论进一步向前发展,由此应运而生的以梅里兹(2003)和伯纳德等(2003)为代表的两类异质性企业贸易理论模型。这两种模型将企业层面的劳动生产率差异等企业异质性因素加入国际贸易理论模型,考察贸易自由化对劳动生产率和国家福利的影响,分析出口和对外直接投资等不同市场进入方式的贸易模式,成为 21 世纪以来贸易结构与国际贸易理论研究的学术前沿,开创了国际贸易理论研究的新篇章(马相东和杨丽花,2010)。

以伯纳德为代表的学者所构建的一类模型,将随机企业的劳动生产率差异等企业异质性特征加入到伊顿(Eaton)和科特姆(Kortum)的多国李嘉图模型(Eaton 和 Kortum,2002)中,构建异质性企业的静态贸易模型,考察贸易自由化对企业劳动生产率的影响(Bernard 等,2003;Bernard 和 Jensen,2004;Eaton 和 Kortum,2011;等等)。这类模型中,所有企业在李嘉图框架下采用不同技术生产同一种产品,任何国家的消费者从全球所有国家的最低成本生产者中购买商品。由于存在贸易成本,对于这些生产同一产品的企业,只有那些在不同国家都有子公司的企业才能存活下来,从而该类模型强调这种成为排他性供应商所产生的企业间竞争。

伯纳德等(2003)采用比较静态分析法,引入李嘉图技术差异、"冰山"出口成本和伯特兰(Bertrand)竞争,构建的异质性企业静态贸易模型(BEJK 模型)分析了贸易自由化对全球贸易和美国出口、劳动生产率、就业等各方面的影响。该研究发现,如果全球范围内贸易壁垒削减 5%,世界贸易随之扩大 15%,美国 3.3%的低生产率企业被迫退出市场,但存活下来的企业中,超过 5%的未出口企业将转向出口。因此,总体生产率水平由于低生产率企业倒闭和高生产率企业扩大出口而提高 4.7%;不过,贸易自由化对就业影响较小,就业率只下降 1.3%(Bernard 等,2003)。BEJK 模型意义重大,应用范围极其广泛,既适合分析美国制造企业的微观层面数据,也适合各国国际贸易的宏观数据及一般生产,成为异质性企业贸易理论研究的重要基础之一。在此基础上,伯纳德和詹森(Jensen)重点考察了美国制造业劳动生产率水平和出口贸易之间的关系。其研究发现,1983—1992年美国制造业全要素生产率(TFP)增长的40%可以由市场份额转向生产率更高的出口企业进行的资源再配置来解释(Bernard和Jensen,2004)。

以梅里兹为代表的学者所构建的另一类异质性贸易模型,则采用D—S垄断竞争分析框架(Dixit和Stiglitz,1977),避开对生产同一种产品的企业之间直接竞争的分析,即每个企业生产其自身独特产品,将企业异质性加入到克鲁格曼的单一行业产业内贸易模型(Krugman,1979),构建了异质性企业的动态贸易模型,考察企业劳动生产率水平对企业进入、退出及出口等企业决策和贸易模式的影响(Melitz,2003;Helpman,Melitz和Yeaple,2004;Antras和Helpman,2004;Melitz和Ottaviano,2008)。这类模型中,任何特定国家的消费者所能购买到的产品种类,随着该国自身特征和与其贸易伙伴间的贸易成本而内生变化。企业面临着进入的沉淀成本,以及其未来生产率变化的不确定性。由于存在进入的沉淀成本,只有具有较高劳动生产率水平的企业才能存活下来,那些生产率水平最低的企业面临负利润,从而退出市场。由于存在出口成本,在那些存活下来的企业中,只有生产率水平相对更高的企业可以选择出口,而其余的企业只能服务于国内市场。对这些非出口企业来说,出口之所以不能盈利,或者是因为其涉及固定或沉淀成本,或者是因为在企业包括运费成本在内的价格下进口需求降为零。

上述两类异质性企业模型都预测,贸易自由化将引起前文所述的企业间市场份额的重新配置:生产率水平最低的企业将被迫退出,新企业进入出口市场,以及市场份额重新配置到劳动生产率水平更高的企业,这些重新配置产生总生产率水平提高和福利改进。这两类模型也预测到一个关于双边贸易流的重要经验规则:这些贸易流的差异既表现在每种贸易商品价值的差异上(集约边际),也表现在所有贸易商品数量的差异上(扩展边际)(Eaton,Kortum

和 Kramarz,2004;Broda 和 Weinstein,2006)。

三、异质性企业贸易理论的基准模型

在异质性企业贸易理论的所有理论模型中,梅里兹(2003)模型影响最大。在某种程度上,梅里兹(2003)的影响甚至可与俄林(1933)和克鲁格曼(1979)相比肩。如前所述,这两篇文献都开创了一种新的贸易理论,俄林和克鲁格曼都因此获得国际贸易研究史上仅有的两次诺贝尔经济学奖。同样,梅里兹(2003)也开创了一种新的国际贸易理论——异质性企业贸易理论,梅里兹也最有可能问鼎国际贸易研究领域的第三次诺贝尔经济学奖。梅里兹(2003)模型将企业层面的生产率水平差异引入克鲁格曼(1980)模型中,分析了国际贸易对行业内资源再配置与行业整体生产率的影响。

(一)封闭经济的均衡

1. 均衡的表述

自由进入(FE)和零边界利润(Zero Cutoff Profit,ZCP)条件代表着将平均利润水平 $\bar{\pi}$ 与边界生产率水平 φ^* 相联系的两种不同的条件:

$$\bar{\pi} = fk(\varphi^*) \text{ (ZCP)}; \quad \bar{\pi} = \frac{\delta f_e}{1 - G(\varphi^*)} \text{ (FE)} \tag{2-1}$$

在 (φ,π) 区间,自由进入曲线是向上倾斜的,而且与零边界利润曲线仅相交一次。这就使均衡是存在而且是唯一存在的,均衡点为 $(\varphi^*,\bar{\pi})$(见图 2-1)。

在静态均衡状态下,所有变量都不随时间的变化而变化。这就要求成功进入的企业的数量 $p_{in}M_e$ 等于遭受冲击而退出的企业的数量 δM : $p_{in}M_e = \delta M$。均衡生产率分布 $\mu(\varphi)$ 是不变的,此时, $L = L_p + L_e$,这里 L_p 和 L_e 分别代表生产雇佣的总劳动力和新进入企业进行投资所雇佣的总劳动力。对生产雇佣的劳动力的工资支付等于企业收入和利润的差: $L_p = R - \Pi$,同时市场出清条件

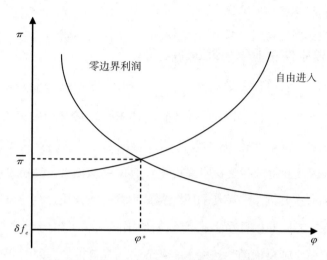

图 2-1　均衡边界点 φ^* 和平均利润 $\bar{\pi}$ 的决定

要求：$L_e = M_a f_e$。根据 $p_{in} M_e = \delta M$ 和 $\bar{\pi} = \dfrac{\delta f_e}{1 - G(\varphi^*)}$，$L_e$ 可以用下式表示：

$$L_e = M_a f_e = \frac{\delta M}{p_{in}} f_e = M\bar{\pi} = \Pi \tag{2-2}$$

这样，总收入 $R = L_p + \Pi = L_p + L_e$ 必须等于对劳动力的补偿总额，从而外生地决定于国家的大小。

同时，平均利润率水平决定每个时期生产性企业的数量：

$$M = \frac{R}{\sigma(\bar{\pi} + f)} = \frac{L}{\sigma(\bar{\pi} + f)} \tag{2-3}$$

这反过来又决定均衡价格指数：

$$P = M^{\frac{1}{(1-\sigma)}} p(\bar{\varphi}) = \frac{M^{\frac{1}{(1-\sigma)}}}{\rho\bar{\varphi}} \tag{2-4}$$

2. 均衡的分析

所有企业层面上的变量，包括生产率分界点 φ^* 和平均生产率 $\bar{\varphi}$ 以及企业平均利润 $\bar{\pi}$ 和收入 $\bar{r}$ 都独立于国家规模 L。如等式（2-3）所示，尽管企业生产率水平分布 $\mu(\varphi)$ 保持不变，企业数量的增加与国家规模成比例。每个

工人的福利可以用式(2-5)表示:

$$W = P^{-1} = M^{\frac{1}{\sigma-1}} \rho \tilde{\varphi} \tag{2-5}$$

大国工人的福利随着产品多样化的增加有所提高。国家规模对所有变量的决定等同于克鲁格曼(1980)所构建的同质性企业模型。一旦 $\tilde{\varphi}$ 和 $\bar{\pi}$ 定下来,这个模型所预测的总产出等于生产率水平为 $\tilde{\varphi}$、利润率水平为 $\bar{\pi}$ 的同质性企业的总产出。此外,异质性企业模型解释了总生产率水平 $\tilde{\varphi}$ 和企业平均利润 $\bar{\pi}$ 是外生决定的,并且阐述了这两个变量是如何随着不同的冲击而改变的。导致一国总生产率水平变化的生产技术[用 $g(\varphi)$ 表示]是不变的。一国实行对外贸易就会存在冲击,导致企业之间的重新分配,使生产率水平进一步提高,这些结果不能为同质性企业模型所解释。①

(二)开放经济的均衡

在梅里兹(2003)模型中,一国从封闭经济转向开放经济,行业整体生产率水平会得以提高;与此同时,生产率水平较高企业的市场份额会更大,生产率水平最低的企业则会退出市场。

在开放经济下,企业出口不仅面临着可变成本(如运输、关税),同时面临着固定成本(不随出口量的变化而变化)。企业出口需要付出一项固定投资 $f_{ex} > 0$(用劳动单位来衡量)。

假定每个企业在国内市场的定价方法都是一定的:

$$p_d(\varphi) = \frac{w}{\rho\varphi} = \frac{1}{\rho\varphi} \tag{2-6}$$

出口企业在国外市场会制定更高的价格,这反映了市场扩大所带来的边际成本 τ 的上升: $p_x(\varphi) = \frac{\tau}{\rho\varphi} = \tau p_d(\varphi)$,因而企业销售到国内市场和国外市场

---

① 同质性企业模型假设总生产率水平是外生决定的,且生产率水平对所有企业都是一样的,从而总生产率水平的变化仅仅来自企业水平技术的改变而不是来自企业之间的重新分配。

的收入分别为：$r_d(\varphi) = R(P\rho\varphi)^{\sigma-1}$，$r_x(\varphi) = \tau^{1-\sigma} r_d(\varphi)$，这里 R 和 P 代表每个国家的总支出和价格指数。均衡的支付条件意味着 R 代表着每个国家企业的总收入。企业的总收入 $r(\varphi)$ 取决于出口的状态：

$$r(\varphi) = \begin{cases} r_d(\varphi), & \text{如果企业不出口} \\ r_d(\varphi) + nr_x(\varphi) = (1 + n\tau^{1-\sigma})r_d(\varphi), & \text{如果企业出口到所有国家} \end{cases}$$

(2-7)

1. 企业进入、退出和出口状态

假定所有国家的出口成本都相同，不考虑时间价值，企业开始出口需要一次性付出投资成本 f_{ex}，或分期摊销该项投资成本 $f_x = \delta f_{ex}$。

每个企业的利润可以分成两部分，国内销售获得的利润和国外销售获得的利润：

$$\pi_d(\varphi) = \frac{r_d(\varphi)}{\sigma} - f, \quad \pi_x(\varphi) = \frac{r_x(\varphi)}{\sigma} - f_x \tag{2-8}$$

如果 $\pi_x(\varphi) \geq 0$，企业会向所有国家出口。

每个企业总的利润可以用式(2-9)表示：

$$\pi(\varphi) = \pi_d(\varphi) + \max\{0, n\pi_x(\varphi)\}。 \tag{2-9}$$

企业价值可以用式(2-10)表示：

$$v(\varphi) = \max\{o, \pi(\varphi)/\delta\} \tag{2-10}$$

$\varphi^* = \inf\{\varphi : v(\varphi) > 0\}$ 表示成功进入企业的边界生产率水平。

此外，$\varphi_x^* = \inf\{\varphi : \varphi \geq \varphi^*$ 并且 $\pi_x(\varphi) > 0\}$ 代表出口企业的边界生产率水平。

如果 $\varphi_x^* = \varphi^*$，则行业中所有企业会选择出口。在这种情况下，生产率水平为边界生产率的企业总利润为零。

$\pi(\varphi^*) = \pi_d(\varphi^*) + n\pi_x(\varphi^*) = 0$，且出口利润非负。

如果 $\varphi_x^* > \varphi^*$，则有部分企业只能面向国内市场销售，原因是，对这部分企业来说，出口利润为负，因此不会出口，只是从国内市场获得非负的利润；而

生产率水平高于 φ^* 的企业则既从国内也从国外市场获得正的利润,其边界利润必须满足 $\pi_d(\varphi^*) = 0$ 以及 $\pi_x(\varphi^*) = 0$。

当且仅当 $\tau^{\sigma-1}f_x > f$ 时,企业出口状态就会有这样的划分。如果没有出口固定成本,也不需要这样划分;如果没有可变的贸易成本,仅存在大量的固定成本也需要这样来进行划分。假定出口固定成本和可变成本的结合是普遍存在的,则这种划分是必要的,且 $\tau^{\sigma-1}f_x > f$。

企业成功进入市场的可能性用 $p_{in} = 1 - G(\varphi^*)$ 表示。

另外, $p_x = [1 - G(\varphi_x^*)] / [1 - G(\varphi^*)]$ 表示这些成功进入市场的企业出口的可能性。M 代表一国企业的均衡数量, $M_x = p_x M$ 代表出口企业的数量, $M_t = M + nM_x$ 代表总数量。

2. 总水平

假定 $\bar{\varphi}_t$ 代表生产率水平的加权平均值,反映出口给所有企业带来的市场份额和产出水平的缩减,总的平均生产率水平可以用式(2-11)表示:

$$\bar{\varphi}_t = \left\{ \frac{1}{M_t} [M\bar{\varphi}^{\sigma-1} + nM_x (\tau^{-1}\bar{\varphi}_x)^{\sigma-1}] \right\}^{\frac{1}{\sigma-1}} \tag{2-11}$$

总的价格指数 P ,支出水平 R ,工人的福利水平 W 可以用以下函数来表示:

$$P = M_t^{\frac{1}{1-\delta}} p(\bar{\varphi}_t) = M_t^{\frac{1}{1-\delta}} \frac{1}{\rho\bar{\varphi}_t} , R = M_t r_d(\bar{\varphi}_t) ,$$

$$W = \frac{R}{L} M_t^{\frac{1}{\sigma-1}} \rho\bar{\varphi}_t \tag{2-12}$$

如果用 $r_d(\bar{\varphi})$ 和 $\pi_d(\bar{\varphi})$ 分别表示企业从国内销售中获得的平均收入和利润, $r_x(\bar{\varphi}_x)$ 和 $\pi_x(\bar{\varphi}_x)$ 分别表示出口的平均收入和利润,则总收入和利润可以用式(2-13)表示:

$$\bar{r} = r_d(\bar{\varphi}) + p_x n r_x(\bar{\varphi}_x) , \bar{\pi} = \pi_d(\bar{\varphi}) + p_x n \pi_x(\bar{\varphi}_x) \tag{2-13}$$

3. 均衡条件

零边界利润条件表明,每个企业的平均利润和生产率水平的边界为:

$$\pi_d(\varphi^*) = 0 \Leftrightarrow \pi_d(\bar{\varphi}) = fk(\varphi^*)$$

$$\pi_x(\varphi^*) = 0 \Leftrightarrow \pi_x(\bar{\varphi}_x) = f_x k(\varphi_x^{*}) \qquad (2-14)$$

零边界利润条件还意味着：

$$\frac{r_x(\varphi_x^{*})}{r_d(\varphi^*)} = \tau^{1-\sigma} \left(\frac{\varphi_x^{*}}{\varphi^*}\right)^{\sigma-1} = \frac{f_x}{f} \Leftrightarrow \varphi_x^{*} = \varphi^* \tau \left(\frac{f_x}{f}\right)^{\frac{1}{\sigma-1}} \qquad (2-15)$$

$$\bar{\pi} = \pi_d(\bar{\varphi}) + p_x n \pi_x(\bar{\varphi}_x) = fk(\varphi^*) + p_x n f_x k(\varphi_x^{*}) \qquad (2-16)$$

不考虑不同企业利润的差别,在均衡状态下,未来预期利润应等于固定投资成本。

4. 均衡的决定

企业的自由进入和新的零边界利润条件决定 φ^* 和 $\bar{\pi}$。反过来,均衡的 φ^* 决定出口生产率水平边界 φ_x^{*} 以及平均生产率水平 $\bar{\varphi}$、$\bar{\varphi}_x$、$\bar{\varphi}_t$,还有企业成功进入市场的概率 p_{in} 和出口的概率 p_x。自由进入的条件和总的均衡条件 $p_{in} M_e = \delta M$ 保证了支付给投资者的总支出等于总利润水平。这样,总收入 R 仍然有劳动力市场外生决定: $R = L$,企业平均收入由零边界利润条件和自由进入条件决定:

$$\bar{\pi} = \frac{\delta f_e}{1 - G(\varphi^*)} \text{ (FE)} \qquad (2-17)$$

$$\bar{r} = r_d(\bar{\varphi}) + p_x n r_x(\bar{\varphi}_x) = \sigma(\bar{\pi} + f + p_x n f_x) \qquad (2-18)$$

企业的均衡数量为:

$$M = \frac{R}{\bar{r}} = \frac{L}{\sigma(\bar{\pi} + f + p_x n f_x)} \qquad (2-19)$$

(三)国际贸易的影响

假设 φ_a^{*} 和 $\bar{\varphi}_a$ 分别代表封闭经济的边界生产率水平和平均生产率水平。比较等式(2-1)和式(2-16),我们容易发现零边界利润曲线上移了:国际贸易的发生既提高了边界生产率水平($\varphi^* > \varphi_a^{*}$),也提高了每个企业的平均利润。位于 φ^* 和 φ_a^* 之间的那部分生产率水平最低的企业在新的贸易均衡条件下由于无法获得正的利润而被迫退出市场；同时，只有生产率水平高于 φ_x^* 的企业才能进入出口市场。这种国内市场和出口市场的选择效应会使市场份额朝着更有效率的企业分配，从而促进总生产率水平的提高。

比较等式（2-3）和式（2-19），可以发现，开放经济条件下的均衡企业数量小于封闭经济下的均衡企业数量。但是，在开放经济条件下，消费者可消费产品的多样性却增加了：$M_t = (1 + np_x)M > M_a$。更确切地说，新进入的外国出口企业的数量增加将超过随着国际贸易而引起的国内企业数量的减少。然而，也有可能，当出口成本很高时，这些外国企业取代更多的国内企业（如果国内企业生产率水平很低）。尽管产品品种减少对国家福利的影响是负面的，但是总生产率水平提高的正面影响超过这种负面影响。因此，国际贸易，尽管存在贸易成本，但仍会产生整体福利所得。

我们现在考察国际贸易对各种不同生产率水平企业的影响，分析市场份额和利润是如何在各企业间重新分配的。

假设一家企业的生产率水平为 $\varphi \geqslant \varphi_a^*$，$r_a(\varphi) > 0$ 和 $\pi_a(\varphi) \geqslant 0$ 分别代表封闭经济下企业的收入和利润。前文已述，无论封闭经济还是开放经济，其均衡的国内企业的总收入由该国规模外生决定（$R = L$）。因而，$\dfrac{r_a(\varphi)}{R}$ 和 $\dfrac{r(\varphi)}{R}$ 分别代表企业在封闭经济和国际贸易均衡下的市场份额。另外，在国际贸易均衡条件下，$\dfrac{r_d(\varphi)}{R}$ 代表企业在国内市场的份额（由于 R 也代表国家总消费者支出）。国际贸易对企业市场份额的影响可以用以下不等式来表示：

$$r_d(\varphi) < r_a(\varphi) < r_d(\varphi) + nr_x(\varphi) \qquad \forall \varphi \geqslant \varphi^* \qquad (2-20)$$

不等式的第一部分表明，开放经济下所有企业在国内的销售都会减少，不出口的企业同样会遭受总收入上的损失；第二部分表示出口企业会通过出口弥补其国内销售的损失并提高其总收入。因此,出口企业提高其行业收入份额,而非出口企业损失市场份额。

由于收入降低,非出口企业的利润一定会降低,但出口企业的利润却不确定,因为出口使收入增加,但同时出口也需要付出固定成本。其利润变化如式(2-21)所示:

$$\Delta\pi(\varphi) = \pi(\varphi) - \pi_a(\varphi) = \frac{1}{\sigma}([r_d(\varphi) + nr_x(\varphi)] - r_a(\varphi)) - nf_x$$

$$= \varphi^{\sigma-1}f\left[\frac{1 + n\tau^{1-\sigma}}{(\varphi^*)^{\sigma-1}} - \frac{1}{(\varphi_a^*)^{\sigma-1}}\right] - nf_x \qquad (2-21)$$

由于对所有 $\varphi > \varphi^*$, $r_d(\varphi) + nr_x(\varphi) > r_a(\varphi)$,所以括号部分为正,利润变化 $\Delta\pi(\varphi)$ 是企业生产率水平 φ 的增函数。另外,对那些生产率水平为边界生产率 φ_x^* 的出口企业,则其利润变化为负。因此,根据劳动生产率水平可将企业划分为利润获得企业和损失企业两大组:只有一部分生产率水平较高的企业通过出口会获得收益,该组企业中,生产率水平越高的企业,从贸易中所获得的利润越高。

因此,国际贸易产生一种产业内的达尔文进化:生产率水平最高的企业选择出口,并不断茁壮成长——它们通过出口不仅扩大市场份额而且获得更大利润;生产率水平次之的企业也会继续选择出口并扩大其市场份额,但会遭受利润损失;生产率水平更低的企业只能选择在国内市场服务,同时遭受市场份额的减小和利润的下降双重损失;生产率水平最低的企业会被淘汰出局,因为生产率水平较高的企业和新进入的企业展开对劳动力的竞争,提高劳动力实际工资,生产率水平最低的企业被淘汰退出市场。

(四)贸易自由化的影响

贸易自由化会与对外开放产生异曲同工的效果:自由贸易会使生产率水平最低的企业退出市场,市场份额向生产率水平更高的企业倾斜。与此同时,贸易自由化还会增加福利,这是因为:一方面,贸易自由化会增加贸易伙伴的数量,如新的国家加入到贸易集团中;另一方面,贸易自由化还可以通过多边谈判降低关税和非关税壁垒,使固定和可变贸易成本下降。

1. 贸易伙伴数量增加

贸易自由化使贸易伙伴增加,新均衡条件下所有变量和函数都用原来变量加上($'$)来表示。新均衡条件下,$n' > n$。

比较等式(2-16)和式(2-15),从新的零边界利润条件可以看出,零边界利润曲线将会上移,因此,边界生产率水平随着 n 上升:$\varphi^{*'} > \varphi^*$,同时 $\varphi_x^{*'} > \varphi_x^*$。贸易伙伴数量的增加会迫使生产率最低的企业退出。与封闭经济向开放经济转变相同,贸易自由化使所有企业放弃国内市场份额的一部分:$r'_d(\varphi) < r_d(\varphi)$,$\forall \varphi \geqslant \varphi^*$。生产率水平较低的企业(其 $\varphi < \varphi_x^{*'}$)不会出口,其收入和利润都会降低,其中生产率水平最低的企业会退出市场。那些 $\varphi \geqslant \varphi_x^{*'}$ 的企业通过出口到新的市场不但可以弥补国内市场销售降低带来的损失,还会增加总收入:$r'_d(\varphi) + n'r'_x(\varphi) > r_d(\varphi) + nr_x(\varphi)$。这些企业当中有一部分由于存在新的固定出口成本,利润会下降,但生产率水平最高的企业利润会增加。这样,市场份额和利润都会向更有效率的企业倾斜,在市场份额的重新分配下,行业总生产率水平会上升,社会福利也会增加。

2. 贸易成本下降

可变贸易成本从 τ 下降到 τ',将会使零边界利润曲线上移,边界生产率水平也会上升,$\varphi^{*'} > \varphi^*$。唯一的差别在于:新的出口边界生产率水平 $\varphi_x^{*'}$ 将低于 φ_x^*。与对外开放相同,贸易自由化将迫使生产率水平最低的企业退出,但现在新的企业进入到出口市场(这些企业在以前高的可变贸易成本 τ 下是不出口的)。市场份额和利润的重新分配的方向与前面的描述相同:所有企业将丧失一部分国内市场,这样不出口的企业将会遭受市场份额和利润的双重损失。生产率水平更高的企业会选择出口,通过增加出口销售弥补国内销售的降低,生产率水平最高的企业利润将会增加。同样,生产率水平最低的企业的退出和生产率水平最高的企业市场份额的增加都有助于总生产率水平的上升和福利的增加。

出口固定成本 f_x 的下降对边界水平产生的影响,与 τ 的下降所产生的影响相同。贸易自由化使生产率水平最低的企业退出(φ^* 上升),同时,新的企业将会进入出口市场(φ_x^* 下降)。如果新的出口企业生产率水平高于平均生产率水平,这种选择效应有助于总生产率水平的提高。

尽管与前面的分析类似,生产率水平较低的企业无法出口,将会遭受市场份额和利润的双重损失。但这种情况下,市场份额和利润向生产率水平更高的企业分配的原理与前面不同,对于那些在出口固定成本 f_x 下降之前已经在出口的企业, f_x 的下降不会增加这些企业的市场份额和利润,仅仅那些新的出口商的销售会增加。在新的稳定均衡状态下,福利会更高。贸易成本的下降有助于解释另一个经验事实,即新企业进入出口市场会对出口的扩张起推动作用(Roberts,Sullivan 和 Tybout,1995)。

在封闭经济向贸易开放经济转换的过程中生产率水平最高的企业可以获得国外市场从而扩大其在行业中的份额;生产率水平较低的企业无法支付出口固定成本,因此只能在国内销售;生产率水平最低的企业由于受到高生产率水平企业扩大规模带来在劳动力市场上的竞争压力,只能退出市场,放弃生产。这样虽然每个企业在开放后的生产率水平不变,但是整个行业的平均生产率水平上升了,整个社会福利水平提高了。

综上所述,梅里兹(2003)模型的基本思想可以归为两方面:一方面,企业生产率水平的差异是造成产业内企业异质性的最主要原因,是进而决定企业出口决策和贸易模式的关键因素。企业根据生产率水平由低至高依次作出退出市场、国内销售、对外出口等经营市场的"啄食顺序"决策:由于存在进入国内市场的固定成本,生产率水平最低的那部分企业被迫退出市场;由于存在开拓国际市场的出口固定成本,在那些存活下来的企业中,只有效率水平更高的企业可以选择出口,而效率水平相对较低的企业只能服务于国内市场。

另一方面,贸易自由化的企业"自选择效应"通过要素资源重新配置促进行业总体生产率水平的提高和福利所得。生产率水平最高的企业选择出口,并不断茁壮成长——它们通过出口不仅扩大市场份额而且获得更大利润;生产率水平次高的企业也会继续选择出口并扩大其市场份额,但会遭受利润损失;生产率水平较低的企业只能选择在国内市场服务,同时遭受市场份额的减小和利润的下降双重损失;生产率水平最低的企业会被淘汰出局,因为生产率水平较高的企业和新进入的企业展开对劳动力的竞争,提高劳动力实际工资,生产率水平最低的企业被淘汰退出市场。

四、异质性企业贸易理论的早期扩展

梅里兹(2003)模型发表之后,引起了国际贸易理论界的广泛关注,被不断引用、拓展与完善。

赫尔普曼和梅里兹等(2004)在梅里兹(2003)模型基础上引入水平对外直接投资,构建了一个"邻近—集中"替代关系①的多国家、多产业的国际贸易和投资模型,考察生产率水平对企业出口和对外直接投资决策的影响。该研究假定:出口和对外直接投资进入国际市场的相对成本侧重点不同,出口的固定成本较低,而对外直接投资的可变成本较低。其理论模型认为,生产率水平的差异决定企业"啄食顺序"经营市场决策:生产率水平最低的企业被迫退出市场;生产率水平较低的企业只在国内市场销售,生产率水平较高的那部分企业才有可能同时在国内市场销售和出口到国外市场;而在那些同时在国内、国外市场销售的企业中,其国外市场的运行模式也不一样,只有那些生产率水平最高的企业才能进行对外直接投资,生产率次高的企业则选择出口方式进入国际市场。最后,该研究使用 1994 年美国 1996 家企业在 38 个国家、52 个产

---

① 布雷纳德(Brainard,1997)认为,出口与对外直接投资的"邻近—集中"替代关系是指:与出口相比,当外国市场规模增加并且出口成本增加时,对外直接投资变得更有优势;当海外投资建厂的成本持续增加时,对外直接投资则会变得相对劣势。

业的出口和对外直接投资的贸易数据实证检验,检验结果有力支持了其理论分析(Helpman,Melitz 和 Yeaple,2004)。

安切斯(Antras)和赫尔普曼则在梅里兹(2003)研究的基础上,结合安切斯企业内生边界模型(Antras,2003),建立了一个新的南北国际贸易模型(北国代表发达国家,南国代表发展中国家),考察生产率水平对企业出口、外包和垂直对外直接投资等企业组织形式的影响。该模型假设:南国的可变成本较低,而北国则固定成本较低;对外直接投资具有所有权优势,而外包具有地理位置优势。其理论模型表明,南北国家之间的企业生产率水平差异、总部密集度、工资水平差异和各国所有权优势等因素共同决定企业组织形式和贸易模式的选择。在总部密集度较低的行业,几乎没有企业开展垂直对外直接投资,只会选择外包。而在总部密集度最高的行业,会出现五种组织形式和贸易模式:生产率水平最高的企业选择在南国进行垂直对外直接投资,次高的企业则选择在南国外包,较低的企业选择在北国进行垂直对外直接投资,更低的企业选择在北国外包,生产率水平最低的企业则退出市场。此外,外包成本的降低将增加外包企业的数量,从而企业间贸易(Arm's Length Trade①)相对于企业内贸易增多(Antras 和 Helpman,2004)。

此外,梅里兹(2003)模型还被多次扩展到垄断竞争的其他贸易模型。如,国际宏观动态模型(Ghironi 和 Melitz,2005)、比较优势和异质性企业贸易模型(Bernard,Redding 和 Schott,2007)、开放经济增长模型(Baldwin 和 Robert-Nicoud,2008),等等。还有一些研究则将梅里兹(2003)分析框架扩展为推导双边贸易的引力方程(Helpman,Melitz 和 Rubinstein,2008,以下简化为 HMR);Chaney,2008;Manova,2008;Bernard 等,2009;Arkolakis,Ganapati 和 Muendler,2021)和出口市场动态(Eaton 等,2008;Albornoz 等,2012;Arkolakis,2016;Ruhl 和 Willis,2017)。本章第三节将重点介绍梅里兹(2003)模型在出

---

① 企业间贸易是指两个完全独立的企业之间商品、服务、产权或股权等的买卖,是最普通的贸易类型。

口增长的二元边际和出口市场动态方面的研究新扩展。

第三节　企业出口增长二元边际的
扩展研究述评

梅里兹(2003)模型在国际贸易理论研究学术史中具有里程碑意义,在国际贸易研究领域得到了广泛的应用与拓展。此后,随着企业层面的数据越来越丰富,国际贸易理论得到不断发展。梅里兹本人也因此曾多次被提名为诺贝尔经济学奖候选人,并被原汤森路透(现科睿维安)评选为 2016 年度"引文桂冠奖"得主。① 截至 2022 年 6 月,其开创性的梅里兹(2003)一文在 Google 学术上的引用已经高达 1.7 万次。下面从国外、国内两大主线述评异质性企业贸易理论在出口增长二元边际和出口市场动态等方面的研究新进展。

一、国外研究新进展

国外对异质性企业贸易理论的新近研究,对梅里兹(2003)模型在企业出口增长的二元边际、企业进入退出出口市场动态、综合均衡(Integrated Equilibrium)、市场规模、金融市场、出口产品质量、企业内贸易、中间商贸易等多领域进行了理论和经验方面的拓展研究。根据后文研究的需要,本书重点述评梅里兹(2003)模型在出口二元边际和出口市场动态的拓展研究,之后简要回顾梅里兹(2003)模型在综合均衡、市场规模和金融发展等领域的扩展研究。

---

① 科睿维安(原汤森路透知识产权与科技事业部)是使用定量数据来分析和预测年度诺贝尔奖得主的机构,其评选的依据是科学网(Web of Science)平台中论文的引用频次和影响力。自 2002 年起,科睿维安每年都会公布"引文桂冠奖"得主。截至 2021 年 12 月,已经有 59 位获得"引文桂冠奖"者荣膺诺贝尔奖。

（一）企业出口增长的二元边际

贸易引力方程是经济学研究中最成功的经验关系之一。贸易引力方程把国与国之间的贸易总额与其经济规模和可变贸易成本联系起来。异质性企业贸易理论通过区分出口增长的扩展边际和集约边际，为引力方程在国际贸易研究中提供了新的洞见。

21世纪以来，国际贸易模式的三个基本特征事实：（1）双边贸易矩阵中零元素占多数，即大部分国家在双边贸易中只出口到小部分的贸易伙伴，与大部分潜在贸易伙伴并没有发生贸易关系；（2）出口企业的出口金额、产品数量及企业数量不太稳定，随时间变化而频繁变动；（3）企业出口的产品结构也随时间变化而频频改变，如美国企业出口产品年取代率超过25%（马相东，2012）。这些特征事实推动异质性企业贸易理论的新近研究，将梅里兹（2003）模型的分析框架扩展到双边贸易的引力方程，重点研究了贸易壁垒、商品替代弹性和信贷约束等因素对贸易的二元边际的影响。

赫尔普曼和梅里兹等学者（2008）构建的异质性企业贸易模型（HMR模型），首次将梅里兹（2003）分析框架扩展到贸易引力方程，分析两国之间的正贸易流量和零贸易流量情形。该研究运用选择方程、贸易流量方程进行二阶段估计，通过采用参数估计、半参数估计和非参数估计方法得到对贸易摩擦影响的相似估计结果，衍生出一般化引力方程，解释各企业对出口市场的自我选择及其对贸易流量的影响。该研究认为，贸易摩擦或贸易壁垒对贸易流量的影响可以被分解为集约边际和扩展边际，前者是指每个出口企业的出口额，后者是指出口企业的数量；一国出口企业的总体数量，成为影响该国与其伙伴国贸易流量的决定性因素（HMR，2008）。这一研究结论对于研究双边贸易具有非常重要的意义，但是它未能准确解释可变成本和固定成本在集约边际和扩展边际中的作用问题。

钱尼（Chaney，2008）在HMR模型基础上，构建了具有帕累托生产率分布

和出口固定成本模型,其研究认为,从 i 国家到 j 目的地市场的总出口可以按出口的扩展边际和集约边际进行分解:

$$X_{ij} = \left(\frac{1 - G(\varphi_{ij}^*)}{1 - G(\varphi_{ii}^*)} \right) M_i \int_{\varphi_{ij}^*}^{\infty} (\rho\varphi)^{\sigma-1} (\tau_{ij}\omega_i)^{1-\sigma} P_j^{\delta-1} \omega_j L_j \frac{g(\varphi)}{1 - G(\varphi_{ij}^*)} d\varphi$$

$$(2\text{-}22)$$

其中, $\left(\dfrac{1 - G(\varphi_{ij}^*)}{1 - G(\varphi_{ii}^*)} \right) M_i$ 为扩展边际, $\displaystyle\int_{\varphi_{ij}^*}^{\infty} (\rho\varphi)^{\sigma-1} (\tau_{ij}\omega_i)^{1-\sigma} P_j^{\delta-1} \omega_j L_j$

$\dfrac{g(\varphi)}{1 - G(\varphi_{ij}^*)} d\varphi$ 为集约边际。

该研究发现,引入企业异质性之后,克鲁格曼(1980)模型中关于"较高产品替代弹性加大贸易壁垒对贸易流量影响"的预测歪曲了双边贸易的引力方程。这是因为,较高替代弹性对国际贸易二元边际的影响相反:一方面,会加大集约边际对贸易壁垒变化的敏感性;另一方面,会减少扩展边际对贸易壁垒的敏感性。不仅如此,当企业的生产率分布呈帕累托分布时,扩展边际比集约边际占更大优势。因此,较高的商品替代弹性减少了贸易壁垒对贸易流量的影响,而非加大(Chaney,2008)。

玛诺娃(Manova,2008)借鉴 HMR(2008)两阶段估计法,构建了一个由具有信贷约束异质的企业、金融脆弱性(vulnerability)程度差异的行业、金融发展水平相异的国家的新模型,全面考察了信贷约束对出口增长二元边际的影响。该模型假定,企业规模的增长和生产率的提高均可以使企业在外部融资中具有优势。其研究认为,信贷约束通过三种途径影响出口贸易的二元边际。其一,金融发达国家更可能从事双边出口贸易,而且其出口金额会随之更大,这种对出口集约边际的影响在那些外部融资需求较大或抵押资产较少的产业中更为显著。其二,在金融脆弱性行业,金融发达国家出口的产品品种数量更多、产品转换频度(Product Churning)随时间的变化更低,从而影响贸易的扩展边际。其三,信贷约束导致出口贸易伙伴的"啄食顺序"(Pecking Order)①:一国的金融发展程度越高,其能够出口的贸易伙伴也越多。换言之,金融发展水平越高的国家,除了能够出口到金融发展水平较低的国家能够出口的市场外,还能出口到金融发展水平较低国家不能出口的市场。这种对扩展边际的影响在金融脆弱性产业中尤为明显(Manova,2008)。

伯纳德等学者(2009)使用美国贸易数据,研究如何以贸易二元边际解释美国进出口在不同伙伴国、不同贸易类型(企业间贸易对集团内贸易,Arm's-Length vs. Related-Party,简称 AL 对 RP)以及时间范围等各方面的变化(Bernard, Jensen, Redding, Schott,2009)。其研究结果显示:(1)横截面变化方面,在 2003 年美国出口中,扩展边际可以解释美国总出口变化中的 80% 左右,而集约边际则只能解释美国总出口变化中的 20% 左右;集约边际对 RP 出口比 AL 出口更重要(31.1%对 21.1%)。(2)时间序列变化上,1993—2003年,如只考察一年的短时间范围,集约边际可以解释美国出口增长中的 76%,而扩展边际只能解释其中的 25%,但时间范围越长,扩展边际的相对影响越大。如,考察时间范围为 5 年时,两者影响约各占一半;时间范围为 10 年时,则扩展边际的相对影响远大于集约边际(56%对 35%)。(3)通过考察 1997年亚洲金融危机中美国进、出口行为时发现,从事 RP 贸易的中小企业与从事 AL 贸易的大跨国公司与对宏观冲击所作出的反应明显不同。如,1998 年,AL出口的下降远大于 RP 出口的减少(26%对 4%)。

最新的一项研究(Arkolakis, Ganapati 和 Muendler,2021)使用巴西的出口企业数据,发现一些多产品出口企业的特征事实:(1)为数不多的畅销产品的销量在市场上占企业出口总额的很大一部分;(2)出口企业的范围(产品数量

① 啄食顺序:一般指一群家禽中存在的社会等级,其中每一只鸟禽能啄比其低下的家禽而又被等级比它高的家禽啄咬。

的扩展边际)①分布在不同的市场是相似的;(3)在每一个市场中,出口企业的范围与每一产品的平均销售额正相关;(4)企业在多个目的地系统地出口其最畅销产品。为解释这些特征事实,该研究构建了一个企业—产品异质性贸易模型,考察出口企业在单个市场销售额外产品和扩大出口时所面临的成本。该模型假定出口市场进入成本取决于出口产品范围,其研究发现:企业面临产品销售的强劲下滑,但市场特定的进入成本也迅速下降;在全球进入成本下降的情况下,反事实实验表明,模拟贸易增加的很大一部分归因于企业对第一产品的进入成本的下降。该模型导致了与分散化贸易数据一致的关系。

(二)企业出口市场动态

出口市场动态方面,伊顿等学者的一项研究通过采用哥伦比亚企业进出口数据,考察了其出口市场动态的一些特征事实:进出口企业在某一特定年份中替换率达到50%,初出口目的地决定企业的出口存活,等等(Eaton 等,2008)。随后,一部分研究试图从"出口中学"视角解释这些特征事实:企业根据其出口销量来修正其对出口市场的先期判断,并由此作出退出或扩大出口市场的决策(Albornoz 等,2012)。另一部分研究则尝试通过对生产率水平的随机冲击来解释:企业根据生产率水平的变化来决定是进入还是退出出口市场,以及是否继续生产等选择(Arkolakis,2016;Ruhl 和 Willis,2017)。

(三)综合均衡

如前所述,H—O 模型等传统的国际贸易理论强调比较优势和产业间再分配,梅里兹(2003)模型则强调资源产业内重新分配。综合平衡概念最早由迪克西特和诺曼(Dixit 和 Norman,1980)提出,赫尔普曼和克鲁格曼(Helpman

---

① 与以往研究不同,该研究将出口企业的出口金额分解为出口企业范围和出口企业规模,前者是指产品数量的扩展边际,后者指出口企业每一产品的平均销量的集约边际。

和 Krugman,1985)将其进一步丰富。伯纳德等学者将梅里兹(2003)模型嵌入一般均衡贸易理论的标准框架,将异质性企业加入赫尔普曼和克鲁格曼的H—K 联合模型(Helpman 和 Krugman,1985),考察各国各产业间不同贸易模式、产业内双向贸易模式以及产业内各企业间不同贸易模式的产生原因,分析贸易自由化对国家福利和收入分配的作用。其研究发现,贸易自由化不仅能够引起产业内资源重新配置,从而提高各产业总体生产率水平,而且对比较优势产业的影响更大:较之其他产业,比较优势产业拥有更多的出口机会引起生产要素需求的更大增加,使其密集使用生产要素的相对价格提高,进而使更多的低生产率水平企业退出市场。因此,这种资源再配置活动将放大各国的比较优势,从而增加国际贸易的总福利所得。此外,贸易自由化还影响各生产要素的收入分配:行业平均生产率水平的提高将压低商品价格,从而提高各要素的实际收入,如果生产率水平提高足够明显,一国稀缺要素的实际收入甚至可能反而会增加(Bernard,Redding 和 Schott,2007)。该结论直接挑战了传统的要素价格均等化定理。要素价格均等化定理认为,贸易自由化会使富裕要素的实际收入增加,使稀缺要素的实际收入减少,最终导致各要素价格均等(Stolper 和 Samuelson,1941)。

新近的一项研究(McCalman,2018)考虑消费者信息对企业定价策略的影响,分析了收入分配与国际经济一体化之间的关系,发现在国际贸易的作用下,对主导全球收入分配的国家来说,其全球收入分配更少地被国内收入分配扭曲;对收入分配被主导的国家来说,其国内收入分配更多地被全球收入分配扭曲。

（四）市场规模

尽管梅里兹(2003)分析了产业内企业间的资源再分配,常数替代弹性(CES)偏好所致的固定加成特性却与具有优先竞争效应的贸易自由化情形的实证研究相悖(Tybout,2003)。相对而言,常数替代弹性需求结构意味着产业内生产率分布对市场规模不变,这只会影响企业的质量。与这些预测相反,一项使用美国 225 座城市中 13 类批发零售贸易行业企业数据的经验研究表明,对大部分行业来说,处于较大市场中的零售机构会有更大的销售额和规模(Campbell 和 Hopenhayn,2005)。相类似,另一项以美国预拌混凝土工厂为例的研究发现,处在有较高需求强度市场中的预拌混凝土工厂,从整体上看具有更高的平均生产率水平和最低生产率水平,生产率水平的分布更加集中(Syverson,2004)。

为此,梅里兹等学者不再使用常数替代弹性效用函数,而是将内生加成因素引入梅里兹(2003)模型,构建了一个在同质部门和差异部门之间的拟线性偏好、不同部门内跨品种的二次偏好的企业异质性模型。其研究表明,企业的数量和平均生产率水平共同决定了市场的竞争激烈程度,市场规模的扩张和市场一体化程度的提高会激化市场竞争,使市场总体生产率水平提高,同时使市场平均利润下降,并因此影响异质性生产企业和出口企业的市场决策和贸易模式(Melitz 和 Ottaviano,2008)。这为在一个统一的框架下分析市场规模和贸易成本对企业层面特征(生产率水平、利润)的影响提供了理论基础。梅里兹等学者的另一项研究沿用了这一研究对效用函数的处理方法,并将原有的模型扩展至多产品情形,分析了竞争强度不同的市场上企业的行为变化。其研究发现,在市场竞争激烈时,企业会减少产品种类,集中生产生产率水平高的产品(Mayer,Melitz 和 Ottaviano,2014)。新近的一项研究(Lin 和 Weng,2019)则使用生产效率和产品质量对梅里兹(2003)模型中的生产率水平进行了更为细致的刻画。其研究发现,在全球市场规模扩张时,企业生产效率和产品质量的组合更容易满足国内市场和出口市场的要求,使一些企业能够不被排除在市场之外;在全球市场规模不变、母国市场规模扩张、外国市场规模缩小时,更多的母国低生产率水平企业能够在母国市场中存活,但母国企业出口的生产率水平门槛更高了,而外国企业的情况则恰好相反。与此同时,国内消费者消费的产品种类增加、质量提高,而外国消费者消费的产品种类减少、质量下降。

（五）金融发展

异质性企业贸易理论分析框架的一个重要拓展方向,是在金融发展或融资约束视角下对企业出口决策进行分析。玛诺娃使用1980—1997年91个国家的面板数据和事件研究(Event Study)检验了信贷约束对国际贸易流量的影响。该研究将股票市场自由化视为外部融资可获性的外部冲击,检验股票市场自由化对出口行为的影响。其研究结果发现:在金融脆弱行业中,股票市场自由化更不均衡地促进金融脆弱性产业的出口,如股票市场自由化之后的三年内,一国的纺织品(高度依赖外部融资产业)出口比其矿产品(内部筹款密集型产业)出口多提高13个百分点;相类似,低有形资产产业(如其他化学制品)出口比高有形资产产业(如木材制品)出口快增长17个百分点(Manova,2013)。钱尼将流动性约束引入梅里兹(2003)模型,发现当资金流动性不能覆盖企业出口的沉没成本时,企业会被排除在出口市场之外,生产率水平更高的企业可以在国内销售中产生更大的流动性,更加富有的企业本身就具有更大的流动性,这两类企业进行出口的可能性因而更大(Chaney,2016)。另一项研究(Fan, Lai和Li,2015)将融资约束和产品质量引入梅里兹(2003)模型中,发现更严重的融资约束会使企业选择生产质量更低的产品,使最优定价下降,并使用中国制造业企业数据进行了实证检验,得到了与所用模型相一致的结果。新近的一项研究(Lu, Shi, Luo和Liu,2018)使用2000—2006年中国出口企业数据进行实证研究,发现生产率水平显著提高了出口企业的全球价值链参与度,而融资约束显著降低了出口企业的全球价值链参与度。

二、国内研究新进展

异质性企业贸易理论在中国一样引起了广泛关注和拓展。中国的研究与拓展主要在两大方面:一是异质性企业贸易理论在中国的适用性问题所引发的"出口—生产率悖论"之争；二是出口增长二元边际的实证分析。

（一）"出口—生产率悖论"之争

梅里兹（2003）模型的核心思想之一，是生产率异质性是决定企业贸易模式的关键因素：企业根据生产率水平高低依次选择出口、国内销售和退出市场。如前所述，无论是美国、德国、法国等发达经济体，还是韩国、墨西哥、智利等新兴经济体与发展中经济体，几乎所有经济体的企业数据经验分析结果都支撑"出口企业具有更高生产率水平"的判断。出口企业的生产率水平之所以高于非出口企业，是因为存在"自选择效应"和"出口学习效应"：由于存在出口固定成本，只有生产率水平较高的企业才能承担这一成本从而自选择进入出口市场，而生产率水平低的企业只能在国内销售或是退出市场；出口企业在进入国外市场后，能够获得学习提高的机会，借鉴、模仿国外的生产技术和管理经验，从而提高其生产率水平。

然而，基于中国数据的经验研究却出现两个截然不同的结论。

一方面，部分研究发现，与大多数国家一样，中国出口企业较之非出口企业同样具有更高的生产率水平，企业的出口决策遵循"自我选择效应"，同时出口也能促进企业生产率水平的提高，同样存在"出口学习效应"（唐宜红和林发勤，2009；张杰、李勇和刘志彪，2009；易靖韬，2009；易靖韬和傅佳莎，2011；钱学锋、王菊蓉、黄云湖、和王胜，2011；邱斌、刘修岩和赵伟，2012；范剑勇和冯猛，2013；刘竹青和佟家栋，2017；邢志平，2018）。这些研究，除易靖韬（2009）、易靖韬和傅佳莎（2011）使用浙江省 2001—2003 年企业面板数据，以及唐宜红和林发勤（2009）使用 2005 年第四次全国工业普查的企业数据，大多使用中国工业企业数据库数据，只是时间跨度有所区别而已。如，张杰、李勇和刘志彪（2009）使用时间跨度分别为 1999—2003 年，钱学锋等（2011）和邱斌、刘修岩和赵伟（2012）使用时间跨度均为 1999—2007 年，范剑勇和冯猛（2013）的时间跨度则为 1998—2007 年，刘竹青和佟家栋（2017）、邢志平

(2018)分别为2001—2007年和2005—2007年。不同于比较出口企业和非出口企业生产率的传统方法,孙楚仁、陈瑾和徐丽鹤(2021)从多国、多行业、多要素的异质性企业贸易模型中推导出检验"出口—生产率悖论"的新假设和相应指标,使用1998—2007中国工业企业数据库进行实证检验,发现"出口—生产率悖论"不成立。

另一方面,更多的研究认为中国出口企业存在"出口—生产率悖论"现象,即中国出口企业的生产率水平反而比非出口企业的生产率水平低。李春顶和尹翔硕(2009)首次给出了"生产率悖论"的概念,之后,"出口—生产率悖论"迅速成为国内学者经验研究的热点。如,盛丹(2013)使用1998—2006年中国工业企业数据发现,中国外资企业的出口存在明显的"生产率悖论"现象,而内资企业的出口行为符合异质性企业贸易理论的预测。戴觅和余森杰等(2014)使用2000—2006年中国工业企业数据和海关数据匹配数据发现,加工贸易企业存在"出口—生产率悖论",剔除加工贸易之后中国企业"出口—生产率"关系符合异质性企业理论。李春顶(2015)对2014年以前的"出口—生产率悖论"文献进行了详细的研究综述。① 之后,汤二子(2017)重新审视梅里兹(2003)模型,得出"生产率高的企业出口"命题所依赖的7条假定,探寻了可能造成"出口—生产率悖论"的一系列原因。夏广涛和胡汪音(2018)将企业的寻租能力制度因素引入梅里兹(2003)模型,对"出口—生产率悖论"进行了全新解读。李丽霞、李培鑫和张学良(2020)则分析了中国的开发区政策对企业生产率和出口间关系的影响,发现开发区政策降低了区内企业进入出口市场的生产率门槛,为解释"出口—生产率悖论"提供了新的视角。

综合既有文献,中国出口企业的生产率水平反而比非出口企业的生产率水平低的成因可归为三大类:一是包括加工贸易、外资企业以及出口密度高的

---

① 2014年之前的更多文献可参考李春顶:《中国企业"出口—生产率悖论"研究综述》,《世界经济》2015年第5期。

企业,以加工贸易为主,科技含量低,故生产率低;二是对于劳动密集型行业,出口企业的生产率水平会低于非出口企业;三是市场分割和地方保护提高了市场进入成本和贸易成本,从而导致内销企业需要更高的生产率水平(李春顶和尹翔硕,2009;李春顶,2010;戴觅和余淼杰等,2014;汤二子,2017;夏广涛和胡汪音,2018)。

(二)出口增长的二元边际及其决定因素

改革开放四十多年以来,中国经济取得了举世瞩目的成就、国际地位空前提升。数据显示,2010 年中国跃升为全球第一大制造国和第二大经济体。与此同时,中国货物出口也迅猛发展,国际地位持续提升。中国商务部数据显示,中国货物出口从 1978 年的 97.5 亿美元增至 2021 年的 33635.0 亿美元,43 年增长了 344 倍,年均增速达到 14.6%;中国货物出口占全球货物出口的份额从 1978 年的 0.7%持续提高至 2020 年的 14.7%,其在全球的排名则相应从 1978 年的全球第 32 位持续提升至 2009 年的全球第一位,至 2022 年连续13 年位居全球第一大货物出口国。尽管如此,中国货物出口面临的外部冲击脆弱性问题一直困扰着中国货物出口,2008 年国际金融危机所导致的外需不足对中国货物出口的冲击尤其突出。中国商务部数据显示,中国货物出口的年均增长速度,从危机前 2002—2008 年的 27.3%,大幅下滑至危机后 2009—2011 年的 11.9%,2012—2020 年进一步下滑至 3.0%。因此,如何"稳出口"仍然成为保证中国经济持续发展和稳定就业的重要任务。在此背景下,运用异质性企业贸易理论这一学术前沿分析中国出口问题成为一大学术热点。

钱学锋(2008)最早对中国出口总量增长进行二元边际分解,并通过模拟得到出口固定成本和可变贸易成本对出口增长二元边际的影响,发现贸易成本的下降主要通过影响贸易的扩展边际推动出口增长。施炳展(2010)首次将中国出口增长分解为广度、数量和价格增长三元边际,其研究发现,中国出口产品普遍数量偏多、价格偏低,且出口增长主要源于数量增长,其次源于广度增长,中国出口价格增长极慢,对中国出口增长的贡献极小。陈磊和宋丽丽(2011)的研究结果显示,金融发展水平对出口的集约边际和扩展边际产生了显著的正向影响,而且随着金融发展水平的提高,这种影响逐渐减弱。陈勇兵、陈宇媚和周世民(2012)将中国企业出口增长分解为扩展边际(以出口企业数量衡量)与集约边际(以单位企业的平均出口额衡量),考察了中国企业出口动态和二元边际结构及其决定因素,发现中国企业出口的增长主要是由集约边际的扩大实现的;经济规模、距离和贸易成本等各种因素对贸易流量的作用主要是通过影响贸易扩展边际实现的。田朔、张伯伟和陈立英(2015)实证分析了汇率变动对中国企业出口扩展边际的影响,发现汇率波动显著抑制了企业出口扩展边际的增长。鲁晓东、刘京军和王咏哲(2016)通过构建出口的多重边际分析框架识别中国出口增长的源泉,其研究发现,贸易方式和所有权结构显著地影响了中国企业出口的扩展边际。黄先海、胡馨月和陈航宇(2016)构建了一个分析发展中经济体企业创新模式决策的理论框架,其研究发现,知识产权保护的强化对中国出口扩展边际的增长存在促进作用,而对中国进口扩展边际的增长存在抑制作用。孙天阳、许和连和王海成(2018)发现,与所在城市其他企业产品的关联和市场邻近均促进了企业出口扩展边际的增长;与自身出口产品的关联和市场邻近对出口扩展边际的影响是相互替代的。陈紫若和刘林青(2022)整合并拓展了异质性企业贸易理论和产品空间理论,提出"企业跳跃距离"作为衡量企业内部出口结构的指标,使用2001—2013年中国工业企业数据和海关数据进行实证研究,发现企业跳跃距离的降低能间接提升出口的集约边际和扩展边际。

(三)企业出口市场动态

近年来,中国学者也开始将异质性企业贸易理论运用到中国出口市场动态和多元化发展的分析上。邵军(2011)和陈勇兵、陈宇媚和周世民(2012)等考察了中国企业出口市场动态的一些特征事实。陈勇兵、陈宇媚和周世民

（2012）研究表明,中国企业在欧、美、日等传统出口密集的市场和印度、巴西等新兴市场上表现出不同的出口市场动态特征。一些学者为出口市场多元化提供了积极的理论和经验支持。黄先海和周俊子（2011）发现,1996—2009年,包括出口市场多元化在内的贸易扩展边际确实不受外部需求冲击或产出波动的影响。

　　然而,如前所述,中国出口市场的多元化发展一直进程缓慢,于是部分研究从企业微观层面探索其原因。如,钱学锋和余弋（2014）发现,中国出口市场多元化和企业生产率之间呈现出了"U"型关系,在出口市场多元化程度较低时,出口市场多元化对企业生产率存在显著的抑制作用,导致企业在自身出口市场数量较少时,没有足够的激励去开拓国际新市场。

　　综上所述,促进包括出口市场多元化在内的扩展边际应成为进一步推进中国出口增长的重点努力方向。那么,该如何促进中国企业出口市场多元化新发展呢? 或者说,中国企业出口市场多元化新发展的有利因素有哪些呢?下一节将作进一步分析。

第四节　中国出口市场多元化的四大有利因素

　　综上所述,异质性企业贸易理论的核心思想,可归纳为两大方面:一方面,企业生产率水平差异是造成企业异质性的最主要原因,是进而决定企业出口决策和贸易模式的关键因素。企业根据生产率水平由高至低依次作出其经营市场的"啄食顺序"决策:生产率水平最高的企业运用对外投资方式进入国际市场,全球通吃;次之的企业选择离岸外包方式进入国际市场,鲸吞蚕食;再次之的则选择以出口方式进入国际市场,分一杯羹;又次之的企业仅供应国内市场,在小圈子里讨生活;生产率水平最低的企业被迫退出市场,无食可吃（Helpman, Melitz 和 Yeaple, 2004; Antras 和 Helpman, 2004; Helpman, 2014）。另一方面,贸易自由化的企业"自选择效应"可通过要素资源的重新配置促进行业总体生产率水平的提升和国家福利改进：低生产率企业的退出、出口收益向高生产率水平企业的集中，会促进行业总体生产率水平的提升，即使单个企业生产率水平不变（Melitz，2003）。

根据这两点核心思想，当前和未来一段时期，中国出口新兴市场拓展和市场多元化新发展的机遇与挑战并存，机遇大于挑战。就外部机遇而言，全球贸易格局调整"南升北降"、全球价值链收缩与重构、驱动机制区域化与集团化等新趋势，可为中国出口新兴市场拓展和市场多元化新发展带来新的历史机遇和倒逼机制；就国内机遇而言，高质量共建"一带一路"的持续推进、自由贸易区提升战略下的高标准自贸区构建、创新驱动发展战略下的外贸新业态发展，可为中国出口新兴市场拓展和市场多元化新发展带来诸多战略机遇和创造不少有利条件。

一、全球贸易新趋势可为中国出口市场多元化带来新的历史机遇

2008 年国际金融危机尤其是 2019 年新冠肺炎疫情以来，世界经济发生深刻调整，全球贸易也随之呈现出增长速度显著放缓、格局调整"南升北降"、全球价值链收缩与重构、驱动机制区域化与集团化等一系列新的重要变化。这些变化并非一时状态，因而可以称之为全球贸易新常态和新趋势。

从辩证思维和异质性企业贸易理论视角分析，全球贸易新常态和新趋势虽然会对中国出口保稳提质产生巨大冲击，但同时也将为中国外贸高质量发展及出口市场多元化新发展带来新的历史机遇和形成倒逼机制：一是全球贸易格局"南升北降"可为中国出口新兴市场拓展带来新的历史机遇；二是全球价值链收缩与重构倒逼中国加快培育出口竞争新优势；三是贸易区域化与集团化可为中国加快构建面向全球的高标准自由贸易区网络创造有利条件。

本书第三章将对全球贸易新趋势与中国出口市场多元化新发展作进一步深入分析。

二、共建"一带一路"高质量发展助力中国出口沿线新兴市场拓展

中国特色社会主义进入新时代以来,中国出口市场多元化战略的实施已经融入到"一带一路"建设中,中国出口新兴市场的拓展主要是对"一带一路"沿线国家和地区的拓展。

共建"一带一路"倡议,是中共中央致力于维护全球自由贸易体系和开放型世界经济体系提出的战略构想,是中国经济对外开放第三次浪潮的核心内容和最鲜明特征。共建"一带一路"九年多来,可以2018年8月推进"一带一路"建设工作5周年座谈会为界,分为两大阶段:前五年为立柱架梁阶段,之后迈入高质量发展阶段。"创新之路"是共建"一带一路"高质量发展的核心内涵。

根据异质性企业贸易理论,企业出口的市场选择主要受出口市场需求规模、贸易自由化和金融发展等因素影响,而高质量共建"一带一路"的设施联通、贸易畅通、资金融通恰恰分别起到激发和创造新的市场需求、提高贸易自由化便利化、促进金融创新与发展等作用。这将极大促进中国与"一带一路"沿线国家和地区的贸易与投资发展,并成为推进中国出口新兴市场拓展与市场多元化进一步发展的新引擎。

本书第四章将对高质量共建"一带一路"与中国出口沿线市场拓展作进一步深度分析。

三、创新驱动发展战略下外贸新业态发展助推中国出口市场多元化

创新是引领发展的第一动力。党的十八大以来,在创新发展理念的引领下,中国政府大力实施创新驱动发展战略,跨境电商、海外仓、市场采购贸易、外贸综合服务企业、保税维修、离岸贸易六种外贸新业态新模式蓬勃发展,既

成为推动中国外贸高质量发展的强劲新动能,也成为推动中国出口竞争新优势培育和出口市场多元化的强劲新动能。

根据异质性企业贸易理论,由于存在沉没出口市场进入成本,只有较高生产率水平的企业才可以出口方式进入国际市场。因此,通过提升企业生产率水平和降低贸易成本,均可促进企业开拓国际市场。外贸新业态新模式的蓬勃发展,可通过降低贸易成本、促进贸易自由化便利化、提升贸易竞争力、扩大外贸主体等途径助推中国出口企业拓展新兴市场和推动市场多元化。

本书第五章将运用异质性企业贸易理论,深度分析外贸新业态发展助推中国出口竞争新优势培育和出口市场多元化的形成机理,之后提出加快发展中国外贸新业态的推进路径。

四、自贸区提升战略下自贸区构建助推中国出口市场多元化新发展

党的十七大把自由贸易区建设上升为国家战略,尤其是党的十八大提出加快实施自由贸易区战略以来,中国自由贸易区建设取得重大进展,但仍有较大发展空间。为此,党的十九届五中全会提出,实施自由贸易区提升战略,构建面向全球的高标准自由贸易区网络。《中华人民共和国国民经济和社会发展第十四个五年规划和2035年远景目标纲要》进一步提出,构建高标准自由贸易区网络,要推动商签更多高标准自由贸易协定和区域贸易协定。这为中国出口市场多元化新发展带来了新的战略机遇。

贸易自由化的企业自选择效应,不仅可通过要素资源重置促进行业总体生产率的提升,而且可通过增加贸易伙伴和降低贸易成本促进出口市场多元化,而高标准自贸区的构建又可促进贸易投资自由化便利化。因此,高标准自由贸易区网络的构建可助推中国出口新兴市场拓展与市场多元化。

本书第六章将对高标准自由贸易区网络构建与中国出口市场多元化作进一步深度分析。

第三章　全球贸易新趋势与中国
出口市场多元化新发展

2008 年国际金融危机爆发以来,世界经济发生深刻调整,全球贸易也随之呈现出增长速度显著放缓、格局调整南升北降、全球价值链收缩与重构、驱动机制区域化等一系列新的重要趋势。

从辩证思维和异质性企业贸易理论视角分析,全球贸易新趋势虽然会对中国出口保稳提质产生较大冲击,但也可为新兴市场拓展、竞争新优势培育、高标准自贸区构建等带来新的历史机遇和倒逼机制,进而为中国出口市场多元化新发展创造有利条件。

本章首先分析全球贸易新趋势的四大特征,之后分析其对中国出口保稳提质及市场多元化的双重影响,在此基础上,提出推动中国出口市场多元化新发展的基本策略与重点路径,以期为相关学术研究和实践工作提供理论参考和决策参谋。

第一节　全球贸易新趋势的四大主要特征

2008 年国际金融危机爆发以后,世界经济进入深刻调整期,发达经济体复苏长期乏力,全球贸易在增长速度、发展格局、发展方式和驱动机制等方面随之呈现一些新的重要变化与发展特征。这些变化与特征多年未有并且非一时状态,将可能在很长时期主导全球贸易发展,因而可以称为全球贸易"新常态"(马相东和王跃生,2015)①和新趋势。从宏观视角和战略层面看,全球贸易新常态和新趋势的以下四大特征尤为值得关注:

一、中低速发展:增长速度新趋势

2008 年国际金融危机对全球贸易发展产生了严重冲击,全球贸易在 2010 年和 2011 年出现短暂性反弹之后进入低速增长态势。世界贸易组织数据显示,2012—2016 年,世界货物贸易量增长速度不仅连续五年低于 3%(其中 2016 年世界货物贸易量增长速度仅为 1.3%),而且一直低于世界经济的增长速度。这种现象是自 20 世纪 70 年代以来近 50 年首次出现的新现象。国际货币基金组织一项研究表明,自 1970 年以来,全球贸易量的增速平均为世界实际 GDP 增速的 2 倍左右,其中,1980—2011 年,全球 GDP 和全球贸易的年平均增长速度分别为 2.9%、7.3%,全球贸易的年均增长速度是世界实际 GDP 的 2.52 倍(IMF,2015)。

2017 年,在全球旺盛的居民消费和企业积极的投资回升带动、原油等大宗商品价格上涨助推等因素作用下,美国和欧元区等发达经济体经济增长明显回升,全球贸易量价齐升。国际货币基金组织数据显示,2017 年世界货物贸易量同比增长 5.6%,这一速度既为 2012 年后 5 年的最高水平,也高出当年世界经济增速 1.9 个百分点。尽管如此,这种增长势头未能持续太久。2020 年,受新冠肺炎疫情冲击,世界经济和世界货物贸易量增长速度分别大幅下滑至-3.1%和-5.0%(见表 3-1)。

---

① 在中国,马相东和王跃生(2015)最早提出"全球贸易新常态"概念,之后引起林毅夫(2016)、鞠建东和余心玎(2016)、崔凌云、崔凡和邓兴华(2017)等学者的进一步研究。

表 3-1　2010—2027 年世界经济和贸易量增长速度　（单位:%）

变量	年份 经济体	2010	2011	2012	2013	2017	2020	2021	预测值		
									2022	2023	2027
经济增长率	世界	5.4	4.3	3.5	3.5	3.7	-3.1	6.1	3.6	3.6	3.3
	发达经济体	3.0	1.7	1.2	1.3	2.5	-4.5	5.2	3.3	2.4	1.6
	美国	2.5	1.6	2.2	1.7	2.3	-3.4	5.7	3.7	2.3	1.7
	欧元区	2.1	1.6	-0.9	-0.2	2.6	-6.4	5.3	2.8	2.3	1.3
	日本	4.2	-0.1	1.5	2.0	1.7	-4.5	1.6	2.4	2.3	0.4
贸易增长率	世界	13.9	5.4	2.3	2.1	5.6	-5.0	9.8	3.0	3.4	—

资料来源:经济数据根据国际货币基金组织（IMF,2018 和 2022）①表 A1 数据整理得到;贸易数据根据世界贸易组织（WTO,2014）②表 4 和（WTO,2022）③表 1 数据整理得到。

世界贸易进入低速增长态势,主要有三个方面原因:一是周期性因素。发达经济体尤其是欧元区和日本经济的低迷增长,所引发的世界产出和进口需求大幅下降,是最主要的原因。国际货币基金组织数据显示,受欧债危机等影响,欧元区经济 2012 年和 2013 年连续两年负增长,分别为-0.9%和-0.2%;日本经济 2011 年也出现负增长(见表 3-1)。二是结构性因素。全球价值链收缩与重构(后文将进一步分析)、各国投资下降所引发的贸易收入弹性(贸易增长与 GDP 增长的比率)下降,是另一个重要原因(Bussiere 等,2013)。国际货币基金组织的相关研究表明,世界贸易的长期收入弹性,2008—2013 年和 2001—2007 年分别为 0.7 和 1.5,国际金融危机之后显著低于国际金融危

① IMF, *World Economic Outlook*, April 2018: *Cyclical Upswing, Structural Change*, Washington, D.C.: IMF Publications, 2018, p.240.

IMF, *World Economic Outlook*, April 2022: *War Sets Back the Global Recovery*, Washington, D.C.: IMF Publications, 2022, p.137.

② World Trade Organization, *World Trade 2013, Prospects for 2014*, April 2014, Geneva: WTO Publications, 2014, p.16.

③ World Trade Organization, *Trade Statistics and Outlook*, April 2022, Geneva: WTO Publications, 2022, p.6.

机前(Constantinescu，Mattoo 和 Ruta，2015)。三是价格和汇率因素。包括石油在内的能源、金属等大宗商品价格持续大幅下跌及美元持续升值,也在一定程度上影响了美元计价的全球贸易规模。世界银行《大宗商品市场展望报告》(World Bank,2018 和 2022)数据显示,2020 年,能源、原材料、金属和矿石的名义价格指数分别为 52.7、77.6、79.1(以 2010 年为基准 100,见表 3-2),均明显低于 2010 年水平。

表 3-2　2010—2024 年世界大宗商品价格指数

年份　　大宗商品	2010 年	2015 年	2016 年	2017 年	2020 年	2021 年	预测值		
							2022 年	2023 年	2024 年
能源	100	64.9	55.0	68.0	52.7	95.4	143.6	125.8	110.8
原材料	100	83.3	80.2	81.2	77.6	84.5	87.2	87.8	88.4
金属和矿石	100	66.9	63.0	78.2	79.1	116.4	134.8	120.6	112.1

资料来源:2015—2017 年数据,根据世界银行(2018 年 4 月)①表 A.4 数据整理得到;2020—2024 年数据,根据世界银行(2022 年 4 月)②表 1 数据整理得到。

不仅如此,未来世界经济和全球贸易增长前景暗淡。世界贸易组织数据显示,2022 年和 2023 年,预计世界货物贸易量增长率将分别回落至 3.0%和 3.4%(见表 3-1)。这是因为,影响世界贸易增长的三大因素仍将不同程度地发生作用。其一,由于产出缺口逐步弥合、人口老龄化日益严重等因素导致潜在增长率下降,美国、欧元区和日本等发达经济体产出和进口需求疲软的发展态势恐怕很难扭转。国际货币基金组织预测,2027 年,世界经济增长率(3.3%)将比 2021 年(6.1%)回落 2.8 个百分点,其中,美国、欧元区和日本经济增长率(1.7%、1.3%、0.4%)比 2021 年(5.7%、5.3%、1.6%)分别回落

---

①　World Bank, *Commodity Markets Outlook*, *April* 2018, Washington, D.C.: World Bank Publications, 2018, p.33.

②　World Bank, *Commodity Markets Outlook*, *April* 2022, Washington, D.C.: World Bank Publications, 2022, p.5.

4.0、4.0 和 1.2 个百分点(见表 3-1)。其二,随着中国劳动力和土地等要素成本持续上升,以及美国"制造业回流"的进一步实施,全球价值链收缩与重构将会成为一种新常态,贸易收入弹性延续当前下降态势将是大概率事件。其三,在新一轮科技革命孕育兴起、新兴经济体需求放缓、美元汇率升值等多种因素共同作用下,大宗商品价格仍将回落。根据世界银行数据,受 2019 年新冠肺炎疫情和 2022 年乌克兰危机等事件的影响,尽管 2022 年能源价格大幅上涨 50.5%,但预计 2024 年能源、原材料、金属和矿石的名义价格指数将分别回落至 110.8、88.4、112.1(以 2010 年为基准 100,见表 3-2)。

综上所述,2008 年国际金融危机之前世界贸易中高速增长的风光恐将难以再现,中低速增长将是未来五年甚至更长一段时期全球贸易发展的新常态。

二、"南升北降":发展格局调整新趋势

21 世纪以来,特别是 2008 年国际金融危机以来,新兴市场和发展中经济体成为全球经济增长的重要引擎,其对世界经济增长的贡献超过 60%(按美元汇率计算)甚至 70%(按购买力平价计算)。比如,2016 年,仅新兴经济体 11 国[①]对世界经济增长的贡献率就达到 60%(博鳌亚洲论坛,2017)。2002 年以来,中国经济增速明显高于世界平均水平,对世界经济增长的平均贡献率接近 30%,是拉动世界经济复苏和增长的重要引擎(马相东和王跃生,2021)。世界经济结构因此从传统的以美欧发达经济体为中心的"中心—外围"结构,逐步演变为以美国等发达经济体为中心的循环和以中国等新兴大国为中心的新循环并存的"双循环"结构(王跃生和马相东,2014)。全球贸易方式结构随之也从传统的以北北贸易、南北贸易为主结构,逐步转向南南贸易、南北贸易、

---

①　新兴经济体 11 国(E11)指 20 国集团(G20)中的阿根廷、巴西、中国、印度、印度尼西亚、韩国、墨西哥、俄罗斯、沙特阿拉伯、南非和土耳其 11 个新兴经济体。博鳌亚洲论坛 2010 年年会发布的《新兴经济体发展 2009 年度报告》首次提出"E11"概念。参见博鳌亚洲论坛:《新兴经济体发展 2009 年度报告》,对外经济贸易大学出版社 2010 年版。

北北贸易三足鼎立、并行发展的新结构①。2001 年以来,北北贸易在全球贸易中的比重持续下降,南南贸易比重持续上升,南北贸易比重略有上升。联合国贸发会议(United Nations Conference on Trade and Development,UNCTAD)数据显示,2001 年,北北贸易、南北贸易和南南贸易的比重分别为 52.9%、34.1%和 13.0%,北北贸易占绝对优势地位;此后 12 年,北北贸易的比重持续下降、南南贸易的比重则不断上升;2013 年,北北贸易、南北贸易和南南贸易的比重分别为 36.9%、36.0%和 27.1%,三足鼎立格局基本形成;此后,尽管北北贸易比重略有回升、南南贸易比重略有回落,但三足鼎立格局基本稳定;2020 年,北北贸易、南北贸易和南南贸易的比重分别为 37.7%、35.8%和 26.5%(见图3-1)。

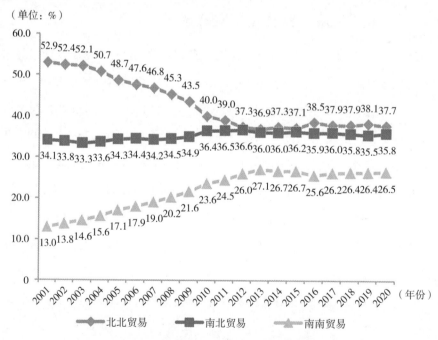

图 3-1　2001—2020 年世界货物出口贸易方式结构演变图

资料来源:联合国贸易和发展会议数据库。

---

①　北代表发达经济体,南代表新兴市场和发展中经济体(简称发展中经济体)。

与此同时,发展中经济体和发达经济体在全球贸易中的份额也呈现出"南升北降"发展新态势。2001 年以后,新兴市场和发展中经济体货物出口中在全球总货物出口中的份额不断上升,与之相对应,发达经济体货物出口的份额则持续下降。尽管 2012 年以后,受大宗商品价格疲软影响,新兴市场和发展中经济体货物出口的份额有所回落,但 2017 年以来又重拾上升态势。联合国贸发会议数据显示,新兴市场和发展中经济体货物出口在全球货物出口中的份额,由 2001 年的 29.0%持续提高至 2012 年的 42.4%,尽管 2013—2016 年略有回落,但又从 2016 年的 41.3%持续提高至 2021 年的 44.4%;与之相对应,发达经济体的份额,则由 2001 年的 71.0%不断下降至 2012 年的 57.6%,尽管 2013—2016 年略有回升,但又从 2016 年的 58.7%回落至 2021 年的 55.6%(见图 3-2)。

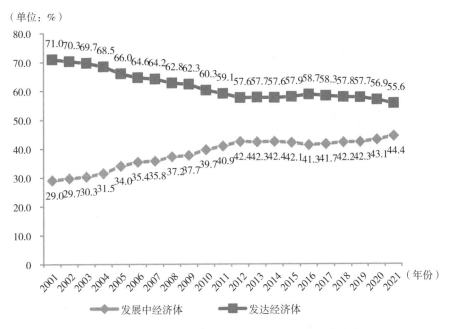

图 3-2　2001—2021 年世界货物出口经济板块结构演变图

资料来源:联合国贸易和发展会议数据库。

世界经济走向"双循环"结构,是未来世界经济发展的重要趋势之一(王跃生和马相东,2020)。不仅如此,随着中国和印度等新兴大国的不断崛起,以中国等新兴大国为中心的新循环很可能后来居上。与之相对应,全球贸易结构调整不仅将延续现有"南升北降"发展态势,而且将很可能出现"南超北"的新格局。未来几年,尽管受新冠肺炎疫情、乌克兰危机等因素影响,可能会短暂出现世界经济"南升减速、北降反弹"态势。但由于潜在增长率差异、发展中国家工业化发展空间和旺盛的市场需求等因素的存在,从中长期看,发展中经济体有望继续保持较发达经济体更快的经济增速,发展中经济体与发达经济体经济总量发展"南升北降"大趋势不会改变(杨长湧等,2020)。下面以发展中经济体与发达国家经济体之间的经济和贸易增速剪刀差指标,论证未来五年"南升北降"的趋势。

根据国际货币基金组织数据,2000—2009 年,发展中经济体与发达经济体之间的经济增长、贸易增长剪刀差年均分别为 4.3 个和 4.0 个百分点;2010—2019 年,经济增长、贸易增长剪刀差年均分别为 3.3 个百分点和 0.8 个百分点(见表 3-3)。这说明,2010—2019 年,尽管发展中经济体的实际经济总量和贸易量(出口)年均增长速度仍高于发达经济体,但其绝对优势不断弱化。这也是图 3-1 中北北贸易比重自 2012 年以来略有回升、南南贸易比重略有回落,以及图 3-2 中发达经济体货物出口份额自 2012 年略有回升、发展中经济体份额略有回落的主要原因。

根据国际货币基金组织 2022 年 4 月预测数据,2022 年,无论是经济增速,还是贸易增速,发展中经济体与发达经济体剪刀差都将出现探底回升;到 2027 年,经济增长剪刀差将进一步提高至 2.7 个百分点,比 2022 年高 2.2 个百分点(见表 3-3)。这说明,相对发达经济体,发展中经济体表现将重新向好。因此,未来五年乃至更长一段时期,新兴市场和发展中经济体将重新成为全球经济和金融市场备受关注的活力区域,其在全球贸易中的份额将会继续提高。预计到 2027 年,保守估计到 2030 年,将会出现全球贸易"南超北"新格局。

表 3-3　2022—2027 年世界经济和全球贸易中期增长预测　（单位:%）

变量	经济体	平均值		2019 年	2020 年	2021 年	预测值		
		2000—2009 年	2010—2019 年				2022 年	2023 年	2027 年
世界实际GDP	发达经济体（1）	1.8	2.0	1.7	-4.5	2.3	3.3	2.4	1.6
	发展中经济体（2）	6.1	5.3	3.7	-2.0	4.8	3.8	4.4	4.3
	剪刀差（2）-（1）	4.3	3.3	2.0	2.5	2.5	0.5	2.0	2.7
世界贸易量（出口）	发达经济体（3）	3.9	4.6	1.3	-9.1	8.6	5.0	4.7	—
	发展中经济体（4）	7.9	5.4	0.4	-4.8	12.3	4.1	3.6	—
	剪刀差（4）-（3）	4.0	0.8	-0.9	4.3	3.7	-0.9	-1.1	—

资料来源:笔者根据国际货币基金组织（2018,2022）①表 A1 和 A9 整理得到。

三、全球价值链收缩与重构:发展方式新趋势

全球价值链（Global Value Chain,GVC）的形成和发展,是当代国际生产与贸易的一个显著特征。20 世纪 80 年代中期以来,随着通信技术进步和运输能力提升,国际合作成本不断降低,传统的一国生产模式逐步转变为多国合作国际化生产模式（盛斌和郝碧榕,2021）。在这种新型生产模式下,产品的生产过程被分割为不同的价值环节,不同国家的企业依托其技术或劳动力比较优势居于供应链不同价值环节②,它们之间的分工合作主要依靠中间产品和

① IMF, *World Economic Outlook*, *April* 2018: *Cyclical Upswing*, *Structural Change*, Washington, D.C.: IMF Publications, 2018, pp.240, 253.
　　IMF, *World Economic Outlook*, *April* 2022: *War Sets Back the Global Recovery*, Washington, D.C.: IMF Publications, 2022, pp.137, 150.
② 拥有资本、技术、营销和品牌优势的美国等发达国家企业通常居于高附加值的研发销售环节,而拥有劳动力和土地成本优势的中国等发展中国家企业则一般居于低附加值的加工组装环节。

零部件贸易来实现,中间产品和零部件贸易因此成为国际贸易的主要方式(Baldwin,2014)。

进入21世纪以后,尤其是2008年国际金融危机以来,随着全球通信技术冲击效应逐步递减,同时受中国生产要素成本持续上升、美、欧、日发达经济体"制造业回流"不断推进、新兴市场与发展中经济体低要素成本优势日益凸显而等因素影响,全球价值链显现慢慢收缩与重构的新态势。

(一)中国劳动力等生产要素成本持续上升

改革开放以后,中国吸引外资的主要竞争优势,在于其源源不断的低成本劳动力。但是,中国特色社会主义进入新时代以来,受人口发生结构性变化等多种因素影响,中国低劳动力成本等传统优势不断弱化。2012年以来,由于新增人口增长持续放缓,中国人口年龄结构发生很大变化,劳动年龄人口持续减少、老龄人口持续增加。根据国家统计局数据,2021年年末,中国16—59岁的劳动年龄人口和60周岁及以上的老龄人口占总人口的比重分别为62.5%和18.9%,其中,劳动年龄人口比重比2013年减少5.1个百分点,老龄人口比重则相应增加4.0个百分点(见表3-4)。这是中国劳动年龄人口数量和比重自2012年以来连续第十年"双降"(见图3-3)。随着劳动年龄人口数量和比重不断减少,加之经济高质量发展带来的工资自然增长和城镇社会保障制度的不断完善,中国用工成本显著增长(杨继生和黎娇龙,2018)。以外出农民工用工成本为例。国家统计局报告显示,中国外出农民工月均收入从2012年的2290元提高至2021年的5013元,10年增长119%,其中2021年增长了10.2%。①

---

① 国家统计局:《2012年全国农民工监测调查报告》,《中国信息报》2013年5月28日。
国家统计局:《2021年农民工监测调查报告》,《中国信息报》2022年5月6日。

表 3-4　2013 年和 2021 年年末人口数及其构成比较

指标	年末数（万人）		比重（%）	
	2013 年	2021 年	2013 年	2021 年
全国人口	136072	141260	100.0	100.0
其中:0—15 岁（含不满 16 周岁）	23875	26302	17.5	18.6
16—59 岁（含不满 60 周岁）	91954	88222	67.6	62.5
60 周岁及以上	20243	26736	14.9	18.9
其中:65 周岁及以上	13161	20056	9.7	14.2

资料来源:笔者根据国家统计局(2014,2022)①表 1 数据整理得到。

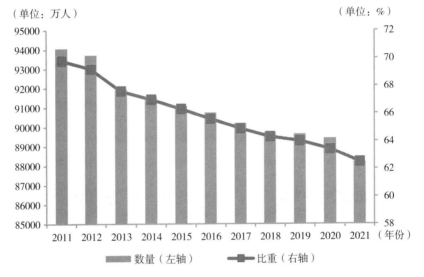

图 3-3　2011—2021 年中国劳动年龄人口数量和比重演变图

说明:2011 年和 2012 年为 15—59 岁（含不满 60 周岁）人口,2013 年起为 16—59 岁（含不满 60 周岁）
　　人口。

资料来源:国家统计局。

---

① 国家统计局:《中华人民共和国 2013 年国民经济和社会发展统计公报》,《人民日报》
2014 年 2 月 25 日。

国家统计局:《中华人民共和国 2021 年国民经济和社会发展统计公报》,《人民日报》2022 年
3 月 1 日。

（二）美、欧、日等发达经济体"制造业回流"不断推进

2008 年国际金融危机爆发以后，为推动本国经济增长、促进社会就业，美国、日本、德国等主要发达经济不断调整政策制度环境，实施"再工业化"战略，吸引"制造业回流"（杨丽花和张美娟，2013）。尤其是，2019 年新冠肺炎疫情以来，美国、日本、德国等主要发达经济体政府纷纷以维护国家经济安全为名，出台各种措施吸引制造业尤其是高科技生产环节回流，降低对跨国生产的依赖（陶涛，2022）。如，2022 年 2 月，美国国会众议院通过《2022 年美国竞争法案》（The America COMPETES Act of 2022），计划创立芯片基金，拨巨资鼓励扶持美国半导体生产和供应链；欧盟委员会通过《欧洲芯片法案》（The European Chips Act），拟斥巨资重点支持欧盟芯片生产。同年 7 月，美国国会众议院通过价值 2800 亿美元的《2022 年芯片和科学法案》（CHIPS and Science Act of 2022），对美国本土芯片产业提供巨额补贴，并在科技创新方面投入数十亿美元，部分条款还限制有关企业在华正常经贸与投资活动。

（三）新兴市场与发展中经济体低要素成本优势日益凸显

2008 年以来，在中国人口劳动力成本持续上升、传统出口竞争优势不断减弱的同时，越南、印度尼西亚、柬埔寨等东南亚新兴和发展中经济体的低要素成本优势日益凸显。以越南为例。越南 2006 年 11 月加入世界贸易组织之后，深度融入世界经济体系。截至 2022 年 6 月，越南先后与其他国家签署了东盟自由贸易区和《区域全面经济伙伴关系协定》等 16 个自由贸易协定。在对外开放中，越南凭借大量廉价的劳动力，成为最具魅力的全球低成本生产中心。据世界银行数据，2021 年，越南总人口为 9816.9 万，人口中位数只有 31.9 岁，一半以上为青壮年人口，工资水平却只有中国的 1/3。

在上述三大因素的综合作用之下，国际产业布局深刻调整，全球价值链呈现慢慢收缩与重构的新态势：一方面，全球价值链呈现慢慢收缩态势。国际金

融危机以来,全球外国直接投资增长乏力,跌宕起伏,除 2015 年和 2016 年之外,其他年份均未能恢复至危机前的高点。据联合国贸发会议数据显示,即使 2021 年因低基数原因大幅增长 64%,但规模也不过 1. 58 万亿美元,距离 2007 年的 1. 91 万亿美元尚有较大差距(UNCTAD,2022)。另一方面,全球价值链呈现重构态势:智能制造等高端制造业不断从中国、印度等新兴经济体向美、欧、日等发达经济体回流;纺织业等部分中、低端制造业从中国向部分拥有低廉劳动力供给的东南亚、南亚和非洲新兴市场和发展中经济体快速转移。

不仅如此,全球价值链收缩与重构并非一时状态,这一发展态势在未来很长时间仍将继续。其一,中国劳动力和土地等生产要素成本将继续延续目前上升态势。党的十九大报告提出,到 2035 年基本实现社会主义现代化。按照这一部署,未来一段时期,中国劳动力、土地、环境保护等综合经营成本将进一步快速提升。还以劳动力成本为例。目前,中国的雇工成本,尽管较之周边发展中经济体已经较高,但与发达经济体仍然差距很大,与周边的亚洲"四小龙"差距也不小。考虑到人口老龄化带来的劳动力供给不足进一步助推劳动力成本等问题,未来一段时期,中国劳动力成本将进一步大幅提高,综合运营成本也势必进一步大幅度提高。与此同时,随着中国经济地位的进一步提升和人民币国际化的进一步推进,人民币汇率也必将继续升值,中国以低端要素嵌入全球价值链进行国际代工的比较优势将持续减弱。其二,美、欧跨国公司全球价值链重构也将继续。未来五年,随着美、欧"制造业回流"的不断推进,"美国制造""欧洲制造"的竞争力优势或许会越来越强,美、欧跨国公司将更多地从离岸生产转向近岸、在岸生产,对外投资步伐或将进一步放缓。其三,越南等新兴市场与发展中经济体低要素成本优势将更加凸显。根据世界银行数据,就 0—14 岁人口占总人口比重,2021 年,中国和越南分别为 17.6% 和 23.2%,越南比中国高 5.6 个百分点。因此,全球价值链收缩与重构将会成为未来五年甚至更长时期全球贸易发展方式的新常态。

四、区域化与集团化:驱动机制新趋势

纵观世界经济和国际贸易发展史,但凡世界经济处于下行或收缩阶段,贸易保护往往会取代自由贸易成为各国政府的主导思想(马相东和王跃生,2015)。

2008 年国际金融危机之后,受到重创的世界经济复苏乏力、持续中低速增长。如前所述,美国金融危机和欧洲债务危机以后,美、欧发达国家都把发展制造业当作重新振兴经济的重心之一,大力实施"再工业化"战略和"制造业回流",促进本国制造业发展。此时,保护本国市场免受他国产品冲击进而保护就业,成为其经济政策的主要诉求。绿色壁垒、技术壁垒、区域主义等新型贸易保护主义层出不穷,加之世界贸易组织框架下的多边自由贸易体系步履艰难,区域化与集团化应运而生。

2017 年,世界经济出现了一些积极向好的势头,但面临的诸多问题并未从根本上解决。2020 年,受新冠肺炎疫情冲击,世界经济增长速度大幅下滑至-3.1%(见表 3-1)。从本质上说,本次金融危机缘于世界经济发展长期累积的结构性障碍和全球经济治理长期存在的制度性瓶颈。因此,只有加快世界经济结构调整和全球经济治理制度性变革,才有望在新产业、新机制的带动下启动新一轮世界经济及国际投资增长。然而,国际金融危机爆发至今已有十多年时间,全球增长动能不足、全球经济治理滞后、全球发展失衡这三大根本性矛盾仍然比较突出。于是,保守主义、孤立主义等反全球化思潮在一些发达国家开始死灰复燃并日渐升温,双边及区域投资协定不断增长,国际投资体制碎片化加剧(王跃生和李宇轩,2017)。联合国贸发会议报告显示,仅 2020年 9—12 月期间,各经济体就签订了 15 个国际投资协定(见表 3-5);截至2020 年 12 月底,全球签署的国际投资协定已达 3312 个,正在实施的国际投资协定至少有 2659 个(UNCTAD,2021)。这些双边和区域投资协定,在不同的时期由发展阶段各不相同的经济体签订,核心条款相互重叠,但内容上又存

在巨大的差异。这既增加了各国管理国际投资协定网络的难度,也加剧了全球贸易与投资保护。

表 3-5　2020 年 9—12 月全球签署的国际投资协定清单

序号	协定名称	签署时间
1	匈牙利—吉尔吉斯斯坦双边投资协定(BIT)	2020 年 9 月 29 日
2	乌克兰—英国政治、自由贸易和战略伙伴关系协定	2020 年 10 月 8 日
3	科特迪瓦—英国经济伙伴关系协定(EPA)	2020 年 10 月 15 日
4	斐济—美国贸易和投资框架协议(TIFA)	2020 年 10 月 15 日
5	日本—英国全面经济伙伴关系协定(CEPA)	2020 年 10 月 23 日
6	区域全面经济伙伴关系协定(RCEP)	2020 年 11 月 15 日
7	北马其顿—英国伙伴关系、贸易和合作协定	2020 年 12 月 3 日
8	埃及—英国联合协定	2020 年 12 月 5 日
9	肯尼亚—英国经济伙伴关系协定(EPA)	2020 年 12 月 8 日
10	加拿大—英国贸易连续性协议	2020 年 12 月 9 日
11	新加坡—英国自由贸易协定(FTA)	2020 年 12 月 10 日
12	摩尔多瓦—英国战略伙伴关系、贸易和合作协定	2020 年 12 月 24 日
13	土耳其—英国自由贸易协定(FTA)	2020 年 12 月 29 日
14	英国—越南自由贸易协定(FTA)	2020 年 12 月 29 日
15	欧盟—英国贸易与合作协定	2020 年 12 月 30 日

资料来源:笔者根据联合国贸发会议(2021)①整理得到。

在贸易全球化受挫之时,区域化之所以能够迅速发展,乃源于区域化本身的优势。国际经济学相关理论表明,经济与贸易区域化的形成最容易在经济发展水平相近、地理相邻、具有沟通需要的国家和地区之间实现(王跃生,2015)。贸易区域集团由于是有选择的特定国家之间的组织,可以更大幅度降低伙伴成员之间的贸易投资壁垒、可以更加有效地促进伙伴成员之间的市场体系和市场规则的对接,实现更高水平的自由化。

_____

① UNCTAD, *Investment Policy Monitor No. 24, February* 2021, Geneva: UNCTAD Publications, 2021, p.7.

不仅如此,贸易区域化对伙伴成员还具有选择性,能够更加方便有关国家执行自己的经济政策和战略。因此,贸易区域化更容易被各国政府所接受与采用。而全球化则要求经济发展水平差异极大的绝大多数国家一致接受,难度可想而知。鉴于此,未来五年甚至更长一段时期,在世界经济艰难复苏和全球贸易中低速增长背景下,全球性的贸易自由化恐将很难取得明显进展,贸易投资一体化、自由化等制度安排和规则将主要通过区域合作的形式实现,贸易区域化、集团化趋势将常态化,并将以区域内贸易投资发展成为国际贸易增长的主要驱动机制。

第二节　中国出口保稳提质面临的四大冲击

在经济全球化深入发展的当今世界,全球各国经济和贸易相互依存、休戚与共,作为世界经济第二大国和全球贸易第一大国的中国,更是与世界经济和全球贸易紧密联系在一起,全球贸易发展的新变化和新趋势必对中国外贸发展尤其是中国出口产生重大影响。从异质性企业贸易理论分析,全球贸易新常态和新趋势会对中国出口保稳提质及市场多元化产生以下四大方面的冲击和影响。

一、全球贸易增长显著放缓对中国稳出口产生较大冲击

全球贸易中低速增长新常态使中国货物出口增长和新兴市场拓展面临异常激烈的双重竞争压力:一方面,是来自发达经济体"再工业化"所产生的竞争压力。美国等发达经济体利用科技、人才优势抢占新兴技术前沿,大力实施"再工业化",并运用战略性贸易政策等举措促进国家出口,势必对中国中高端制造业产品出口产生巨大竞争压力。另一方面,是来自新兴经济体加速崛起所形成的竞争压力。印度等新兴经济体尤其是中国周边新兴经济体凭借劳动力、土地等生产要素成本低廉优势,积极开展"招商引资",承接国际产业转

移,并推行出口导向性贸易政策等措施促进国家出口,势必对中国中低端制造业产品出口产生很大竞争压力。

上述双重竞争压力对中国货物出口增长产生了很大冲击。据中国海关统计数据显示,中国货物出口的年均增长速度,从危机前2002—2008年的27.3%,大幅下滑至危机期间2009—2011年的11.9%,之后进一步下滑至危机后2012—2016年的3.4%。2017年和2018年,随着世界经济增长明显回升,国际市场需求回暖,全球贸易增长出现较强反弹,中国货物出口分别实现7.9%和9.9%的较高增长。但是,这种良好增长态势并没有保持太久。2019年,受世界经济增长低迷、全球贸易负增长等诸多因素影响,中国货物出口仅实现0.5%的增长。2020年,受新冠肺炎疫情的严重冲击和国际复杂形势的深刻影响,中国货物出口仅实现3.6%的增长。

2022年以来,中国出口发展面临的外部需求不确定不稳定因素增多。新冠肺炎疫情和乌克兰危机让本已脆弱的世界经济雪上加霜,外部需求复苏势头明显放缓。据中国海关统计数据显示,2022年第一季度,中国货物贸易进出口同比增长10.7%,其中出口增长13.4%;2022年上半年,中国货物贸易进出口增长速度回落至个位数(9.4%),其中出口增速回落至13.2%。未来,中国出口增长和市场多元化发展面临较大的新挑战。

二、全球贸易格局"南升北降"对中国出口产生短期阵痛

由于美国、欧盟和日本等发达经济体是中国货物出口的主要市场,全球贸易"南升北降"格局调整新常态势必给中国对外贸易,尤其是货物出口造成短期阵痛。据中国商务部数据显示,2005年以来,美国和欧盟一直为中国第一和第二大出口市场目的地(2005—2011年和2019年,欧盟为中国第一大出口市场目的地;2012—2018年和2020—2022年,美国取代欧盟成为中国第一大出口市场目的地),日本则一直为第四或第五大出口市场目的地。这三大出口市场目的地合计所占比重,2008年高达46.4%;尽管2008年国际金融危机

以来有所降低,但直到 2013 年仍然高达 38.8%,其中美国、欧盟出口所占比重分别达到 16.7% 和 15.3%;此后,其比重再次回升,2018 年回升至 41.6;再之后,其比重略有回落,但直至 2021 年,仍达 37.5%(见表 3-6)。

表 3-6　2008—2021 年美国、欧盟和日本出口占中国出口的比重

(单位:亿美元;%)

年份	金额				比重			
	全球	美国	欧盟*	日本	美国	欧盟	日本	合计
2008	14306.9	2523.8	2948.9	1161.3	17.6	20.6	8.1	46.4
2009	12016.1	2208.0	2373.2	978.7	18.4	19.8	8.1	46.3
2010	15777.5	2832.9	3125.6	1210.4	18.0	19.8	7.7	45.4
2011	18983.8	3244.5	3575.2	1482.7	17.1	18.8	7.8	43.7
2012	20487.1	3517.8	3352.6	1516.2	17.2	16.4	7.4	40.9
2013	22090.0	3684.3	3389.8	1502.8	16.7	15.3	6.8	38.8
2014	23422.9	3960.9	3709.0	1494.5	16.9	15.3	6.4	39.1
2015	22749.5	4095.4	3558.8	1356.7	18.0	15.7	6.0	39.6
2016	20981.5	3850.8	3390.5	1292.6	18.4	16.2	6.2	40.7
2017	22635.2	4297.5	3720.4	1373.2	19.0	16.4	6.1	41.5
2018	24874.0	4784.2	4086.3	1470.8	19.2	16.4	5.9	41.6
2019	24990.3	4186.7	4287.0	1432.7	16.8	17.2	5.7	39.6
2020	25906.5	4518.1	3909.8	1426.6	17.4	15.1	5.5	38.0
2021	33639.6	5761.1	5182.5	1658.5	17.1	15.4	4.9	37.5

注:欧盟 1994 年前称欧共体,包括德国、英国、法国、意大利、葡萄牙、西班牙、爱尔兰、卢森堡、荷兰、希腊、比利时、丹麦 12 国,1995 年,增加奥地利、芬兰、瑞典 3 国,成员国增至 15 国。2004 年 5 月,增加塞浦路斯、匈牙利、斯洛文尼亚、捷克、斯洛伐克、马耳他、波兰、爱沙尼亚、拉脱维亚、立陶宛等 10 国,成员国增至 25 国。2007 年 1 月,增加罗马尼亚、保加利亚 2 国,成员国增至 27 国。2013 年 7 月,增加克罗地亚,成员国增至 28 国。2020 年 1 月,英国正式脱离欧盟,成员国减至 27 个。自 2020 年起,欧盟数据不包括英国。

资料来源:笔者根据中国海关统计数据整理计算得到。

因此,未来几年,美国、欧盟和日本三大贸易伙伴的经济规模和贸易规模全球比重的下降,势必对中国货物出口的外需产生短期阵痛。不仅如此,由于与发达国家特别是美国之间的经济循环短时期仍是中国对外经济关系的基础

和货物出口的主要市场,全球贸易"南升北降"格局调整对中国参与国际经济合作和稳出口所造成的短期阵痛更是不可小觑。

三、全球价值链重构对中国外企出口产生较大冲击

外资企业通过直接出口和间接溢出效应对中国出口增长作出了巨大贡献(贺灿飞和任卓然,2021)。2001 年加入世界贸易组织以后,中国货物出口长期过度依赖外资企业和加工贸易(马相东,2012)。据中国商务部统计数据显示,外资企业出口占中国货物出口的比重,2001—2011 年连续 11 年超过50%,其中 2005 年和 2006 年分别高达 58.3%和 58.2%(见表 3-7)。

表 3-7 2001—2022 年中国货物出口外资企业和加工贸易出口占比

(单位:亿美元;%)

年份	货物出口总额	外资企业出口额	加工贸易出口额	外资企业出口占比	加工贸易出口占比
2001	2661.0	1332.2	1474.3	50.1	55.4
2002	3256.0	1699.9	1799.3	52.2	55.3
2003	4382.3	2403.4	2418.5	54.8	55.2
2004	5933.3	3386.1	3279.9	57.1	55.3
2005	7619.5	4442.1	4164.8	58.3	54.7
2006	9689.8	5638.3	5103.8	58.2	52.7
2007	12204.6	6955.2	6176.6	57.0	50.6
2008	14306.9	7906.2	6751.8	55.3	47.2
2009	12016.1	6722.3	5869.8	55.9	48.8
2010	15777.8	8623.1	7403.3	54.7	46.9
2011	18983.8	9952.3	8352.8	52.4	44.0
2012	20487.1	10226.2	8626.8	49.9	42.1
2013	22090.0	10442.6	8608.2	47.3	39.0
2014	23427.5	10747.3	8843.6	45.9	37.7
2015	22749.4	10047.3	7977.9	44.2	35.1
2016	20981.5	9169.5	7156.0	43.7	34.1

续表

年份	货物出口总额	外资企业出口额	加工贸易出口额	外资企业出口占比	加工贸易出口占比
2017	22635.2	9775.6	7588.3	43.2	33.5
2018	24874.0	10360.2	7971.7	41.7	32.0
2019	24990.3	9660.6	7354.7	38.7	29.4
2020	25906.5	9322.7	7024.8	36.0	27.1
2021	33639.6	11529.8	8263.1	34.3	24.6
2022.1—4	10943.5	3706.8	2587.4	33.9	23.6

资料来源:笔者根据中国海关统计数据整理计算得到。

全球价值链收缩与重构使中国吸引外资竞争面临双重冲击:一方面,美国、欧盟和日本等发达经济体"再工业化"所导致的"资金回流",导致中国在先进制造业和现代服务业的招商引资中,面临发达经济体的冲击;另一方面,新兴经济体承接国际产业转移所形成的"资金分流",导致中国在劳动密集型产业招商引资中面临东南亚、南亚等不少发展中国家的冲击。受此影响,近年来,尽管从规模上看,中国仍维持全球外国直接投资第二大流入国地位,但从增长速度看,远不如美国、日本等发达经济体和周边新兴经济体,甚至还不如全球平均水平。据联合国贸发会议报告数据显示,2021年,中国吸引外国直接投资同比增长21%;发达经济体整体增长134%,其中,美国增长143%、日本增长127%、加拿大增长161%;东南亚地区增长44%,西亚地区增长59%;全球增长64%(UNCTAD,2022)。

受上述双重冲击的影响,外资企业出口占中国货物出口的比重,自2010年以来持续下降。据中国商务部统计数据显示,外资企业出口占比2012年首次降至50%以下,此后持续下降至2022年1—4月的33.9%(见表3-7)。这一变化趋势,一方面,说明中国出口市场主体不断优化;但另一方面,也说明全球价值链收缩与重构新常态对中国外企出口产生较大冲击。

不仅如此,跨国公司价值链的全球布局收缩将不利于新兴经济体低成本参与全球价值链,从而对中国通过"新南南合作"和"南南贸易"参与全球价值链都会产生不同程度的消极影响。

四、高标准贸易区域化或将部分中国出口排除在外

从国际贸易理论上讲,所有贸易区域化安排达成后都可能对非成员国形成新形式的非关税壁垒、产生一定的贸易投资转移效应(马相东和王跃生,2015)。由于美国等发达国家主导的区域贸易协定实行严格的高标准,要求全面实行高水平的贸易投资自由化,诸如货币自由兑换和资本自由流动,严格的知识产权、劳工和环境保护标准,以及国有企业公平竞争和对政府干预的限制,等等,很明显与中国现行体制和经济发展水平不相适应。其中某些条款更有针对中国、将中国排除在外的意思。如果中国不能加入这些机制,将必然制约中国对这些区域内经济体的出口和投资,进而影响中国出口新兴市场拓展和出口市场多元化新发展。

不仅如此,如果中国长期自外于主要经济体都参与的、代表全球化贸易投资规则新趋势的这些机制与安排,中国在全球经济治理中的话语权和影响力、在国际经济新规则制定权博弈当中的地位和能力必将大受影响。这其实本来就是美国推动新贸易规则的目的之一,甚至是主要目的之一。对此,中国应有清晰的认识,并未雨绸缪。

第三节　中国出口市场多元化新发展的三大机遇

从辩证思维和异质性企业贸易理论视角分析,全球贸易新常态和新趋势对中国出口增长及市场多元化发展产生较大冲击和负面影响的同时,也为中国出口竞争新优势培育和市场多元化新发展创造三大新的历史机遇和倒逼机制。

一、全球贸易格局"南升北降"助推中国出口新兴市场拓展

积极拓展与亚洲、拉美、非洲等广大新兴市场国家贸易,是"十四五"时期乃至到2035年中国优化国际市场布局和推进出口市场多元化的重点路径。与此同时,积极参与国际经贸规则制定,营造良好外部发展环境,是"十四五"时期乃至到2035年中国优化国际市场布局和推进出口市场多元化的有力保障。世界经济和全球贸易格局"南升北降"新趋势虽然会对中国货物出口产生短期阵痛,但从中长期看,既可为中国出口对广大亚非拉新兴市场的拓展带来新的机遇,还可为中国引领国际贸易投资新规则创造有利条件。

一方面,新兴市场进口需求的更快增长可为中国出口对广大亚非拉新兴市场的拓展带来新的机遇。2008年国际金融危机以来,随着新兴市场和发展中经济体经济和进口需求的更快增长,中国对东盟、拉丁美洲、非洲和印度、俄罗斯等新兴市场出口所占份额稳步提升。据中国海关统计数据显示,东盟十国、拉丁美洲、非洲、印度和俄罗斯五个新兴市场和地区所占比重,从2009年的21.5%不断上升至2013年的25.8%和2017年的27.2%,2021年进一步提升至30.5%。其中,东盟在中国出口市场中的比重,从2009年的8.8%稳步提高到2013年的11.0%和2017年的12.3%,2021年进一步提高至14.4%;拉丁美洲在中国出口市场中的比重,从2009年的4.8%提高到2013年的6.1%和2017年的5.8%,2021年进一步提高至6.8%(见表3-8)。未来,新兴市场和发展中经济体经济和进口需求的进一步更快增长,将为中国拓展对新兴市场的出口带来更大机遇。

表3-8 2005—2021年中国出口新兴市场占比　　　　（单位:%）

序号	国别（地区）	2005年	2009年	2013年	2017年	2021年
1	东盟	7.3	8.8	11.0	12.3	14.4
2	拉丁美洲	3.1	4.8	6.1	5.8	6.8

序号	国别（地区）	2005 年	2009 年	2013 年	2017 年	2021 年
3	非洲	2.5	4.0	4.2	4.2	4.4
4	印度	1.2	2.5	2.2	3.0	2.9
5	俄罗斯	1.7	1.5	2.2	1.9	2.0
	合计	15.8	21.5	25.8	27.2	30.5

注：东盟包括马来西亚、菲律宾、泰国、印度尼西亚、新加坡、文莱、越南、老挝、缅甸和柬埔寨等10国。
资料来源：笔者根据中国海关统计数据推算得到。

　　另一方面，发展中经济体经济和贸易份额的持续上升新趋势可为中国引领国际经贸规则创造新条件。"经济基础决定上层建筑"，国际经济规则制定的控制权从某种程度上是各经济体经济实力的反映。随着新兴经济体在世界经济和全球贸易中的份额不断"赶超"发达经济体份额，中国等新兴经济体在世界贸易组织、世界银行、国际货币基金组织等国际经济组织中的影响和地位将进一步提升，其在国际贸易投资规则制定中的话语权也必然水涨船高，这将为重构对中国有利的国际贸易投资规则创造极为有利的条件。不仅如此，由于与新兴市场与发展中国家之间的世界经济第二循环及"新南南合作"将是未来中国通过对外经济战略促进经济转型与可持续发展的关键环节（王跃生和马相东，2014）。中国在世界经济新循环及"新南南合作"中起主导作用，全球贸易格局"南升北降"新态势的不断发展和"南超北"新格局的最终形成，对中国从边缘配套走向中心主导的角色转换的积极作用更是不可低估。

二、全球价值链重构倒逼中国出口竞争新优势培育

　　加快培育参与国际经济合作和竞争新优势，是"十四五"时期乃至到2035年中国对外贸易高质量发展的重要战略任务。根据异质性企业贸易理论，加快培育出口产品竞争新优势是推进中国出口新兴市场拓展和市场多元化新发展的关键。全球价值链收缩与重构，虽然短期内会对中国外企出口产生较大冲击，但从中长期看，也可为中国出口竞争新优势的培育形成倒逼机制和创造

有利条件。

一方面,全球价值链重构可为中国出口竞争新优势培育形成倒逼机制。在劳动力和土地等要素成本持续上升和美国等发达国家"制造业回流"不断推进的背景下,中国加工贸易的发展空间越来越小。唯有不断提高国内附加值,中国出口企业才有生存可能。因而,全球价值链收缩与重构将倒逼中国出口企业不断提高制造业出口产品中的国内附加值,持续降低加工贸易占比。实际上,既有研究表明,进入 21 世纪以来,中国出口企业持续使用国内的中间品替代国外中间品进口,其出口产品的国内增加值呈不断上升态势。如,一项研究使用企业和海关交易层面数据研究中国出口国内增加值上升趋势,该研究采用企业异质性方法从而减少聚集偏差,其研究发现,单个加工出口企业使用国内中间品替代来料进口,中国出口产品国内增加值由 2000 年的 65%提高至 2007 年的 70%(Kee 和 Tang,2016)。自 2008 年国际金融危机以来,全球价值链收缩与重构进一步倒逼中国持续降低加工贸易的比重。据中国海关统计数据显示,中国加工贸易出口占比,2001—2007 年连续 7 年超过 50%,2008 年首次下降至 50%以下,之后持续下降。其中,2013 年下降至 40%以下(39.0%),2019 年下降至 30%以下(29.4%),2022 年 1—4 月进一步下降至23.6%(见表 3-7)。

另一方面,全球价值链重构也可为中国出口产品竞争新优势的培育创造有利条件。低附加值产业和工艺过程转移到周边新兴经济体,将为中国重新资源配置创造条件,有利于提升出口企业的研发能力,从而为出口产品竞争新优势的培育创造有利条件。

三、全球贸易区域化助推中国高标准自贸区网络构建

实施自由贸易区提升战略,推动自由贸易区建设扩围、提质、增效,构建面向全球的高标准自由贸易区网络,是"十四五"时期乃至到 2035 年中国对外贸易高质量发展和出口市场多元化新发展的重要路径。全球贸易区域

化与集团化新趋势或许将部分中国出口排除在外,但也可倒逼中国加快经济体制市场化改革步伐,可为中国高标准自贸区网络构建形成倒逼机制和有利条件。

一方面,全球高标准贸易区域化新趋势将倒逼中国加快市场化改革进程。2008 年国际金融危机以来,随着跨国公司把生产布局到全球,诸如规则一致、竞争中性、知识产权保护、环境保护和劳工标准、政策透明度和反腐败等“边境后”和“边境内”措施正日益成为区域或国家间高标准贸易投资谈判的新议题。这是当前国际贸易投资更高水平规则发展的新趋势(马相东、张文魁和刘丁一,2021)。党的十八大以来,中国深入推进公平竞争政策实施,促进各类市场主体公平竞争,有效减少了要素流动的“边境后”壁垒,但仍存在不同形式的“边境后”壁垒。如,国际经贸伙伴国监管体制和标准的一致性有待改进。又如,部分地方政府还存在诸如变相审批、地方保护等不同形式的市场准入隐形壁垒。再如,我国现行部分规则制度与国际高标准规则和制度尚有一定差距;等等。全球高标准贸易投资谈判的新议题,将倒逼中国加快国内与对外经济体制方面的改革步伐,从而推进市场与国际化改革,加快与国际经济体制接轨。

另一方面,全球贸易区域化新趋势可为中国加快构建高标准自贸区网络创造有利条件。党的十八大提出加快实施自由贸易区战略以来,中国自由贸易区建设步伐明显加快。据中国商务部数据显示,截至 2022 年 6 月底,已经签署的 19 个自由贸易协定中,9 个为党的十八大以来签署。尽管如此,中国与周边以及“一带一路”沿线国家和地区的自由贸易区建设仍然任重道远。如,直到 2022 年 6 月底,与中国接壤的 14 个周边国家中,已经建成的双边自由贸易区只有 1 个,即中国—巴基斯坦自由贸易区;中国已经同 149 个国家和32 个国际组织签署 200 多份共建“一带一路”合作文件,但只与 13 个沿线国家签署 7 个自由贸易协定。在全球贸易区域化新趋势下,周边国家和“一带一路”沿线国家也将加快自由贸易区建设步伐,将加快双边和多边自由贸易区协定的谈判进程,从而为中国加快构建高标准自贸区网络创造有利条件。

第四节 中国出口市场多元化
新发展的重点路径

尽管从长远看,中国经济发展需要更多依靠内需尤其是消费需求拉动。但就"十四五"时期乃至到 2035 年而言,对外贸易仍然是中国开放型经济体系的重要组成部分和国民经济发展的重要推动力量,是畅通国内、国际双循环的关键枢纽。推进对外贸易高质量发展及出口市场多元化新发展,无论是对扩大就业、增加国家税收,还是缓解资源能源约束和带动产业发展等各个方面,均有不可或缺的作用。因此,应趋利避害、顺势而为,抓住全球贸易新常态和新趋势为中国外贸保稳提质和出口市场多元化新发展所创造的新机遇,运用异质性企业贸易理论,推进"十四五"时期乃至到 2035 年中国外贸高质量发展及出口市场多元化新发展。

一、顺应全球贸易格局"南升北降"新趋势,积极拓展对亚非拉新兴市场出口

如前所述,从中长期看,世界经济和全球贸易格局"南升北降"新趋势,既可为中国出口对广大亚非拉新兴市场的拓展带来新的机遇,也可为中国引领国际贸易投资新规则创造有利条件;根据异质性企业贸易理论,提高贸易和投资自由化便利化,又可助推中国企业出口市场多元化。因此,"十四五"时期乃至到 2035 年,中国可顺应全球贸易格局"南升北降"新趋势,以推进中国贸易和投资自由化便利化为重点,助推中国出口企业拓展亚非拉新兴市场;与此同时,积极参与国际经贸规则制定,引领国际贸易投资新规则,为中国企业深耕传统出口市场营造良好国际环境。

（一）推进贸易和投资自由化便利化，积极拓展对亚非拉新兴市场出口

一方面，减少制约要素跨国流动的"边境上"壁垒。一是推动货物贸易领域削减关税和非关税壁垒，提高技术性贸易措施透明度。二是依托高水平对外开放平台，在自由贸易试验区率先探索放宽贸易准入，在海南自由贸易港推进货物贸易"零关税"。三是积极开展服务业扩大开放综合试点示范，进一步放宽服务业市场准入限制，有序推进金融、电信、互联网、教育、文化、医疗等领域相关业务开放。三是全面深化服务贸易创新发展试点，建立健全跨境服务贸易负面清单管理制度，提升跨境服务贸易开放水平。

另一方面，减少要素流动的"边境后"壁垒。一是不断完善市场监管领域制度供给，持续强化市场基础制度规则统一。通过完善统一的产权保护制度、实行统一的市场准入制度、维护统一的公平竞争制度、健全统一的社会信用制度等，探索与成熟市场经济监管要求相适应的制度安排和政策供给，为包括外资在内的各类市场主体营造平稳有序、安全可靠的市场环境，从而为人才、资金、技术等要素自由流动提供一个公平有序的竞争环境。二是深入实施公平竞争政策，持续破除市场准入的隐形壁垒。全面清理歧视外资企业和外地企业、实行地方保护的各类优惠政策，加快清理和废除各地区含有地方保护、市场分割等妨碍统一市场和公平竞争的各种规定和做法，对新出台政策严格开展公平竞争审查，避免出现"大门开了小门不开"等问题。三是对接跨境服务贸易、电子商务、知识产权、劳工和环境标准、竞争中立（国有企业）、政府采购等方面的国际高标准经贸规则，统筹推进自由贸易试验区、海南自由贸易港、内陆开放型经济试验区等各类开放平台建设，加快推进规则和标准等制度型开放，以优质的制度供给和制度创新吸引更多国际资本在我国投资兴业。

（二）积极参与国际经贸规则制定，为中国企业深耕传统出口市场营造良好国际环境

一方面，加强与印度、俄罗斯、巴西、南非等新兴经济体合作，为构建更加公正合理的国际经济新机构与机制发挥更大作用。通过推进高质量共建"一带一路"和"新南南合作"，以及通过亚洲基础设施投资银行、金砖国家开发银行支持新兴经济体基础设施建设等举措，加快建立以中国为中心的新世界经济循环，获得具有区域或全球影响的规则制定权，推广体现中国价值与原则的规则，并与美国主张的规则形成某种竞争局面，营造良好的国际经济环境。

另一方面，加大与美国、欧盟、日本等发达经济体博弈，在国际经济既有机构与机制改革中争取更多的话语权和影响力。通过推进中美、中欧、中日等双边、区域和多边贸易谈判与战略合作，推进世界贸易组织、世界银行、国际货币基金组织等现有全球经济治理体系"三驾马车"的治理结构和运行机制改革，提升中国等新兴大国相对应的投票权利与国家利益，促使国际贸易环境朝更加公平、自由的方向发展。

二、顺应全球价值链重构新趋势，加快培育中国出口竞争新优势

如前所述，从中长期看，全球价值链收缩与重构，可为中国出口产品竞争新优势的培育形成倒逼机制和创造有利条件；根据异质性企业贸易理论，培育中国出口产品竞争新优势，又可助推中国企业出口市场多元化。因此，"十四五"时期乃至到2035年，中国可顺应全球价值链收缩与重构新趋势，从进一步实施创新发展理念、适当采取战略性贸易政策等四方面，加快培育中国出口竞争新优势。

（一）进一步实施创新驱动发展战略，加快培育中国出口质量和技术竞争新优势

通过深入实施创新驱动发展战略，向全球价值链的研发上游升级，加快培育中国出口产品的质量和技术竞争新优势。一是落实国务院办公厅 2021 年 7 月印发的《关于加快发展外贸新业态新模式的意见》，及时出台相关措施，不断总结推广好经验好做法，促进外贸新业态新模式健康持续创新发展，加快培育参与国际经济合作和竞争新优势。二是加快运用现代技术改造传统产业，推动传统产业向中高端迈进，提升劳动密集型产品的质量、档次和技术含量。三是发挥中间品和零部件进口的价格效应、供给效应以及生产率效应（盛斌和陈帅，2015），通过进口低成本、高质量和多元化的中间品，提升企业生产率，降低生产成本，提高产品质量，从而提升出口产品的质量竞争力。

（二）适当采取战略性贸易政策，加快培育中国出口品牌和服务竞争新优势

通过适当采取战略性贸易政策，加强外贸品牌建设和售后服务，向全球价值链的营销下游升级，加快培育中国出口产品的品牌和服务竞争新优势。一是通过鼓励中国企业创立品牌和收购品牌、支持中国企业开展商标和专利的国外注册保护、加大中国品牌海外推介力度等方式，加快培育外贸品牌。二是通过在海外使领馆建立"一站式"出口服务中心等更为完善的贸易促进体系和对外贸易服务机制、鼓励企业有计划地针对不同市场和不同产品建设服务保障支撑体系，加快建立出口产品销售和售后服务体系。

（三）发挥超大规模市场优势和新的生产优势，吸引技术密集型产业向中国转移

中国是全球第一人口大国，随着人均国民总收入不断提高，中国消费市场

规模持续扩张、模式不断创新。尤其是 2012 年以来,中国政府坚定实施扩大内需战略,其消费市场不断扩容提质。据中国商务部数据显示,2012—2021年,中国社会消费品零售总额从 21.0 万亿元增长到 44.1 万亿元,增长 1.1倍,年均增长 8.8%,中国成为仅次于美国的全球第二大消费市场;中国网上零售额从 1.31 万亿元增长到 13.1 万亿元,增长 9 倍,中国从 2013 年起连续 9年成为全球最大的网络零售市场。中国消费新业态与新趋势的蓬勃发展,吸引了越来越多的外国投资者分享中国消费升级"大蛋糕",吸引了工业机器人、电动汽车等产业链向中国转移。与此同时,中国在劳动力成本持续上升的同时,熟练劳动力规模也不断增加,信息基础设施越来越完善,产业链渐趋完整且产能巨大,这些都形成了新的生产优势(陶涛,2022),吸引智能手机等受产能驱动的全球产业链向中国转移。未来,中国可进一步发挥超大规模市场优势和新的生产优势吸引技术密集型产业链向中国转移,提升中国出口产品的技术含量和新的竞争优势。

(四)加强与发达经济体企业开展第三方市场合作

第三方市场合作是中国在三方合作理念基础上提出的国际经济合作新模式。该模式主要是通过中国企业与发达国家跨国企业合作,实现发达国家技术和中国产能优势的互补,推动第三国经济发展,实现"1+1+1>3"的"共赢"效果(张颖,2020)。截至 2022 年 6 月,中国先后与法国、加拿大、日本、瑞士、英国等 14 国签署了第三方市场合作机制,真正实现了"1+1+1>3"的"共赢"效果,为中国出口竞争新优势的培育开辟了新路径。未来,在深化与现有的14 个合作国进一步合作的同时,可适当发展新的合作国。这其中,尤其是尽快与德国开展第三方市场合作。在目前七国集团中,只有美国和德国没有开展第三方市场合作。德国作为中国在欧洲最大的经济合作伙伴,我国应尽快与其建立第三方市场合作。

三、顺应全球贸易区域化新趋势,加快构建高标准自由贸易区网络

如前所述,从中长期看,全球贸易区域化与集团化新趋势,可为中国加快构建高标准自贸区网络带来新机遇;根据异质性企业贸易理论,构建高标准双边和多边自由贸易区,又可助推中国企业出口市场多元化。因此,"十四五"时期乃至到 2035 年,中国可顺应全球贸易区域化新趋势,大力实施自由贸易区提升战略,加快构建立足周边、辐射"一带一路"、面向全球的高标准自由贸易区网络,为扩大包括"一带一路"沿线国家和地区在内的广大亚非拉新兴市场出口开辟新的增长点。

首先,立足周边,加快推进与周边国家的双边和多边自由贸易区构建。可通过加快推进中日韩自贸区和中国与斯里兰卡、以色列和巴勒斯坦自贸区 4 个正在谈判的自贸区谈判进程,加快推进中国与尼泊尔、孟加拉国、蒙古国 3 个自贸协定联合可行性研究,加快推动中巴、孟中印缅等经济走廊建设和中国与印度等更多自贸协定联合可行性研究等,推动建立双边、多边、区域次区域自由贸易区,以步步为营的方式,保证周边贸易伙伴关系的巩固和发展,以拓展中国对周边国家出口的市场份额。本书第六章将对加快中国与周边国家高标准自由贸易区构建的制约因素和推进路径作进一步分析。

其次,辐射"一带一路",加快推进与"一带一路"沿线国家和地区的双边和多边自由贸易区构建。可通过加快推进中国—海合会自贸协定谈判进程,加快推动中蒙俄、中国—中南半岛、中国—中亚—西亚、新亚欧大陆桥等经济走廊建设和大湄公河次区域(GMS)经济合作、中亚区域经济合作(CAREC)、上海合作组织(SCO)、中国—中东欧国家合作等合作机制建设,使中国与沿线国家和地区的合作更加紧密、往来更加便利、利益更加融合,以加快推进中国与"一带一路"沿线国家和地区的双边和多边高标准自由贸易区建设,提升中国与沿线国家和地区贸易投资自由化便利化,以拓展中国对沿线国家和地区

出口的市场份额。本书第四章将对加快中国与"一带一路"沿线国家和地区高标准自由贸易区构建作进一步分析。

最后,加快推进面向全球的高标准自由贸易区网络构建。可通过积极推进加入《数字经济伙伴关系协定》(DEPA)和《全面与进步跨太平洋伙伴关系协定》(CPTPP)等高标准自由贸易区协定,稳步推进推动更大范围、顾及所有参加国贸易利益的亚太自由贸易区建设,推动商签更多高标准自由贸易协定和区域贸易协定,加快构建面向全球的高标准自由贸易区网络,以抵消美国等发达国家推动的所谓高标准自由贸易区可能带来的不利影响。

第四章　高质量共建"一带一路"与中国出口沿线市场拓展

自 2013 年以来,中国出口市场多元化战略的实施主要融入"一带一路"建设中,中国出口新兴市场拓展主要是对沿线国家和地区的拓展。而"一带一路"建设恰恰能起到助推中国出口企业拓展沿线新兴市场的积极作用。

根据异质性企业贸易理论,企业出口的市场选择主要受出口市场规模、贸易自由化和金融发展等因素影响,而共建"一带一路"的设施联通、贸易畅通、资金融通,恰恰分别起到创造新的市场需求、提高贸易自由化便利化、促进金融创新和发展等作用,进而助推中国出口新兴市场拓展与市场多元化。

本章运用异质性企业贸易理论分析高质量共建"一带一路"助推中国出口新兴市场拓展的形成机理,在此基础上提出推动中国出口企业拓展沿线新兴市场的重点路径,以期为相关学术研究和实践工作提供理论参考和决策参谋。

第一节　共建"一带一路"的阶段性转换

共建"一带一路"倡议,是党中央致力于维护全球自由贸易体系和开放型世界经济体系提出的战略构想,是中国经济对外开放第三次浪潮的核心内容和最鲜明特征(马相东和王跃生,2021)。2013年9月和10月,中国国家主席习近平在出访哈萨克斯坦和印度尼西亚期间,先后提出共建"丝绸之路经济带"和"21世纪海上丝绸之路"的战略构想。2022年是共建"一带一路"重大倡议被提出的第九年。共建"一带一路"九年多,大体以2018年8月推进"一带一路"建设工作5周年座谈会为界分为两大阶段:前五年为夯基垒台、立柱架梁的阶段,之后迈入落地生根、持久发展的高质量发展阶段。

一、立柱架梁阶段(2013年9月—2018年8月)

2013年9月,中国国家主席习近平在哈萨克斯坦纳扎尔巴耶夫大学发表重要演讲时提出,"为了使我们欧亚各国经济联系更加紧密、相互合作更加深入、发展空间更加广阔,我们可以用创新的合作模式,共同建设'丝绸之路经济带'",并从加强政策沟通、道路联通、贸易畅通、货币流通、民心相通五个方面提出具体倡议,以点带面,从线到片,逐步形成区域大合作。[1] 2013年10月,习近平主席在印度尼西亚国会发表重要演讲时提出,"中国愿同东盟国家加强海上合作,使用好中国政府设立的中国—东盟海上合作基金,发展好海洋合作伙伴关系,共同建设21世纪'海上丝绸之路'",并愿通过扩大同东盟国家各领域务实合作,"实现共同发展、共同繁荣"。[2]

此后,中国政府迅速行动、积极推动"一带一路"建设。2015年3月,中国国家发展改革委、外交部、商务部联合发布《推动共建丝绸之路经济带和21世纪海上丝绸之路的愿景与行动》。此后,中国坚持"共商、共建、共享"的基本原则和"和平合作、开放包容、互学互鉴、互利共赢"的丝路精神,与"一带一路"相关国家和地区合作行动计划稳步推进,为各参与方的经济发展注入了新活力。经过5年的夯基垒台、立柱架梁,"一带一路"建设从理念愿景转化为现实行动,顺利完成了谋篇布局的"大写意",既推动中国对外贸易发展和

---

① 《习近平谈治国理政》第一卷,外文出版社2018年版,第289—290页。
② 《习近平谈治国理政》第一卷,外文出版社2018年版,第293页。

经济实力提升,也成为世界经济复苏和增长的新引擎。

(一)推动中国对外贸易发展和经济实力提升

一方面,共建"一带一路"大幅提升了中国贸易投资自由化便利化水平,推动其开放空间从沿海、沿江向内陆、沿边延伸,形成陆海内外联动、东西双向互济的开放新格局,中国与"一带一路"沿线国家和地区的贸易和投资合作潜力不断释放,成为拉动中国对外贸易发展的新动力。据中国国家统计局数据显示,从 2013 年到 2018 年,中国与沿线国家和地区进出口总值从占其外贸总值的比重,从 25.0%提升到 27.4%。其中,2018 年,中国与"一带一路"沿线国家和地区货物贸易进出口额 8.4 万亿元,同比增长 13.3%,对俄罗斯、沙特阿拉伯和希腊进出口分别增长 24.0%、23.2%和 33.0%;沿线国家和地区企业对中国直接投资 60.8 亿美元,增长 11.9%;中国企业对沿线国家和地区直接投资 178.9 亿美元,增长 8.9%;中国企业在沿线国家和地区对外承包工程完成营业额 893 亿美元,增长 4.4%,占比为 52.8%。[①] 在"一带一路"建设的带动下,中国对外贸易国际市场布局更加多元化。据中国海关统计数据显示,2018年,中国对"一带一路"沿线国家和地区、非洲、拉丁美洲进出口分别增长 13.3%、16.4%和 15.7%,增速分别高于进出口总体增速 3.6 个、6.7 个和 6.0个百分点,分别占进出口总额的 27.4%、4.4%和 6.7%。

与此同时,共建"一带一路"推动中国开放型经济新体制建设迈上新台阶,中国以更加开放的心态、更加自信的步伐融入世界经济,国家经济实力再次跃上新台阶。在共建"一带一路"引领的新一轮对外开放带动下,中国国家经济实力持续提升、国际影响力不断增强。据中国国家统计局数据显示,2013年,中国货物进出口规模突破 4 万亿美元,达到 4.3 万亿美元,首次超越美国,跃居全球货物贸易第一大国;2014 年,中国服务贸易进出口总额 6043.4 亿美

---

① 国家统计局贸经司:《对外经贸开启新征程,全面开放构建新格局——新中国成立 70 周年经济社会发展成就系列报告之二十二》,《中国信息报》2019 年 8 月 28 日。

元,同比增长 12.6%,首次超过德国,成为全球服务贸易第二大国;2015 年,中国对外直接投资创下 1456.7 亿美元的历史新高,同比增长 18.3%,首次超越日本,成为全球第二大对外投资国;2017 年,中国全年外资流入约 1363.2 亿美元,成为继美国之后全球第二大外资流入国;2018 年,中国继续保持全球货物贸易第一大国和服务贸易第二大国、吸引外资第二大国和对外投资第二大国。[①]

(二)成为世界经济复苏和增长的新引擎

首先,共建"一带一路"促进合作共赢,实现中国与沿线国家和地区经济共同发展。一方面,聚焦"六廊六路多国多港"主骨架,推动一批基础设施互联互通标志性项目取得实质性进展。如,中巴经济走廊建设进展顺利,中老、中泰、匈塞铁路建设稳步推进。截至 2018 年 8 月 26 日,中欧班列累计开行数量突破 1 万列,到达欧洲 15 个国家 43 个城市。另一方面,中国企业对"一带一路"沿线直接投资稳步推进。据中国商务部数据显示,2013—2018 年,中国对"一带一路"沿线国家和地区累计直接投资 986.2 亿美元。其中,在沿线国家和地区建设 82 个境外经贸合作区,累计投资 289.0 亿美元,为当地创造 24.4 万个就业岗位,上缴东道国税费累计 20.1 亿美元,极大地促进了当地就业扩大和经济发展。此外,中国企业与发达国家和大型跨国公司探索开展"一带一路"建设第三方市场合作,共同为第三国经济社会发展注入新动能,实现"1+1+1>3"的效果。

其次,共建"一带一路"使中国经济对世界经济的带动作用得到充分发挥。世界经济从传统的"中心—外围"结构走向"双循环"结构,是未来世界经济发展的重要趋势之一,发展中国家之间的"新南南合作"是建立世界经济"双循环"结构的关键,共建"一带一路"则为"新南南合作"创造了新的区域

---

① 国家统计局贸经司:《对外经贸开启新征程,全面开放构建新格局——新中国成立 70 周年经济社会发展成就系列报告之二十二》,《中国信息报》2019 年 8 月 28 日。

合作机制、产能合作平台和融资机制(王跃生,2015)。从 2013 年到 2018 年,在共建"一带一路"过程中,中国通过制度规则构建和开放市场日益成为世界经济的有机组成部分,吸引大量外资进入中国,形成东亚地区产业链和价值链,助力构建一个以中国为中心的全球经济新循环。这种区域产业分工与价值链的形成,带动了周边国家和地区工业化的进一步发展与经济起飞。日本、韩国、东盟国家乃至美国、澳大利亚等国家和地区的经济,已经深度融入以中国为中心节点的东亚产业链之中,带来巨大的经济效应。东亚地区之所以成为全球经济增长最迅速、经济最繁荣的地区,中国发挥了巨大的作用。

二、高质量发展阶段(2018 年 8 月以来)

经过夯基垒台、立柱架梁的 5 年,共建"一带一路"顺利完成了总体布局,成功绘就了一幅"大写意"。在此背景下,2018 年 8 月,在推进"一带一路"建设工作 5 周年座谈会上,习近平主席适时提出推动共建"一带一路"向高质量发展转变,指出:"推动共建'一带一路'向高质量发展转变,这是下一阶段推进共建"一带一路"工作的基本要求。"① 之后,习近平主席在多个国际国内重要场合阐述这一重要论述。如,2019 年 4 月,在第二届"一带一路"国际合作高峰论坛开幕式上的主旨演讲中,习近平主席对外宣布:"面向未来,我们要聚焦重点、深耕细作,共同绘制精谨细腻的'工笔画',推动共建'一带一路'沿着高质量发展方向不断前进。"② 又如,2021 年 7 月,在庆祝中国共产党成立 100 周年大会上的重要讲话中,他强调,新的征程上,必须"推动共建'一带一路'高质量发展,以中国的新发展为世界提供新机遇"。③ 同年 11 月,他在第三次"一带一路"建设座谈会上强调:"以高标准、可持续、惠民生为目标,巩固

① 《习近平谈治国理政》第三卷,外文出版社 2020 年版,第 487 页。
② 《习近平谈治国理政》第三卷,外文出版社 2020 年版,第 491 页。
③ 习近平:《在庆祝中国共产党成立 100 周年大会上的讲话(2021 年 7 月 1 日)》,人民出版社 2021 年版,第 16 页。

互联互通合作基础,拓展国际合作新空间,扎牢风险防控网络,努力实现更高合作水平、更高投入效益、更高供给质量、更高发展韧性,推动共建'一带一路'高质量发展不断取得新成效。"① 再如,在 2022 年世界经济论坛视频会议的演讲中,习近平主席对外宣布,中国将继续"推动共建'一带一路'高质量发展"。②

2018 年 8 月以来,中国统筹谋划推动高质量发展、构建新发展格局和共建"一带一路",坚持共商共建共享原则,推动共建"一带一路"高质量发展取得重大进展。通过共建"一带一路"高质量发展,既拓展了中国对外开放领域,推动了自身制度型开放;也构建了广泛的朋友圈,实现了同共建国家互利共赢。

(一)拓展中国对外开放领域,推动自身制度型开放

自 2018 年 8 月以来,中国以共建"一带一路"高质量发展为引领,通过对内对外拓展对外开放领域,进一步推动了新一轮高水平对外开放。

对内而言,通过加快建设高标准自由贸易试验区和高水平中国特色自由贸易港,进一步推动中国制度型开放。自 2013 年 9 月上海自由贸易试验区设立以来,中国自由贸易试验区建设先后于 2015 年 4 月、2017 年 3 月、2018 年 9 月、2019 年 8 月和 2020 年 8 月历经五次扩容,形成"1+3+7+1+6+3"自由贸易试验区建设新布局。至 2020 年 9 月,随着新设北京、湖南、安徽 3 个自由贸易试验区,21 个自由贸易试验区不仅实现沿海省份自由贸易试验区的全覆盖,而且中西部和东北地区大部分省份也基本覆盖。2021 年 9 月,国务院印发《关于推进自由贸易试验区贸易投资便利化改革创新的若干措施》,赋予 21 个自由贸易试验区在贸易投资便利化方面更大的改革自主权,以期进一步加

---

① 《习近平谈治国理政》第四卷,外文出版社 2022 年版,第 495 页。
② 习近平:《坚定信心,勇毅前行,共创后疫情时代美好世界——在 2022 年世界经济论坛视频会议的演讲(2022 年 1 月 17 日)》,人民出版社 2022 年版,第 10 页。

大改革创新力度,助力加快构建新发展格局。作为新时代改革开放的新高地,自由贸易试验区已经成为连接国内国际双循环的重要平台和关键节点,也是促进新发展格局构建的重要抓手和有力支撑。建设高水平中国特色自由贸易港,则是党的十九大之后推动的一项重大国家战略。党的十九大提出,推动形成全面开放新格局,要"探索建设自由贸易港"。① 2018 年 4 月,习近平总书记在庆祝海南建省办经济特区 30 周年大会上郑重宣布:"党中央决定支持海南全岛建设自由贸易试验区,支持海南逐步探索、稳步推进中国特色自由贸易港建设,分步骤、分阶段建立自由贸易港政策和制度体系。"② 2020 年 6 月,中共中央、国务院印发的《海南自由贸易港建设总体方案》提出,要将海南自由贸易港打造成为引领中国新时代对外开放的鲜明旗帜和重要开放门户。《中华人民共和国海南自由贸易港法》自 2021 年 6 月 10 日起开始施行,为进一步推动形成更高层次改革开放新格局、建立开放型经济新体制提供了有力的法律保障。

对外而言,通过加快实施自由贸易区战略,加快构建开放型经济新体制。党的十八大提出,全面提高开放型经济水平,要加快实施自由贸易区战略。2014 年 12 月,习近平总书记在十八届中央政治局第十九次集体学习时强调,要"逐步构筑起立足周边、辐射'一带一路'、面向全球的自由贸易区网络,积极同'一带一路'沿线国家和地区商建自由贸易区,使我国与沿线国家合作更加紧密、往来更加便利、利益更加融合"。③ 此后,中国自由贸易区建设步伐明显加快。据中国商务部数据显示,截至 2022 年 6 月,中国已经与智利、新西兰、东盟等 26 个国家和地区建成 19 个自由贸易区,其中,《中国—新加坡自由

---

① 习近平:《决胜全面建成小康社会,夺取新时代中国特色社会主义伟大胜利:在中国共产党第十九次全国代表大会上的报告(2017 年 10 月 18 日)》,人民出版社 2017 年版,第 35 页。

② 习近平:《在庆祝海南建省办经济特区 30 周年大会上的讲话(2018 年 4 月 13 日)》,人民出版社 2018 年版,第 11 页。

③ 中共中央文献研究室编:《习近平关于社会主义经济建设论述摘编》,中央文献出版社2017 年版,第 293 页。

贸易协定升级议定书》、《区域全面经济伙伴关系协定》(RCEP)、《中国—新西兰自由贸易协定升级议定书》等 6 个自由贸易区协议为 2018 年 11 月以来签署。特别值得一提的是,《区域全面经济伙伴关系协定》历经长达 8 年艰苦谈判后,2020 年 11 月 15 日终于被 15 个成员国正式签署,这标志着全球人口最多、经贸规模最大、最具发展潜力的自由贸易区从此诞生(陶涛和朱子阳,2021)。2022 年 1 月 1 日,《区域全面经济伙伴关系协定》正式生效,文莱、柬埔寨、老挝、新加坡、泰国、越南 6 个东盟成员国和中国、日本、新西兰、澳大利亚 4 个非东盟成员国正式开始实施协定。之后,《区域全面经济伙伴关系协定》于 2022 年 2 月 1 日和 3 月 18 日起分别对韩国和马来西亚正式生效。2022 年 4 月 7 日,《中国—新西兰自由贸易协定升级议定书》正式生效。该升级议定书进一步扩大货物、服务、投资等领域市场开放,进一步提升双边贸易投资自由化便利化等规则水平,还新增电子商务、竞争政策、政府采购、环境与贸易四个章节。

(二)构建了广泛的朋友圈,实现了同共建国家互利共赢

随着共建"一带一路"高质量发展不断推进,共建"一带一路"重大倡议的国际影响力、合作吸引力不断释放,得到越来越多国家和国际组织的广泛响应和积极参与。2022 年 3 月 23 日,中国与马拉维签署共建"一带一路"谅解备忘录。至此,中国已经同 149 个国家、32 个国际组织签署 200 多份共建"一带一路"合作文件。截至 2022 年 6 月底,与中国建交的 181 个国家中,已有82.3%的国家加入了共建"一带一路"行列。当前,共建"一带一路"合作项目,不仅涉及基础设施互联互通等"五通"发展,而且扩展至产业合作、绿色发展、科技合作等经济高质量发展更多方面;共建"一带一路"高质量发展,不仅成为"南南合作"的典范和"南北合作"的新路径,而且成为世界上范围最广、规模最大的国际合作平台和最受欢迎的国际公共产品。

第二节　高质量共建"一带一路"的核心内涵

如第一节所述,2018年8月以来,中国推动共建"一带一路"高质量发展取得重大进展。尽管如此,当前和未来一段时期,共建"一带一路"也面临一些新的严峻挑战。一方面,百年变局和世纪疫情叠加,对全球产业链供应链产生巨大冲击,给世界经济发展带来严重挑战,与此同时,全球化与国际分工在贸易与交通中断时会使一些国家出现产品短缺,西方舆论将原因都归咎于全球化,经济全球化遭遇史无前例的逆流(王跃生和马相东,2020)。这无疑对中国与沿线国家和地区的产业合作造成较大冲击。另一方面,美国等少数国家为了打压中国发展和阻挠"一带一路"建设,对共建"一带一路"进行污名化甚至采取打压措施。如,将中国企业在中东欧地区的直接投资污蔑为"控制中东欧国家资源"等(鞠维伟和顾虹飞,2022)。这无疑对推进共建"一带一路"造成一定阻力。在此背景下,开辟新的合作领域和培育新的合作增长点意义重大。

应对上述挑战,推动共建"一带一路"高质量发展的基本策略,是坚持创新驱动和共商共建共享原则,构建一个以中国为枢纽的"一带一路"创新与生产共同体(马相东,2022),而其前提是如何理解共建"一带一路"高质量发展的核心内涵。对于共建"一带一路"高质量发展的内涵,目前学术界尚无一致的定义。有学者提出,可从推进高质量基础设施建设、多元化融资体系建设、区域价值链、机制化建设四方面推进共建"一带一路"高质量发展(王凯、倪建军,2019)。有学者认为,"一带一路"高质量发展的核心在于可持续性,而实现可持续性的基本路径在于机制化建设,为此,应遵循共商、渐进与义利观三大原则,构建可持续发展的合作机制、利益分配机制与支持体系(李向阳,2020)。还有学者提出,共建"一带一路"高质量发展,意味着其转向更加注重提高合作质量、创新合作模式、提升经济效率方向发展,可发挥民营企业的身份、产业合作、国际化发展三大优势推动共建"一带一路"高质量发展(王跃生和张羽飞,2020)。

实际上,共商共建共享和创新驱动是"一带一路"高质量发展的核心理念和首要路径。2017 年 5 月,习近平主席在"一带一路"国际合作高峰论坛开幕式上提出,推动"一带一路"建设行稳致远,要"将'一带一路'建成创新之路",并宣布启动"一带一路"科技创新行动计划,与沿线各国从开展科技人文交流、共建联合实验室、科技园区合作、技术转移 4 项行动加强创新合作。[①] 2019 年 4 月,习近平主席在第二届"一带一路"国际合作高峰论坛开幕式上提出,沿线国家要共同把握数字化、网络化、智能化发展机遇,"建设数字丝绸之路、创新丝绸之路"。[②] 此次论坛期间,中国科技部与俄罗斯、南非等国家科技创新部门共同签署了《"创新之路"合作倡议》。2021 年 3 月,中国"十四五"规划和 2035 年远景目标纲提出,推动共建"一带一路"高质量发展,要推进实施共建"一带一路"科技创新行动计划,建设数字丝绸之路、创新丝绸之路。

因此,本书认为,高质量共建"一带一路"的核心内涵是将其建成"创新之路"。从异质性企业贸易理论视角分析,"创新之路"将为中国出口新兴市场拓展和市场多元化新发展提供诸多战略机遇,第三节将作进一步分析。

第三节 "一带一路"建设助推沿线市场拓展

共建"一带一路"高质量发展,既是世界经济全面复苏和恢复增长的新引擎,也是新时代中国经济高质量发展及出口市场多元化新发展的新引擎。依据传统经典的贸易引力模型和当代前沿的异质性企业贸易模型等贸易理论,企业出口市场选择的决定因素主要有出口市场的经济和人口规模、贸易双方

---

① 习近平:《携手推进"一带一路"建设——在"一带一路"国际合作高峰论坛开幕式上的演讲(2017 年 5 月 14 日)》,人民出版社 2017 年版,第 10、13 页。

② 《习近平谈治国理政》第三卷,外文出版社 2020 年版,第 493 页。

的地理距离和文化差异、企业自身的生产率水平和企业规模、出口国的贸易自由化和金融发展程度等。共建"一带一路"倡议提出的政策沟通、设施联通、贸易畅通、资金融通、民心相通五大合作重点,将恰恰起到激发和创造新的市场需求、提高贸易自由化和便利化、促进金融创新与发展以及缩小文化差异等作用(马相东和王跃生,2017)。这将极大地促进中国与"一带一路"沿线国家和地区的贸易发展,并成为推进中国出口新兴市场拓展与市场多元化进一步发展的新引擎。从异质性企业贸易理论视角看,共建"一带一路"高质量发展至少可从以下三方面助推中国出口企业拓展沿线新兴市场。

一、设施联通激发和创造新的市场需求

基础设施互联互通是共建"一带一路"的优先方向和关键领域。共建"一带一路"转向高质量发展以来,多个重大基础设施项目建成完工,基础设施"硬联通"加速推进。如,能源基础设施建设方面,2021 年 6 月,中巴经济走廊默蒂亚里—拉合尔直流输电工程进入大负荷送电阶段。又如,交通设施建设方面,2021 年 12 月,北起中国昆明、南连老挝首都万象的中老铁路建成通车。再如,信息联通建设方面,截至 2021 年底,中国已与 22 个国家建立"丝路电商"合作机制,"数字丝绸之路"建设快速发展。基础设施互联互通建设可从两大方面为中国出口激发和创造新的市场需求。

(一)设施联通建设极大激发中国出口的市场需求潜力

经典的贸易引力模型认为,贸易双方的贸易流量,与贸易双方经济规模和人口规模成正比,与贸易双方地理距离和文化差异成反比,其中,出口目的地市场的经济规模和人口规模越大,其潜在的进口产品需求也就越大,从而越有助于推动企业产品进入该市场(Tinbergen,1962;Lawless 和 Whelan,2014)。共建"一带一路"重大倡议被提出九年多以来,影响力和感召力不断扩大,成员从 2013 年的 60 多个国家扩展至 2022 年的 149 个国家和 32 个国际组织,

覆盖欧洲、亚洲、非洲、大洋洲、南美洲国家和北美洲六大洲国家。

"一带一路"沿线国家和地区不仅本身拥有巨大的人口规模和较大的经济规模,而且是近年全球贸易和跨境投资增长最快的地区之一,经济和贸易发展潜力巨大。然而,这些沿线国家和地区以新兴和发展中国家为主,其经济发展水平较低、基础设施非常落后。这既影响其自身经济和对外贸易的发展,也影响中国对其出口的发展。而基础设施建设不仅可以通过需求拉动在短期直接拉动经济增长,而且可以对经济行为产生诸如"溢出效应"和"网络效应"的正外部性,从而长期间接促进经济增长(童健和武康平,2016)。因此,基础设施互联互通建设极大激发了"一带一路"沿线国家和地区的进口市场需求潜力。据中国海关数据显示,2013 年至 2021 年,中国与"一带一路"沿线国家和地区进出口总值占其外贸总值的比重,从 25.0%提高至 29.7%;2022 年上半年,中国与沿线国家和地区进出口同比增长 17.8%,比其外贸进出口总值增速(9.4%)高 8.4 个百分点,占其外贸总值的比重进一步提高至 31.9%。

（二）设施联通投资为中国基础设施设备和技术出口创造新的巨大市场需求

理论上,对外投资与国际贸易之间存在明显的互补关系,对外投资可以创造和扩大对外贸易(Grossman 和 Helpman,1990)。诸多实证研究也表明,对外投资不仅有利于中国企业的出口数量以及出口地理范围的广化,而且有利于延长其出口持续时间(王杰、刘斌和孙学敏,2016)。由于国际基础设施建设的投入设备和材料多、建设周期长,其贸易创造效应尤其很大。比如,高铁建设方面,欧亚高铁、中亚高铁、泛亚高铁、中巴高铁、中俄加美高铁等世界级"五大超级工程",单就其所需要投入的钢铁,便可为中国钢铁及高铁技术出口创造巨大的市场需求。而高铁建设只是基础设施互联互通建设的一部分而已,铁路、公路、机场、港口、码头等基础设施项目都蕴含着巨大的潜力和商机。不仅如此,根据亚洲开发银行的研究,交通基础设施建设在基础设施建设中所占的比重不过 35%,能源基础设施建设、通信基础设施、供水和卫生基础设施等其他三种基础设施建设所占的比重分别为 49%、13%、3%(Bhattacharyay,2010)。这些基础设施建设的每一个项目,都无不为中国出口创造新的巨大市场需求。

实际上,自共建"一带一路"倡议被提出以来,中国对"一带一路"沿线国家和地区投资的步伐明显加快。据中国商务部数据显示,2013—2020 年,中国对沿线国家和地区累计直接投资 1398.5 亿美元;2021 年,中国企业在"一带一路"沿线国家和地区非金融类直接投资同比增长 14.1%,占同期总额的17.9%,较上年同期上升 1.7 个百分点;2022 年 1—5 月,中国企业在"一带一路"沿线国家和地区非金融类直接投资同比增长 10.2%,占同期总额的18.4%,较上年同期上升 1.2 个百分点。这些投资涉及电力工程、房屋建筑、交通运输、石油化工、通信设备等多领域,带动的相关设备和技术出口非常可观。

二、贸易畅通促进贸易自由化便利化

根据异质性企业贸易理论,企业生产率水平是决定企业作出退出市场、国内销售、以出口方式还是对外直接投资方式占领国际市场等企业决策的关键因素,而贸易自由化可通过要素资源重新配置提高行业总体生产率(Melitz,2003)。诸多针对中国企业的实证研究也表明,贸易自由化显著促进了中国企业生产率的提高(余淼杰,2010);要素市场扭曲抑制了中国企业内部生产率的提高,持续的贸易自由化显著提高了中国企业生产率,并且对要素市场扭曲具有一定的矫正作用(毛其淋,2013);进口关税削减带来的"竞争激励效应"提升了中国存活企业的生产率贡献幅度(刘啟仁和黄建忠,2016)。因此,通过提高贸易自由化,可以促进中国企业进入更多的国际市场。而贸易畅通是共建"一带一路"的重点内容,2017 年 5 月,中国发起《推进"一带一路"贸易畅通合作倡议》,83 个国家和国际组织积极参与。"一带一路"贸易畅通合作至少可从以下三个方面促进中国与沿线国家和地区贸易投资自由化便利化。

（一）各类开放平台建设极大促进中国贸易投资自由化便利化

2013年9月特别是2018年8月以来,中国通过加快建设高标准自由贸易试验区、高水平中国特色自由贸易港、内陆开放型经济试验区等各类开放平台建设,进一步推动中国制度型开放,在以贸易便利化为重点的贸易监管制度等方面成效显著,极大地促进了自身贸易投资自由化便利化。

如,2021年8月,国务院印发《关于推进自由贸易试验区贸易投资便利化改革创新的若干措施》,从提升贸易和投资便利度、提升国际物流和金融服务实体经济便利度、探索司法对贸易投资便利的保障功能等五方面提出19项举措,推动加快构建以国内大循环为主体、国内国际双循环相互促进的新发展格局。据中国商务部数据显示,截至2022年6月,21个自由贸易试验区累计在国家层面复制推广了278项制度创新成果,包括集中复制推广143项、"最佳实践案例"61个、有关部门自主复制推广74项;海南自由贸易港推出了120多项制度创新成果。

（二）自由贸易区建设有力促进中国与沿线贸易自由化便利化

加快实施自由贸易区战略,是中国推动新一轮对外开放和提高贸易自由化水平的重要内容。自2018年8月共建"一带一路"转向高质量发展以来,中国加快推进与"一带一路"沿线高标准自由贸易区网络建设。截至2022年6月末,中国已经与13个沿线国家签署7个自贸协定。中国与"一带一路"沿线国家和地区构建的双边和多边高标准自由贸易区有力促进了双边和地区的贸易投资自由化便利化。

如,2020年10月12日,中国与柬埔寨签署《中华人民共和国政府和柬埔寨王国政府自由贸易协定》。根据协定安排,双方货物贸易零关税产品税目比例均将达到90%以上。2020年11月15日,东盟十国及中国、日本、韩国、澳大利亚、新西兰的贸易部长共同签署《区域全面经济伙伴关系协定》。《区域全面经济伙伴关系协定》包括20个章节,涵盖货物、服务、投资等全面的市场准入承诺:货物贸易整体自由化水平达到90%以上;服务贸易承诺显著高于原有的"10+1"自贸协定水平;投资采用负面清单模式作出市场开放承诺。2022年1月1日,中国—柬埔寨自由贸易协定、《区域全面经济伙伴关系协定》正式生效实施。

又如,2021年1月26日,中国与新西兰签署自由贸易协定升级议定书。该议定书在提升双方贸易便利化方面的内容包括:(1)完善直接运输条款规定,引入经核准出口商原产地自主声明制度,大幅便利进出口企业运用协定享惠;(2)进一步简化通关手续,运用风险管理、信息技术等手段,为双方企业提供更加高效快捷的通关服务;(3)双方扩大了产品合格评定程序的机构合作范围,并对产品入境的程序性规定进行了升级。2022年4月7日,《中国—新西兰自由贸易协定升级议定书》正式生效实施。

(三)中欧班列大幅降低中欧物流运输时间和成本

中国与欧洲各国的货物运输曾长期以海上运输为主,虽然稳定性好、运输成本较低,但耗时长。中欧班列开通以来,中国通过加强与"一带一路"沿线国家和地区合作,大幅提升换轨效率,积极推进"安智贸""关铁通"等新型通关模式以提升通关效率,持续降低中欧班列的时间成本和运输成本,其运输速度快、装卸便利化程度高等优势日益凸显。[①] 据丹麦得夫得斯国际货运公司(De Sammenslutted Vognmaend af 13-7 1976 A/S)数据,2022年,从中国到欧洲的中欧班列运输时间是海上运输的一半,运输成本是航空运输的1/4。

2013年以来,中国充分发挥中欧班列运输速度快、装卸便利化程度高、绿

---

① 李大伟:《展现共建"一带一路"的强大生命力》,《人民日报海外版》2022年7月19日。

色环保等优势,不断扩大中欧班列开行数量和范围,中欧班列"连点成线""织线成网",日益成为贯穿欧亚大陆的国际贸易"大动脉",也较大地促进了中国对中欧班列通达国家的货物出口增长。据中国国家铁路集团有限公司数据显示,2013年至2021年,中欧班列年开行数量由80列增加至15183列,年均增长105%;2022年上半年,中欧班列累计开行7473列。截至2022年6月底,中欧班列累计开行5.63万列、通达欧洲24个国家196个城市。据中国海关数据显示,2021年,中国对中欧班列通达的24个国家货物出口4.29万亿元,同比增长21.7%;2022年上半年,中国对24个国家货物出口2.17万亿元,同比增长12.0%。

三、资金融通促进金融创新与发展

异质性企业贸易理论表明,国家金融发展水平决定其企业出口目的地"啄食顺序":金融发展水平越高的国家,其企业能够出口的目的地数量越多,其贸易伙伴也越多(Chan和Manova,2015)。因此,通过改善国内金融条件、提高金融发展水平,一国可以助推其企业出口拓展新的市场。资金融通是共建"一带一路"的重要支撑,共建"一带一路"九年多以来,中国不断探索创新"一带一路"投融资模式,既为共建"一带一路"提供稳定资金支持,也为其自身金融创新与发展提供新的机遇。

(一)创建新型金融合作与创新平台

一是成立丝路基金有限责任公司(Silk Road Fund Co. Ltd.,以下简称丝路基金)。丝路基金由中国独立出资成立。2014年12月29,中国外汇储备、中国投资有限责任公司、中国进出口银行、中国国家开发银行共同出资首期注册资本金100亿美元,在北京注册成立。丝路基金是一种中长期开发投资基金,通过以股权投资为主的多种投融资方式进行境外投资,丝路基金以及各国主权基金将引导商业性股权投资基金和社会资金共同参与"一带一路"重点项目建设(杨丽花、周丽萍和翁东玲,2016)。截至2022年6月,丝路基金已投项目遍布"一带一路"沿线近60个国家和地区。

二是成立新开发银行(New Development Bank,以下简称新开行)。2015年7月21日,中国与巴西、俄罗斯、印度、南非5个金砖国家共同出资法定资本500亿美元的新开行在上海正式开业。新开行主要支持金砖国家及其他新兴经济体和发展中国家的基础设施和可持续发展项目,无论是其性质和投资业务,还是其内部运行机制,都是一种金融创新。2021年9月2日,新开行新增三个新成员:孟加拉国、阿联酋和乌拉圭;同年12月29日,新开行再次新增一个新成员:埃及。截至2022年6月,新开行共9个成员;累计批准超过300亿美元、80多个贷款项目。

三是成立亚洲基础设施投资银行(Asian Infrastructure Investment Bank,以下简称亚投行)。2015年12月25日,中国与英国、德国、印度、韩国、印度尼西亚、俄罗斯等57个创始成员国共同出资法定资本1000亿美元正式成立亚投行,总部位于北京。亚投行重点支持地区互联互通和产业发展,是一个新型的、具有21世纪治理水平的国际多边机构,其创立是全球金融治理的制度创新,具有巨大的发展潜力,吸引众多经济体参加。截至2022年6月,亚投行拥有六大洲的105个成员,包括91个正式成员和14个意向成员(Prospective Members);批准累计融资总额超过350.6亿美元的178个项目,惠及33个亚洲域内与域外经济体。

(二)助推人民币国际化

金融开放及本币国际化是衡量一国金融发展深度的重要指标。人民币国际化不仅能够通过促进集约边际及市场边际促进中国出口的增长(蒲岳等,2016),而且可以通过提升企业进口中间品质量、提高企业技术创新能力促进企业出口质量升级(戴金平和甄筱宇,2022)。

自2009年开展跨境贸易人民币结算试点、2011年开展境外直接投资人民币结算试点以后,人民币国际化取得显著进展。2016 年 10 月,人民币正式加入国际货币基金组织特别提款权(SDR)货币篮子,更是标志着人民币国际化的重大突破。然而,由于发展起点低,人民币国际化总体上仍处于起步阶段,需要在使用地域拓展、货币职能强化、资本账户开放等方面进一步推进。而共建"一带一路"恰恰促进人民币在这三方面的更大推进。在拓展地域方面,共建"一带一路"有利于中国构建一个立足周边、辐射"一带一路"、面向全球的人民币区域贸易圈,从而促进人民币逐步实现周边化、区域化、国际化。在强化货币职能方面,共建"一带一路"通过促进地区经济与贸易发展、投融资规模扩大等,助推人民币成为贸易结算货币、跨境投资货币和国际储备货币。此外,共建"一带一路"还将对人民币在世界范围内的信誉、地位和前途产生积极影响,进而为人民币资本账户的最终开放打下更为厚实的基础(萧琛和石艾馨,2017)。

共建"一带一路"九年多来,中国与多个沿线国家签署了本币互换安排、人民币清算安排、监管合作谅解备忘录,人民币国际支付、投资、交易、储备功能稳步提高。据中国国家发展改革委报告显示,2021 年,22 家境内外金融机构参与中国人民银行发起的数字货币桥项目测试,大幅提升国际贸易跨境支付效率;中国进出口银行"进博融 2020"专项金融服务,支持 40 余个国家和地区近 2000 笔业务,带动进出口额 5700 余亿元。[①] 据中国人民银行数据,截至 2022 年 6 月末,中国已与 20 多个"一带一路"沿线国家签署了双边本币互换协议,在 10 多个"一带一路"沿线国家建立了人民币清算机制安排;人民币跨境支付系统(CIPS)业务量、影响力稳步提升,实际业务可触达"一带一路"沿线国家和地区的 1000 多家法人银行机构。

(三)创新融资机制

中国国家开发银行、中国进出口银行等开发性、政策性金融机构和中国银

---

① 国家发展改革委一带一路建设促进中心:《高质量共建"一带一路"成绩斐然》,《人民日报》2022 年 1 月 25 日。

行、中国建设银行等国有商业银行,在为支持"一带一路"建设投融资过程中也不断推进制度、政策、工具、程序等方面的创新。如,中国国家开发银行推动建立多双边金融合作机制,发起设立上合组织银联体、中国—东盟国家银联体、中国—中东欧银联体、中国—阿拉伯国家银联体、中非金融合作银联体、中国—拉美开发性金融合作机制等8个区域金融合作机制,为多双边务实合作提供符合各方需要的多样化融资支持和金融服务。又如,政策性出口信用保险覆盖面广,在支持基础设施、基础产业的建设上发挥了独特作用。截至2021年年底,中国出口信用保险公司累计支持对沿线国家和地区的出口和投资已经超过1万亿美元。再如,中国银行、中国工商银行、中国农业银行、中国建设银行等中资银行与沿线国家和地区建立了广泛的代理行关系。2018年7月,德国商业银行与中国工商银行签署合作谅解备忘录,成为首家加入"一带一路"银行合作常态化机制的德国银行。

第四节 中国出口沿线新兴市场拓展的重点路径

如前所述,扩大对"一带一路"沿线国家和地区出口,应成为未来中国推动出口新兴市场拓展和市场多元化新发展的重点方向。从异质性企业贸易理论分析,企业出口的市场选择主要受出口市场规模、贸易自由化和金融发展等因素影响,而高质量共建"一带一路"的设施联通、贸易畅通、资金融通等合作重点,将恰恰起到激发和创造新的市场需求、提高贸易自由化便利化、促进金融创新与发展等作用,可极大地促进中国与"一带一路"沿线国家和地区的贸易发展,进而助推中国出口对沿线新兴市场拓展和出口市场多元化新发展。未来,可在开辟出口新市场、提高贸易便利化、构建金融大动脉等方面采取适当新策略,以扩大对"一带一路"沿线国家和地区以及其他亚非拉新兴市场出口。

一、破解设施联通建设难题,激活沿线需求新天地

尽管"一带一路"设施联通可为中国出口激发和创造新的市场需求,但由于基础设施互联互通建设本身面临资金短缺、互信不足、地缘政治风险等诸多因素制约,要真正激活"一带一路"沿线这一片广阔新天地也并非轻而易举。为破解这些制约因素,需要在设施联通建设中加强循序渐进、社会责任和风险管控三种意识,以缓解资金短缺、增进东道国信任、化解地缘政治风险。

(一)加强循序渐进意识,缓解建设资金短缺

建设资金短缺是"一带一路"基础设施互联互通建设面临的最大问题。根据亚洲开发银行的估算,2010—2020 年,仅亚洲地区基础设施投资需求就高达 8.2 万亿美元,平均每年需求量达到 8200 亿美元(Bhattacharyay,2010)。因此,设施联通建设不可能一蹴而就,而应循序渐进、稳步推进。具体而言,应以新亚欧大陆桥、中蒙俄、中国—中亚—西亚、中国—中南半岛、中巴、孟中印缅等六大国际经济合作走廊建设为重点,并服务于自由贸易区建设战略布局,优先安排周边国家的基础设施互联互通建设。与此同时,结合"一带一路"沿线国家和地区的急需程度与工程资本密集程度,宜按照供水和卫生基础设施、通信基础设施、交通基础设施建设、能源基础设施建设顺序先后推进。

(二)加强社会责任意识,增进东道国信任

战略互信不足是"一带一路"基础设施互联互通建设面临的又一难题。沿线国家和地区对共建"一带一路"存在一些诸如"新殖民主义""污染转移"等这样那样的疑惑和顾虑(王跃生,2015)。要消除这些国际疑虑,需要参与设施联通建设的中国企业加强社会责任意识,增进东道国信任。具体而言,一是严格遵守东道国法律法规,尊重当地民俗习惯,合法建设、照章纳税,并尽可能多地雇佣当地员工、多为当地创造就业机会,促进其经济发展,实现

"合作双赢";二是诚信第一,确保工程建设质量,树立中国建设品牌,同时通过捐助扶贫、回馈社会等方式树立自身良好形象、改善中国企业生存环境;三是践行绿色发展理念,创新和开发绿色技术、低碳技术,坚持绿色低碳化建设和运营管理,并保护好森林和河流等自然资源,增进沿线各国政府、企业和公众的绿色共识及相互理解与支持,将沿线设施互联互通建设打造成绿色之路。

(三)加强风险管控意识,化解地缘政治风险

地缘政治风险是"一带一路"基础设施互联互通建设中不容忽视的问题。"一带一路"沿线国家大多存在政府干预过多、法律制度不健全、民族主义情绪波动较大等现象。化解这些地缘政治风险问题,需要国家和施工企业两个层面共同强化风险管控意识。国家层面,一是要开展创造性的外交斡旋,积极协调各方矛盾,降低地缘政治风险升级为局部冲突的可能性;二是将基础设施投资和政府融资纳入双边投资协议保护范畴,为基础设施投资提供法律保护和救济途径。企业层面,一是创新对外基础设施投资市场开发模式,加强与国际机构和当地企业合作,分散风险;二是积极参加世界银行设立的多边投资保证机构(MIGA),为规避地缘政治风险提供有效保障。

二、深化贸易畅通合作,促进沿线贸易自由化便利化

在当前新冠肺炎疫情和乌克兰危机导致风险挑战增多,传统贸易壁垒不断减少、贸易自由化已经达到较高水平的背景下,提高贸易和投资便利化成为提升贸易自由化的主要路径。未来,可以通过推进开放平台建设、高标准自贸区构建、贸易通道和物流网络建设等,深化与"一带一路"沿线国家和地区贸易畅通合作,进一步促进沿线国家和地区贸易投资自由化便利化,推动中国企业对沿线国家和地区出口。

（一）统筹推进各类开放平台建设，提高中国贸易投资自由化便利化

如前所述，2013 年 9 月以来，中国先后设立 21 个自由贸易试验区和海南自由贸易港，形成了覆盖东西南北中的试点格局，推出了一大批高水平制度创新成果，极大地促进了中国自身贸易和投资自由化便利化。未来，要统筹推进自由贸易试验区、海南自由贸易港、内陆开放型经济试验区等各类开放平台建设，提高中国自身贸易和投资自由化便利化水平。

首先，完善自由贸易试验区布局，赋予其贸易投资便利化更大改革自主权，并深化其贸易投资便利化集成创新，推动其更好地发挥改革开放排头兵的示范引领作用，并及时复制推广其制度创新成果。

其次，稳步推进海南自由贸易港建设，以货物贸易"零关税"、服务贸易"既准入又准营"为方向推进贸易自由化便利化，建立中国特色自由贸易港政策和制度体系。

再次，推动宁夏、贵州、江西建设内陆开放型经济试验区提档升级，最大限度缩小审批、核准和备案范围，简化环节、提高效率，提高贸易投资自由化便利化水平，高质量打造内陆开放型经济新高地。

（二）推进高标准自由贸易区网络建设，促进沿线贸易投资自由化便利化

如前所述，中国与"一带一路"沿线高标准自由贸易区的构建可有力促进沿线双边和区域贸易投资自由化便利化。然而，截至 2022 年 6 月底，中国仅与 13 个沿线国家签署 7 个自贸协定。这与中国提出的构建面向全球的高标准自由贸易区网络目标尚有较大差距。从异质性企业贸易理论视角看，中国与沿线自贸区数量的构建主要受双方经济发展差距过大、贸易结构单一、企业创新能力不足等因素制约（董志勇和杨丽花，2017）。因此，推动中国与沿线

自贸区构建的基本策略,是坚持共商共建共享理念,促进中国与沿线国家和地区经济共同繁荣、产业结构共同升级、技术共同进步,具体路径如下:

第一,加大经贸合作,促进中国与沿线国家和地区经济共同繁荣。可加快推动中蒙俄、中国—中南半岛、中国—中亚—西亚、新亚欧大陆桥等经济走廊建设和大湄公河次区域经济合作、中亚区域经济合作)、上海合作组织、中国—中东欧国家合作等合作机制建设,使中国与沿线国家和地区合作更加紧密、往来更加便利、利益更加融合,促进中国与沿线国家和地区经济共同繁荣发展。

第二,推广中国科技园区的建设经验,促进中国与沿线国家和地区产业结构共同升级。可发挥中国的产业园区发展经验优势,积极探索中国企业在沿线国家投资合作的新模式,通过合作建设跨境经济合作区等各类产业园区,促进沿线国家和地区新兴产业集群发展,促进中国与沿线国家和地区新兴产业发展与产业结构共同升级。

第三,加大科技合作,促进中国与沿线国家和地区技术共同进步。可通过援建科技园区和联合实验室等资源能源产业科技合作平台、援助资源能源产业先进技术等,加大对沿线国家和地区资源能源产业的技术援助,同时积极开展能源资源产业先进适用技术和科技管理培训,助推沿线国家能源资源产业科技创新能力建设。

(三)加快贸易通道和物流网络建设,促进要素资源跨国流通便利化

一方面,加强陆海空运输能力建设,构建内外联通、安全高效的国际贸易大通道。首先,加强前沿技术研发,瞄准新一代人工智能、新材料、新能源等世界科技前沿,加强对可能引发交通产业变革的前瞻性、颠覆性技术研究,重点解决好关键核心技术"卡脖子"的问题,强化陆海空国际运输能力建设的技术支撑。其次,以瓶颈路段和拥堵口岸为重点,积极推动中欧班列国内"卡脖

子"路段升级改造和重点口岸站扩能改造,积极拓展与中东欧、中亚、西亚等国家之间的运行新通道。最后,加快以货运功能为主的枢纽机场建设,鼓励支持扩大专用货机机队规模,优化空域航线和时刻布局,推动形成现代航空物流体系。

另一方面,加强陆海空联运发展能力建设,加快形成内外联通、安全高效的物流网络。一是推动铁水、公铁、公水、空陆等联运发展,推广跨方式快速换装转运标准化设施设备,形成统一的多式联运标准和规则,以标准化促进物流体系标准兼容、信息共享、实体互联。二是畅通干线物流,完善城乡物流快递末端设施布局,建立健全集装箱多式联运体系,提高生产流通资源配置效率,统筹推进国际物流供应链体系建设。

三、加大金融创新和开放,构建沿线金融大动脉

金融是现代经济的核心,金融服务越来越成为扩大出口的主要推力。考虑到"一带一路"沿线国家和地区经济实力和融资能力相对薄弱,而中国金融发展相对于其经济和贸易发展又相对滞后,扩大对"一带一路"沿线的出口尤其需要金融服务的支持。为此,需要加大金融创新、开放和监管力度,构建服务共建"一带一路"高质量发展的金融大动脉。

(一)加大金融创新力度,提高金融服务能力

创新是引领发展的第一动力,提高金融服务能力的关键,是加大金融创新。为此,要引导各类金融机构加大金融创新力度,支持外贸企业开拓"一带一路"沿线新兴市场。一是进一步推进亚投行、新开行、丝路基金三大国际金融机构在诸如推广 PPP 模式等制度、工具、运营方式等方面的创新,并推动建立上海合作组织融资机构等新的金融机构,为共建"一带一路"高质量发展和扩大对"一带一路"沿线新兴市场出口,提供强大的融资平台和支持后盾。二是大力支持国家开发银行、中国进出口银行、中国银行等中资金融机构在"一

带一路"沿线新设分支机构,创新跨境贸易人民币结算和境外直接投资人民币结算等方式,为共建"一带一路"高质量发展和扩大对"一带一路"沿线新兴市场出口提供金融服务。三是建立健全"一带一路"金融合作网络,吸引多边和各国金融机构共同参与投融资,通过亚投行、新开行、丝路基金等金融机构撬动民间绿色投资的作用,推动绿色金融国际合作,支持"一带一路"沿线绿色投资与贸易。

(二)扩大金融市场开放,稳慎推进人民币国际化

推动金融市场双向开放,是中国稳慎推进人民币国际化的重要路径。因此,可从以下三方面继续完善人民币国际化基础设施,推动金融市场双向开放:一是加快推进利率、汇率市场化改革,尽快实现人民币在岸、离岸市场并轨,并通过加快推出"沪伦通"、启动"沪纽通""沪发通""沪巴通"研究等进一步推动资本市场双向开放,从而加快实现人民币资本项下可兑换。二是加快建设人民币跨境支付系统,为沿线国家对华大宗商品贸易提供融资支持和人民币结算便利,同时发展大宗商品的人民币期货市场和其他研发金融产品,为促进"一带一路"沿线国家和地区使用人民币进行大宗商品计价结算创造条件。三是深化金融合作,鼓励中国与"一带一路"沿线国家和地区互设金融机构,鼓励境内外金融机构在支持共建"一带一路"高质量发展方面加强合作,扩大"一带一路"沿线国家和地区双边本币互换、结算的范围和规模。

(三)加强金融监管合作,共同防范国际金融风险

风险无国界,应进一步加强中国与沿线国家和地区双边和多边监管合作,完善"一带一路"风险防控和安全保障体系,有效防范化解各类风险,促进中国与沿线国家和地区金融安全稳定。一是推动中国与"一带一路"沿线国家和地区签署双边或多边监管合作谅解备忘录,逐步与"一带一路"沿线国家和地区建立高效监管协调机制。二是完善风险应对和危机处置制度安排,综合

运用宏观审慎与微观审慎监管工具,构建"一带一路"沿线金融风险预警系统,形成应对跨境风险和危机处置的交流合作机制。三是加强与"一带一路"沿线国家和地区征信管理部门、征信机构和评级机构之间的跨境交流与合作,强化对信息披露的要求,有效防范共建"一带一路"高质量发展信贷和债券的违约风险。

第五章 创新驱动、外贸新业态与
中国出口市场多元化

党的十八大以来,在创新驱动发展下,跨境电商、海外仓、市场采购贸易、外贸综合服务企业、保税维修、离岸贸易六种新业态蓬勃发展,日益成为推动中国外贸高质量发展和出口市场多元化的新动能。

根据异质性企业贸易理论,由于存在沉没出口市场进入成本,只有较高生产率水平的企业才可以出口方式进入国际市场。因此,通过提升企业生产率和降低贸易成本,均可促进企业开拓国际市场。外贸新业态发展可通过降低贸易成本、促进贸易自由化便利化、提升贸易竞争力、扩大外贸主体等途径助推中国出口企业拓展新兴市场和推动市场多元化。

本章运用异质性企业贸易理论分析外贸新业态发展助推出口市场多元化的形成机理,之后提出加快发展中国外贸新业态的推进路径,以期为相关学术研究和实践工作提供理论参考和决策参谋。

第一节 中国创新驱动发展战略的演进历程

生产率异质性位于异质性企业贸易理论的两个核心概念之首,生产率水平是决定企业出口决策和贸易模式的关键因素,而科技创新是提高企业生产率和出口产品国际竞争力的首要途径。改革开放四十多年来,党中央始终坚持把科技创新作为提升综合国力和国际竞争力的根本之策,积极发挥科技创新在经济发展及外贸发展中的积极作用。中共中央关于科技创新发展的战略决策与部署与时俱进,其科技创新理论在四十多年的改革开放实践中实现了三次伟大飞跃,逐步从初创阶段的科学技术是第一生产力,发展到深化阶段的科教兴国战略,再提升至新时代阶段的创新驱动发展战略。

一、初创阶段(1978 年 3 月至 1992 年 9 月):科学技术是第一生产力的形成与发展

20 世纪 70 年代末至 90 年代初期,是中国共产党科技创新理论的初创期。1977 年邓小平同志复出后,主动分管科技、教育工作。从 1978 年到 1992年,邓小平同志在总结长期以来中国科学技术发展经验教训的基础上,形成和完善了"科学技术是第一生产力"的战略思想。

1978 年 3 月,邓小平同志在全国科学大会开幕式的讲话中,重申"科学技术是生产力"这一马克思主义基本观点,并强调"四个现代化,关键是科学技术的现代化"。[1] 此后,邓小平同志还提出了科技体制改革的总体思路。1983年 3 月,邓小平同志在全国科技工作会议上指出:"现在要进一步解决科技和经济结合的问题。所谓进一步,也就是说,在方针问题、认识问题解决之后,还要解决体制问题。"[2] 1985 年 3 月,《中共中央关于科学技术体制改革的决定》指出,"现代科学技术是新的社会生产力中最活跃的和决定性的因素","全党必须高度重视并充分发挥科学技术的巨大作用"。[3] 1988 年 5 月,国务院发布的《关于深化科技体制改革若干问题的决定》,从鼓励科研机构切实引

---

① 《邓小平文选》第二卷,人民出版社 1994 年版,第 86 页。
② 《邓小平文选》第三卷,人民出版社 1993 年版,第 108 页。
③ 中共中央文献研究室编:《十二大以来重要文献选编》(中),人民出版社 1986 年版,第661—662 页。

入竞争机制、鼓励和支持科研机构以多种形式长入经济、增加国家对基础研究经费的投入等 12 个方面进行了具体部署。①

随着改革开放事业的不断发展,邓小平同志对科学技术重要性的认识不断深化,实现了从"科学技术是生产力"到"科学技术是第一生产力"的飞跃。1988 年 9 月 5 日,邓小平同志在会见捷克斯洛伐克总统胡萨克时提出:"马克思说过,科学技术是生产力,事实证明这话讲得很对。依我看,科学技术是第一生产力。"② 由此,中国共产党的科技创新理论实现了第一次伟大飞跃。此后,邓小平同志在不同的场合多次重申这一伟大思想。如,1992 年年初,邓小平同志在南方谈话中又一次强调:"经济发展得快一点,必须依靠科技和教育。我说科学技术是第一生产力。"③

二、深化阶段(1992 年 10 月至 2012 年 10 月):科教兴国战略的形成与发展

1992—2012 年,是中国共产党科技创新理论的深化阶段。这 20 年间,在"科学技术是第一生产力"思想的指导下,中国共产党逐步形成并丰富发展了科教兴国战略的科技创新理论。

1992 年 10 月,党的十四大报告提出:"科学技术是第一生产力。振兴经济首先要振兴科技。只有坚定地推进科技进步,才能在激烈的竞争中取得主动。"④ 1995 年 5 月,《中共中央、国务院关于加速科学技术进步的决定》,首次提出实施科教兴国战略,从全面落实科学技术是第一生产力的思想、大力推进农业和农村科技进步、依靠科技进步提高工业增长的质量和效益、发展高技术及其产业等 11 大方面制定了 40 条具体战略措施,为加速全社会的科技进

---

① 中共中央文献研究室编:《十三大以来重要文献选编》(上),人民出版社 1991 年版,第 238—246 页。

② 《邓小平文选》第三卷,人民出版社 1993 年版,第 274 页。

③ 《邓小平文选》第三卷,人民出版社 1993 年版,第 377 页。

④ 《江泽民文选》第一卷,人民出版社 2006 年版,第 232 页。

步进行了全面部署。① 至此,中国共产党的科技创新理论实现了第二次伟大飞跃。此后,在四个现代化建设伟大实践中不断丰富和发展了这一理论。2006 年 1 月,中共中央、国务院《关于实施科技规划纲要增强自主创新能力的决定》,鲜明提出"必须把增强自主创新能力放在更加突出的位置"的科学论断。②

党的十七大报告提出,"提高自主创新能力,建设创新型国家""是国家发展战略的核心,是提高综合国力的关键",并强调,要"加快建设国家创新体系"和"加快建立以企业为主体、市场为导向、产学研相结合的技术创新体系"。③ 此后,中国科技事业进入创新发展的新阶段。2012 年 9 月,中共中央、国务院印发的《关于深化科技体制改革加快国家创新体系建设的意见》,从强化企业技术创新主体地位、加强统筹部署和协同创新、改革科技管理体制、完善人才发展机制等六大方面,对加快国家创新体系建设进行了全面部署。

三、新时代阶段(2012 年 11 月以来):创新驱动发展战略的提出与发展

2012 年 11 月,党的十八大胜利召开,开启了中国特色社会主义新时代。进入新时代以来,以习近平同志为核心的党中央把创新摆在国家发展全局的核心位置,高度重视科技创新,围绕实施创新驱动发展战略,提出"创新是引领发展的第一动力"等一系列新思想、新论断、新要求。

党的十八大首次提出"实施创新驱动发展战略",作出"科技创新是提高社会生产力和综合国力的战略支撑,必须摆在国家发展全局的核心位置"的

---

① 《中共中央、国务院关于加速科学技术进步的决定》,人民出版社 1995 年版,第 1—27 页。
② 《增强自主创新能力,建设创新型国家》,人民出版社 2006 年版,第 52 页。
③ 胡锦涛:《高举中国特色社会主义伟大旗帜,为夺取全面建设小康社会新胜利而奋斗——在中国共产党第十七次全国代表大会上的报告(2007 年 10 月 15 日)》,人民出版社 2007 年版,第 22 页。

重大论断,并从坚持中国特色自主创新道路、深化科技体制改革、完善知识创新体系、实施国家科技重大专项、加快新技术新产品新工艺研发应用、完善科技创新评价标准、实施知识产权战略、促进创新资源高效配置和综合集成等八个方面,对实施创新驱动发展战略进行了全面部署。[①] 由此,中国共产党的科技工作理论实现了第三次伟大飞跃。此后,在中国特色社会主义建设伟大实践中,中国共产党进一步丰富和发展了这一新的理论。

习近平总书记在2015年全国两会上首次提出"创新是引领发展的第一动力"重大新论断,并指出"抓创新就是抓发展,谋创新就是谋未来"。[②] 随后,中共中央、国务院2015年3月印发的《关于深化体制机制改革加快实施创新驱动发展战略的若干意见》,从营造激励创新的公平竞争环境、建立技术创新市场导向机制、强化金融创新的功能、完善成果转化激励政策等八个方面,为加快实施创新驱动发展战略进行了全面部署。

党的十八届五中全会确立以创新为首的"创新、协调、绿色、开放、共享"新发展理念,并提出,坚持创新发展,着力提高发展质量和效益,要"深入实施创新驱动发展战略"。为进一步加快实施创新驱动发展战略,2016年5月,中共中央、国务院印发《国家创新驱动发展战略纲要》,提出,按照"坚持双轮驱动、构建一个体系、推动六大转变"指导思想,从实现推动产业技术体系创新、强化原始创新、深化军民融合、壮大创新主体等八大方面战略任务,对科技创新进行系统谋划。

党的十九大确立了到2035年中国跻身创新型国家前列的战略目标,明确提出,要坚定实施创新驱动发展战略,并从瞄准世界科技前沿、加强应用基础研究、加强国家创新体系建设、深化科技体制改革、倡导创新文化、培养科技人

[①]　胡锦涛:《坚定不移沿着中国特色社会主义道路前进,为全面建成小康社会而奋斗——在中国共产党第十八次全国代表大会上的报告(2012年11月8日)》,人民出版社2012年版,第21—22页。

[②]　中共中央文献研究室编:《习近平关于科技创新论述摘编》,中央文献出版社2016年版,第7页。

才等六个方面,对加快建设创新型国家进行了系统部署。2018 年中国政府工作报告提出,加快建设创新型国家,要"深入实施创新驱动发展战略,不断增强经济创新力和竞争力",并从加强国家创新体系建设、落实和完善创新激励政策、促进大众创业和万众创新上水平三大方面进行了具体部署。① 党的十九届四中全会提出,要"弘扬科学精神和工匠精神,加快建设创新型国家,强化国家战略科技力量,健全国家实验室体系,构建社会主义市场经济条件下关键核心技术攻关新型举国体制"②。

党的十九届五中全会将"坚持创新驱动发展,全面塑造发展新优势"摆在各项规划任务首位,进行专章部署,并创新性地提出"坚持创新在我国现代化建设全局中的核心地位,把科技自立自强作为国家发展的战略支撑"的新论断。③ 党的十九届六中全会提出,中国特色社会主义进入新时代以来,中国共产党"坚持实施创新驱动发展战略,把科技自立自强作为国家发展的战略支撑,健全新型举国体制,强化国家战略科技力量,加强基础研究,推进关键核心技术攻关和自主创新,强化知识产权创造、保护、运用,加快建设创新型国家和世界科技强国";未来,要围绕实现第二个百年奋斗目标,全面深化改革开放,"推进科技自立自强",协同推进人民富裕、国家强盛、中国美丽。④

习近平总书记于 2022 年 6 月指出,坚持创新驱动,"要挖掘创新增长潜力,完善创新规则和制度环境,打破创新要素流动壁垒,深化创新交流合作,推动科技同经济深度融合,共享创新成果。"⑤

---

① 李克强:《政府工作报告——2018 年 3 月 5 日在第十三届全国人民代表大会第一次会议上》,人民出版社 2018 年版,第 24—25 页。
② 《中共中央关于坚持和完善中国特色社会主义制度、推进国家治理体系和治理能力现代化若干重大问题的决定》,人民出版社 2019 年版,第 21 页。
③ 《中共中央关于制定国民经济和社会发展第十四个五年规划和二〇三五年远景目标的建议》,人民出版社 2020 年版,第 9—10 页。
④ 《中共中央关于党的百年奋斗重大成就和历史经验的决议》,人民出版社 2021 年版,第 35、73 页。
⑤ 《习近平出席第二十五届圣彼得堡国际经济论坛全会并致辞》,《人民日报》2022 年 6 月 18 日。

第二节　创新驱动下外贸新业态的蓬勃发展

创新是引领发展的第一动力。科技革新对经济社会发展的影响,一直是社会各界重点关注的热点问题之一。纵观世界经济发展史,每次重大科技革新,无不对经济与社会发展产生深远的影响。诚如习近平总书记2018年7月所指出:"从18世纪第一次工业革命的机械化,到19世纪第二次工业革命的电气化,再到20世纪第三次工业革命的信息化,一次次颠覆性的科技革新,带来社会生产力的大解放和生活水平的大跃升,从根本上改变了人类历史的发展轨迹。"[①] 进入21世纪以来,随着互联网技术的进步和数字经济的发展,国际贸易发生重大变革,外贸新业态、新模式逐步成为推动中国外贸转型升级和高质量发展的新动能,也日益成为国际贸易发展的重要趋势。

党的十八大以来,在创新发展理念引领下,中国政府坚持实施创新驱动发展战略,高度重视跨境电商等外贸新业态、新模式的创新发展。2016年5月,国务院印发《关于促进外贸回稳向好的若干意见》,明确提出,加大对外贸新业态的支持力度,要"开展并扩大跨境电子商务、市场采购贸易方式和外贸综合服务企业试点。支持企业建设一批出口产品'海外仓'和海外运营中心"。[②] 2020年11月,习近平总书记提出:"中国将推动跨境电商等新业态新模式加快发展,培育外贸新动能。"[③] 2021年7月,国务院办公厅印发《关于加快发展外贸新业态新模式的意见》,从支持运用新技术新工具赋能外贸发展等五个方面部署20项重点工作,对跨境电商、海外仓等六种外贸新业态新模

---

①　习近平:《让美好愿景变为现实——在金砖国家领导人约翰内斯堡会晤大范围会议上的讲话(2018年7月26日,约翰内斯堡)》,《人民日报》2018年7月27日。

②　《国务院关于促进外贸回稳向好的若干意见》,《中华人民共和国国务院公报》2016年第14号。

③　习近平:《在第三届中国国际进口博览会开幕式上的主旨演讲(2020年11月4日)》,人民出版社2020年版,第7—8页。

式提出多重支持举措,外贸新业态新模式再次迎来重大利好政策支持。2022年1月,国务院办公厅印发《关于做好跨周期调节进一步稳外贸的意见》,从加强财税金融政策支持、鼓励外贸新业态发展、缓解国际物流等外贸供应链压力、支持重点产业重点企业等四方面提出 15 条具体措施,为外贸助力。2022年5月,国务院办公厅再次印发《关于推动外贸保稳提质的意见》,从推动跨境电商加快发展、支持企业开展保税维修等方面提出 13 条政策措施,推动实现进出口保稳提质任务目标。同年 6 月,中国人民银行印发《关于支持外贸新业态跨境人民币结算的通知》,完善跨境电商等外贸新业态跨境人民币业务相关政策,支持银行和支付机构更好服务外贸新业态发展。

在上述系列政策的强力支持下,中国外贸创新能力持续增强,跨境电商、海外仓、市场采购贸易、外贸综合服务企业、保税维修、离岸贸易等六种外贸新业态新模式蓬勃发展,日益成为推动中国外贸转型升级和高质量发展的强劲新动能。

一、跨境电商蓬勃发展

跨境电商是基于网络信息等新技术、新工具而发展起来的外贸新业态,既是 2012 年以来中国发展速度最快、潜力最大、带动作用最强的一种外贸新业态,也正成为国际贸易的新发展潮流。

中国跨境电商发展经历了从代购、海淘、企业规模化参与到产业链和生产链构建不断完善的过程。在此过程中,跨境电商产业政策为跨境电商进出口贸易提供了大量的便利措施,包括简化进出口通关手续、完善出口退税、提供金融支付支持等。既有研究表明,2012 年后各项跨境电商产业政策的实施,使中国相关类别出口增长约 4%—9%(马述忠和房超,2021)。

国家战略和重大政策在地方先行先试,积极探索可复制可推广的经验,既是一条行之有效的实践路径,也是中国共产党治国理政的重要方式(权衡,2018)。跨境电子商务综合试验区是中国跨境电商先行先试的试验田,为中国跨境电商蓬勃发展发挥了极其重要的示范引领作用。2015 年 3 月,国务院批准设立中国(杭州)跨境电子商务综合试验区。之后,国务院先后于 2016 年 1 月、2018 年 7 月、2019 年 12 月和 2020 年 4 月在天津市、北京市、石家庄市、雄安新区等城市和地区分 4 批批准设立 104 个跨境电商综合试验区。2022 年 1 月,国务院再次在鄂尔多斯市、扬州市等 27 个城市和地区批准设立跨境电子商务综合试验区。至此,国务院先后分 6 批批准设立 132 个跨境电商综合试验区(见表 5-1)。

表 5-1　中国跨境电子商务综合试验区批次(共六批 132 个)

批次	时间	城市和地区
第一批 (1 个)	2015 年 3 月	杭州市
第二批 (12 个)	2016 年 1 月	天津市、上海市、重庆市、合肥市、郑州市、广州市、成都市、大连市、宁波市、青岛市、深圳市、苏州市
第三批 (22 个)	2018 年 7 月	北京市、呼和浩特市、沈阳市、长春市、哈尔滨市、南京市、南昌市、武汉市、长沙市、南宁市、海口市、贵阳市、昆明市、西安市、兰州市、厦门市、唐山市、无锡市、威海市、珠海市、东莞市、义乌市
第四批 (24 个)	2019 年 12 月	石家庄市、太原市、赤峰市、抚顺市、珲春市、绥芬河市、徐州市、南通市、温州市、绍兴市、芜湖市、福州市、泉州市、赣州市、济南市、烟台市、洛阳市、黄石市、岳阳市、汕头市、佛山市、泸州市、海东市、银川市
第五批 (46 个)	2020 年 4 月	雄安新区、大同市、满洲里市、营口市、盘锦市、吉林市、黑河市、常州市、连云港市、淮安市、盐城市、宿迁市、湖州市、嘉兴市、衢州市、台州市、丽水市、安庆市、漳州市、莆田市、龙岩市、九江市、东营市、潍坊市、临沂市、南阳市、宜昌市、湘潭市、郴州市、梅州市、惠州市、中山市、江门市、湛江市、茂名市、肇庆市、崇左市、三亚市、德阳市、绵阳市、遵义市、德宏傣族景颇族自治州、延安市、天水市、西宁市、乌鲁木齐市
第六批 (27 个)	2022 年 1 月	鄂尔多斯市、扬州市、镇江市、泰州市、金华市、舟山市、马鞍山市、宣城市、景德镇市、上饶市、淄博市、日照市、襄阳市、韶关市、汕尾市、河源市、阳江市、清远市、潮州市、揭阳市、云浮市、南充市、眉山市、红河哈尼族彝族自治州、宝鸡市、喀什地区、阿拉山口市

资料来源:笔者根据国函〔2015〕44 号、〔2016〕17 号、〔2018〕93 号、〔2019〕137 号、〔2020〕47 号、〔2022〕8 号文件整理得到。

　　此次扩围后,跨境电商综合试验区既覆盖中国内地省份除西藏外的其他30个省份,形成陆海内外联动、东西双向互济的发展格局,也在北京、天津、上海、重庆四个直辖市和江苏、浙江、广东三省所有地级市实现全覆盖。据商务部统计,截至2022年6月,跨境电商综合试验区通过制度创新、管理创新、服务创新先行先试,向全国复制推广了近70项成熟经验和创新做法。

　　上述经验和做法有力促进了中国跨境电商物流畅通、进出口通关便利化和发展模式创新,极大地带动了中国跨境电商的蓬勃发展。据中国海关统计数据显示,2017年以来,按可比口径计算,中国跨境电商进出口规模5年增长了10倍。2021年,中国跨境电商进出口额实现1.92万亿元,同比增长18.6%,其中,出口1.39万亿元,同比增长28.3%。

二、海外仓异军突起

　　海外仓,指的是出口企业或跨境电商在海外买家国家和地区建立的仓库。海外仓既是跨境电商重要的境外节点和新型外贸基础设施,也是跨境电商时代物流业发展的新趋势和促进外贸高质量发展的重要平台。

　　2012年以来,伴随跨境电商的蓬勃发展,海外仓以其清关快、配送快、周转快、服务快和成本低等"四快一低"特有的优势异军突起,已经成为支撑跨境电商发展的重要新型外贸基础设施。特别是在新冠肺炎疫情防控期间,海外仓优势更加凸显、发展更加迅猛。据商务部数据显示,2020年,中国海外仓数量同比增长高达80%;截至2022年6月,中国海外仓布局不断优化,数量已经超过2000个,总面积超过1600万平方米,形成了以北美和欧洲为重点、辐射全球的海外仓服务网络。

三、市场采购贸易逆势增长

　　市场采购贸易方式,是源自中国本土的外贸模式创新,是指在经认定的市场集聚区采购的、单票报关单货值15万美元以下的商品,由符合条件的经营者在采购地办理出口通关手续的贸易方式。这一模式是适应国内专业商品市场国际化发展而建立的外贸新业态，是为批发市场"多品种、多批次、小批量"的外贸特点量身定制的新型贸易方式(蓝庆新和童家琛,2022)。

2013年4月,商务部、国家发展改革委等八部门同意在浙江省义乌市试行市场采购贸易方式。此后,先后于2015年、2016年、2018年和2020年9月增设四批市场采购贸易方式试点。截至2022年6月,全国市场采购贸易方式试点总数达到31家,覆盖东部、中部、西部15个省份,其中2020年9月的增设试点中首次包含了内蒙古、广西和云南各一家边贸商品市场,将为边境地区外贸发展发挥积极作用(见表5-2)。

表5-2　中国市场采购贸易方式试点单位(截至2022年6月,共五批31家)

批次	时间	试点市场
第一批 (1家)	2013年4月	(1)浙江义乌
第二批 (2家)	2015年9月	(1)江苏海门叠石桥国际家纺城;(2)浙江海宁皮革城
第三批 (5家)	2016年9月	(1)江苏省常熟服装城;(2)广东省广州花都皮革皮具市场;(3)山东省临沂商城工程物资市场;(4)湖北省武汉汉口北国际商品交易中心;(5)河北省白沟箱包市场
第四批 (6家)	2018年9月	(1)温州(鹿城)轻工产品交易中心;(2)泉州石狮服装城;(3)湖南高桥大市场;(4)亚洲国际家具材料交易中心;(5)中山市利和灯博中心;(6)成都国际商贸城
第五批 (17家)	2020年9月	(1)辽宁西柳服装城;(2)浙江绍兴柯桥中国轻纺城;(3)浙江台州路桥日用品及塑料制品交易中心;(4)浙江湖州(织里)童装及日用消费品交易管理中心;(5)安徽蚌埠中恒商贸城;(6)福建晋江国际鞋纺城;(7)山东青岛即墨国际商贸城;(8)山东烟台三站批发交易市场;(9)河南中国(许昌)国际发制品交易市场;(10)湖北宜昌三峡物流园;(11)广东汕头市宝奥国际玩具城;(12)广东东莞市大朗毛织贸易中心;(13)云南昆明俊发·新螺蛳湾国际商贸城;(14)深圳华南国际工业原城;(15)内蒙古满洲里满购中心(边贸商品市场);(16)广西凭祥出口商品采购中心(边贸商品市场);(17)云南瑞丽国际商品交易市场(边贸商品市场)

资料来源:笔者根据中国商务部相关报道整理得到。

市场采购贸易方式试点不仅激发了市场主体活力,而且极大地促进了外贸创新发展。据中国海关数据显示,2015—2021 年,中国市场采购贸易出口规模 7 年增长了 7 倍。尤其是 2020 年以来,在传统外贸遭遇新冠肺炎疫情严重冲击的情况下,市场采购贸易方式因其多品种、小批量、多批次等特点,实现了逆势增长。其中,2020 年,中国市场采购贸易出口 7045.4 亿元,同比增长 25.2%;2021 年,中国市场采购贸易出口 9303.9 亿元,同比增长 32.1%。

四、外贸综合服务企业茁壮成长

外贸综合服务企业是互联网技术与进出口环节深度融合的产物,其以互联网信息服务平台为载体,为外贸企业特别是中小外贸企业报关报检、物流、退税、结算、融资、信保等进出口环节提供全流程专业服务。

2016 年 9 月,中国商务部会同海关总署等部门将中建材国际贸易有限公司、宁波世贸通国际贸易有限公司、厦门嘉晟供应链股份有限公司、广东汇富控股集团股份有限公司纳入外贸综合服务试点企业,以探索有利于外贸综合服务企业发展的管理模式。此后,中国政府顺应市场需求,出台了一系列支持举措。如,2021 年 7 月,国务院办公厅印发的《关于加快发展外贸新业态新模式的意见》,从创新集中代办退税模式、完善海关监管措施等方面又出台了一系列务实的支持举措。

在上述政策的有力支持下,中国外贸综合服务企业茁壮成长。据商务部数据显示,截至 2021 年 12 月,中国外贸综合服务企业已经超过 1500 家,服务客户数量也超过了 20 万家。

五、保税维修业务范围不断拓展

保税维修是指区内加工贸易企业以保税方式,将待维修产品从境外运入海关特殊监管区域内工厂检测、维修后,复运返回来源地的新型外贸模式(蓝庆新和童家琛,2022)。

2014年6月,保税维修业务试点在东莞、北京、上海、深圳、苏州等地率先开展。此后,中国保税维修业务范围不断拓展,已从航空设备维修单一领域延伸拓展至船舶、工程机械、数控机床、通信设备维修等多个领域55类产品,为再制造产业实现创新发展创造了有利条件。2021年7月,国务院办公厅印发的《关于加快发展外贸新业态新模式的意见》,进一步促进了保税维修业务发展。据商务部数据显示,2021年,中国加工贸易保税维修项目建成约130个。据天津海关数据显示,2022年上半年,天津市保税维修进出口总值达93.5亿元,同比增长56.2%。其中,船舶保税维修的进口船值达到7.8亿元,比2021年同期增长两倍。

六、离岸贸易加快发展

离岸贸易是指境内企业开展的上、下游交易对手均在境外的货物贸易及与之相关的服务交易(梁明和夏融冰,2022)。该模式是随跨国公司业务发展演化而来的一种新型贸易模式,是在国际转口贸易模式基础上进行的延伸和发展。其最突出的特征是"三流"分离,即货物流、资金流和单据流分离,其中,货物运送发生在境外,资金结算和部分单据处理发生在境内。

离岸贸易是国际自由港的重要业态,海南是中国发展新型离岸国际贸易的重要阵地。自2020年6月中共中央、国务院印发《海南自由贸易港建设总体方案》以来,海南积极开展离岸贸易先行先试。如,2021年3月,海南省在洋浦设立"新型离岸国际贸易先行示范区"。在一系列政策的有力支持下,海南新型离岸国际贸易业态发展迅猛。据海南商务统计,2020年,海南离岸国际贸易收支额超18亿美元,增长约11倍;2021年,海南离岸国际贸易实现收支总额74.8亿美元,为2020年4.2倍。

上海和北京等地也大力促进离岸贸易发展。如,2021年10月,上海自由贸易试验区"离岸通"平台正式上线,为我国首个直接整合境外数据用以支持贸易真实性审核的辅助信息平台;同年12月,上海自由贸易试验区发布《临港新片区促进离岸贸易高质量发展的若干措施》。又如,2022 年 6 月,北京市商务局联合中国人民银行营业管理部等七部门印发《北京市促进离岸贸易创新发展的若干措施》的同时,京津冀地区首个新型国际贸易公共服务平台"京贸兴"也正式上线。

第三节　外贸新业态发展助推出口市场多元化

　　跨境电商、海外仓、市场采购贸易、外贸综合服务企业、保税维修、离岸贸易等六种外贸新业态新模式的蓬勃发展,不仅成为推动中国外贸高质量发展的强劲新动能,也日益成为助推中国出口竞争新优势培育和出口市场多元化新发展的强劲新动能。

　　根据异质性企业贸易理论,由于存在沉没出口市场进入成本,只有较高生产率水平的企业才可以出口方式进入国际市场。因此,通过提升企业生产率和降低贸易成本,均可促进企业开拓国际市场。外贸新业态新模式发展可通过促进贸易自由化便利化、降低贸易成本、提升出口贸易竞争力、扩大外贸主体等途径培育中国出口竞争新优势,下面分别分析其形成机理。

一、跨境电商通过促进贸易自由化等三种途径,助推中小企业拓展国际市场

　　跨境电商是发展速度最快、潜力最大、带动作用最强的外贸新业态。从异质性企业贸易理论视角分析,跨境电商的发展主要通过促进贸易自由化便利化、扩大外贸主体范围、降低搜寻—匹配成本等三种途径,助推中小企业拓展国际市场。

　　一是促进贸易自由化便利化,拓展外贸发展空间。借助互联网,跨境电商将全球连成统一的"大市场",突破了传统贸易中必须以一定的地域为市场存在的前提条件,可以更好地在世界范围内实现跨国界资源和生产要素的最优

配置,从而极大地减少贸易壁垒,扩大贸易机会(郭四维和张明昂等,2018),从而开辟出口贸易新的增长点和开拓新的国际市场。据商务部数据显示,跨境电商出口占中国外贸出口的比重,由 2015 年不到1%增长到 2022 年第一季度的 4.6%。

二是降低国际贸易门槛,扩大外贸主体范围。作为互联网技术在国际贸易领域的深度应用,跨境电商深度改变了全球价值链体系中的分工模式、组织结构和微观主体,使中小企业日益成为国际贸易的重要载体(裴长洪和刘斌,2019)。跨境电商大幅降低国际贸易专业化的门槛,使得一大批"不会做、做不起、不能做"的小微主体成为新型国际贸易的经营者和国际市场的开拓者。据商务部数据显示,截至 2022 年 3 月,在跨境电商综试区线上综合服务平台备案的企业已超 4.6 万家。

三是降低搜寻—匹配信息成本,助推海外市场开拓。跨境电商的发展使得地理距离、制度和文化差异引致的信息成本下降,贸易双方匹配的概率提升,从而促使中国企业出口沿着扩展边际实现增长,进而助推中国企业开拓更多海外市场(马述忠和房超,2021)。

二、海外仓通过降低贸易成本等三种途径,助推中小企业拓展国际市场

海外仓是跨境电商重要的境外节点和新型外贸基础设施。从异质性企业贸易理论视角分析,海外仓主要通过降低出口贸易的物流成本、提升出口贸易竞争力、扩大出口企业主体等三种途径,助推中小企业拓展国际市场。

一是大幅降低出口贸易的物流时长和运输成本。一方面,可大幅缩短物流配送时间。一般情况下,较之传统的国际小包邮寄方式,海外仓模式可节省50%甚至80%的物流投递时间。另一方面,可降低国际物流的运输成本。由于可以提前在海外仓备货,因此在后续补货时,可以选择价格更低的海运方式,这就有效降低了国际物流的运输成本。一般情况下,海外仓可使国际物流

成本下降 30%—40%,重量越大的货物,其成本节约效果越好(孟亮和孟京,2017)。

二是提升出口贸易竞争力。一方面,有利于发挥售后服务的品牌效应。"退货难"一度是困扰跨境电商企业的难点和痛点,海外仓可以较低成本地解决这一难题,提升商品售后服务质量,发挥售后品牌效应,进而提高市场占有率和销售量。另一方面,可为升级经营模式提供立足点。跨境电商出口企业可将借助海外仓,将生产和设计开发环节逐步转移到进口国境内,推动运营模式升级,积极开展跨国投资经营,从而规避进口国贸易壁垒和拓展外部产业链。

三是扩大出口贸易主体。随着海外仓功能不断完善,除了提供基本的仓储配送服务,部分海外仓也在积极拓展报关清关、仓储物流、市场推广等全链条综合服务,从而大幅提升贸易便利化水平、降低中小企业进入国际市场的门槛,吸引更多中小企业开展出口贸易(徐向梅和梁明,2022)。

三、市场采购贸易通过促进贸易便利化等三种途径,助推中小微企业拓展国际市场

市场采购贸易方式支持企业用内贸的方式做外贸。从异质性企业贸易理论视角分析,市场采购贸易方式主要通过促进贸易便利化、扩大出口主体、降低物流成本等三种途径,助推中小微企业拓展国际市场。

一是促进出口贸易便利化。市场采购贸易方式突破了旅游购物贸易方式最高 5 万美元的资金上限以及退税结汇限制,有助于解决小商品出口难题,从而提升出口贸易便利化水平。同时,各地海关和试点市场还积极推进市场采购贸易方式多元化出口。如,杭州海关利用义乌市场采购拓宽当地小商品出口通道。当地高附加值小商品在传统公路转关海运出口的基础上,借助"义新欧"中欧班列、"义乌—大阪"全货运包机等快速通道实现多元化出口。又如,江苏常熟服装城在全国首创"市采通"平台,打造集商户注册、监装风控、

报关报检、收汇结汇于一体的一站式服务,将出口市场拓宽到全球更多国家和地区。

二是扩大出口贸易主体。市场采购贸易解决了商户因"单小、货杂、品种多"无增值税发票的贸易难题,有效降低出口贸易的门槛,使一大批小微主体成为新型贸易的经营者。

三是降低贸易成本。海关新的监管办法将可实行简化申报的单票报关单商品品种数量从 10 种减至 5 种,并允许实施"采购地申报口岸验放"通关一体化模式,降低了通关时间和物流成本。

四、外贸综合服务企业通过降低贸易成本和提高贸易便利化,助推中小微企业开拓国际市场

外贸综合服务企业是基于信息技术和标准化的服务平台。从异质性企业贸易理论视角分析,外贸综合服务企业主要通过降低贸易成本、提高贸易便利化两种途径,助推中小微企业开拓国际市场。

一是可以"打包式"的服务、"团购式"的议价,发挥规模化优势,降低中小微企业贸易成本。

二是可通过全流程专业服务,提高贸易便利化水平,提升业务流程办理效率,培育外贸竞争新优势。

五、保税维修通过降低贸易成本和提高产品竞争力,助推出口市场多元化

保税维修是中国外贸企业充分参与国际分工、赢得国际市场的重要形式。从异质性企业贸易理论视角分析,保税维修可通过降低贸易成本和提高产品竞争力两种途径,助推出口市场多元化。

一是降低成本。如,天津新港船舶重工有限责任公司综合管理部部长张宏蛟告诉我们:"利用保税维修,这艘船舶可省 1000 万元的保证金,公司采购

的进口备件还可免征关税和增值税,大大降低了成本"(访谈时间,2022 年 7 月 17 日)。

二是提升出口产品竞争力。外贸企业可以在维修、再制造业务的基础上积累大量产品性能、质量等数据信息,以便进行工艺、设计上的改进,从而增强产品竞争力。特别是发展飞机、船舶和机械装备的维修、再制造业务,可实现制造业从技术含量较低、附加值低的加工贸易向技术含量更高、利润更丰厚的制造服务贸易转变和延伸。

六、离岸贸易通过降低贸易成本和提升贸易竞争力,助推出口市场多元化

作为一种新型国际贸易模式,离岸贸易具有以下三大优势:一是大幅降低贸易成本。与传统国际转口贸易相比,新型离岸贸易物流成本可降低 60%,运输时间可缩短 77%(张伟伦,2022)。二是提升中国外贸企业全球资源配置能力。离岸贸易能够促进资金、信息和人才的集聚并将订单中心、结算中心等高利润业务功能留在国内,从而推动中国在供应链、价值链中的地位提升。三是推动与货物贸易有关的国际结算、物流、商检等服务贸易发展,提升服务贸易的核心竞争力。

由此可见,从异质性企业贸易理论视角分析,离岸贸易主要通过降低贸易成本、提升贸易竞争力两种途径,助推中国出口新兴市场拓展和市场多元化。

第四节 加快发展中国外贸新业态的推进路径

跨境电商、海外仓、市场采购贸易、外贸综合服务企业、保税维修、离岸贸易等六种外贸新业态新模式的蓬勃发展,可助推中国出口竞争新优势培育和出口市场多元化新发展。然而,外贸新业态、新模式在发展过程中难免会遇到一些新情况和新问题。与此同时,新业态、新模式必须借助新技术,需要不断

开展技术创新。由于创新内在的不确定性和公共物品属性而导致的市场失灵,需要发挥政府作用(杨丽花和马相东,2016)。因此,各地各部门要优化顶层设计,加强统筹协调,在制度建设、政府管理、服务集成等领域不断开展创新,解决外贸企业在创新发展中遇到的困难和问题,进而更好地推进外贸新业态、新模式的创新发展,使其进一步成为推动外贸高质量发展和出口市场多元化新发展的新动能。

一、大力推进跨境电商健康发展

"十四五"时期乃至到2035年,中国跨境电商发展面临国际、国内双重挑战。国际方面,世界经济增长急剧放缓,全球滞胀风险上升,国际市场需求减弱的压力越来越大(World Bank,2022);国内方面,财税合规要求越来越高,平台流量及物流成本日渐高企,产品同质化竞争日益加剧。为此,可从以下四个方面推进跨境电商健康发展:

第一,进一步完善跨境电商发展的支持政策。包括优化跨境电商零售进口商品清单,研究制定跨境电商知识产权保护指南,支持符合条件的跨境电商企业申报高新技术企业,便利跨境电商进出口退换货管理,等等。

第二,扎实推进跨境电商综合试验区建设,发挥好其示范引领作用。鼓励跨境电商综合试验区扩围,支持其开展先行先试,有利于拓展多元市场空间,促进外贸稳中提质。在新发展阶段,随着消费结构快速升级、产品质量稳步提升,不出境买全球、卖全球的需求不断上升,需要进一步扩大跨境电商综合试验区试点范围。与此同时,随着试点范围不断扩大、数量持续增加,为促进跨境电商综合试验区优胜劣汰、健康发展,要尽快组织开展考核评估工作。

第三,积极参与相关国际规则制定,为跨境电商发展营造良好的外部环境。密切跟踪研究国际数字贸易规则新趋势,积极参与世界贸易组织电子商务等规则谈判,推动加入《数字经济伙伴关系协定》进程。同时,利用海南自贸港、上海自贸试验区临港新片区等开放高地,加快推进商业数据跨境流动等压力测试,探索未来开放路径,增强中国参与跨境电商国际规则的谈判能力。

第四,深化国际合作,继续推动"丝路电商"走深走实。2013年以来,"丝路电商"合作蓬勃兴起。截至2022年6月,中国已与23个国家建立双边电子商务合作机制。"丝路电商"日益成为中国企业对"一带一路"沿线国家和地区出口市场拓展的新引擎。今后,可从三方面继续推动"丝路电商"走深走实:一是加快拓展"丝路电商"全球布局,与伙伴国合作在电商促销节打造国别爆款,推动电商企业加强海外营销网络建设;二进一步深化互利互惠合作机制,加快与沿线各国在一体化、高效率、低成本通道方面建设合作;三是支持开展"丝路电商"合作示范创建,以多种形式加大"丝路电商"合作宣传推介力度。

二、积极推动海外仓高质量建设

当前,海外仓高质量建设面临布局不够合理、融资难融资贵、数字化发展水平有待提高、标准建设有待加强等问题和挑战。为此,可从以下四个方面推动海外仓高质量建设。

首先,优化海外仓布局和服务网络。通过培育一批优秀海外仓企业,支持海外仓企业建立完善物流体系,向供应链上下游延伸服务,完善覆盖全球、布局合理的海外仓服务网络,以此带动更多企业拓展国际市场。

其次,加大金融创新,破解海外仓建设融资难融资贵难题。通过政府和社会资本合作(PPP)等模式吸引更多的社会资本参与海外仓建设,综合运用结构化融资、建设—运营—移交(BOT)等模式加快推进海外仓建设。

再次,推进海外仓数字化发展,探索建立海外智慧物流平台。鼓励海外仓企业推介跨境电商综合试验区线上综合服务平台、国内外电商平台等,匹配供需两个方面的信息,提升海外仓的数字化、智能化水平,探索建设海外物流智慧平台。

最后,深化国际合作,加快推进海外仓标准建设。依托海外仓,加强与所在国流通业的衔接连通,深化在跨境物流、商业模式创新等领域国际合作,积极参与海外仓国际规则的探索,推出一批具有国际影响力的国家或行业标准。

三、加快推进市场采购贸易创新发展

当前,市场采购贸易方式发展主要存在两个问题:一是试点地域范围有待扩大。较之跨境电商综合试验区,市场采购贸易方式试点覆盖地域明显偏窄。如前所述,截至 2022 年 6 月,跨境电商综合试验区已经覆盖中国 30 个省份,而市场采购贸易试点仅覆盖 15 个省份,其中 7 个省份均只有一个试点。二是地方特色有待提升。为此,可从以下两方面推进市场采购贸易方式的创新发展:

一方面,扩大市场采购贸易方式试点地域,更好地发挥试点区域示范引领作用。借鉴跨境电商综合试验区发展经验,将市场采购贸易方式试点地域扩大至全国所有省份。与此同时,尽快设立综合评价指标,完善动态调整机制,更好地发挥试点区域示范引领作用。

另一方面,尽快开展市场采购贸易创新提升专项行动,积极探索"市场采购贸易+跨境电商"融合发展,发展提升一批带动作用强的示范企业、一批体现地方产业特色的自主品牌,带动地方产业升级和外向型经济发展。

四、提升外贸综合服务企业的服务和风险防控能力

由于起步晚,外贸综合服务企业发展尚面临三大挑战:一政策环境需要优化;二是服务能力有待提升;三是监管模式需要创新。为此,进一步发挥外贸综合服务企业的带动作用,可从以下三个方面提升其服务能力和风险防控能力:

其一,进一步优化综合服务企业发展的政策环境,完善政策框架体系。鼓励各地创新配套措施,支持外贸综合服务企业为更多中小企业提供服务。

其二,完善集中代办退税模式,落实落细备案工作,提高实地核查效率,同

时厘清综合服务企业的报关主体责任,明确其严格履行合理审查义务。

其三,创新监管模式,引导外贸综合服务企业规范内部风险管理,提升风险管控水平。

五、双管齐下推进保税维修业务发展

一方面,提升保税维修业务发展水平。一是进一步支持综合保税区内企业创新开展保税维修,动态调整维修产品目录,为再制造产业实现创新发展创造条件。二是支持自由贸易试验区内企业,按照综合保税区维修产品目录开展高技术含量、高附加值、符合环保要求的"两头在外"保税维修业务。三是探索研究支持有条件的综合保税区外企业,开展高技术含量、高附加值、符合环保要求的自产出口产品保税维修。

另一方面,推动保税维修企业监管创新。一是持续加强对保税维修的海关税收监管,严格对照维修产品目录及相关管理规定,确保合法合规开展保税维修业务。二是合理有序扩大保税维修产品目录范围,不断完善现有适用范围正面清单管理,在未来探索建立"正面清单+负面清单"制度。三是推动建设并完善多部门全流程协同监管平台,促进信息共享,推动保税维修模式蓬勃发展。

六、推进离岸贸易创新发展

由于货物流、资金流和单据流"三流"分离,离岸贸易对金融支持和风险防控要求相对更高。因此,可从以下三方面推进离岸贸易创新发展:

第一,发挥先行先试经验,以点带面推进离岸贸易创新发展。以打造海南洋浦"新型离岸国际贸易先行示范区"为引领,通过支持创新外汇结算便利措施、赋予银行更多单据审核自主权、完善金融配套服务等制度创新,加快建设海南区域性离岸新型国际贸易中心。与此同时,适时复制、推广海南洋浦"新型离岸国际贸易先行示范区"先行先试经验,支持在海南自由贸易港、全国自

由贸易试验区以及其他具备条件的地方发展离岸贸易。

第二，持续加大金融开放力度，提升跨境人民币收支业务便利化程度，推动数字人民币在离岸贸易中的应用。与此同时，推动金融机构创新金融服务，为离岸贸易市场主体提供更多资金及跨境结算便利。

第三，创新金融监管，加强离岸贸易风险防范。实施综合监测管理，加强商务、人民银行、外汇管理、税务等部门的协同配合，提升跨部门联合监测能力，拓宽离岸贸易监管方式，防范虚假或构造交易、骗取融资等异常行为，做好风险防范。

第六章　高标准自由贸易区网络构建与
中国出口市场多元化

贸易自由化的企业"自选择效应",不仅可通过要素资源重置促进行业总体生产率的提升,而且可通过增加贸易伙伴和降低贸易成本促进出口市场多元化,而高标准自由贸易区的构建又可促进贸易投资自由化便利化,进而助推中国出口新兴市场拓展与市场多元化。

加快构建面向全球的高标准自由贸易区网络,首先要立足周边。从异质性企业贸易理论视角看,两国经济规模差异过大、企业创新能力偏弱、贸易层次较低、基础设施及其互联互通建设较差,是制约中国与周边国家双边自由贸易区构建的主要因素。

本章简要分析高标准自由贸易区构建助推出口市场多元化的形成机理之后,以中俄自由贸易区为例,重点分析中国与周边国家双边自由贸易区构建的制约因素,之后提出中国高标准自由贸易区网络构建的推进路径,以期为相关学术研究和实践工作提供参考。

第一节　中国自由贸易区建设的
理论创新与实践推进

中国自由贸易区建设的理论探讨始于 20 世纪 90 年代初,实践推进始于

2002 年。2007 年党的十七大将自由贸易区建设上升为国家战略之后,尤其是 2012 年党的十八大提出加快实施自由贸易区战略以来,中国自由贸易区建设取得重大进展。据商务部数据显示,截至 2022 年 6 月,中国已同 26 个国家和地区签署了 19 个自由贸易协定,与自由贸易伙伴贸易额占比达到了 35%。

一、早期理论创新与实践推进

自由贸易区的产生是自由贸易理论的一个具体实践,它既符合世界多边贸易组织的基本原则和发展方向,也顺应经济全球化日益加强的大趋势(陈文敬,2008)。实施自由贸易区战略,是中国推进对外开放的重要内容。进入 21 世纪以后,中国政府从理论和实践两方面不断推进自由贸易区建设。

(一)中国自由贸易区建设的早期理论探索

从异质性企业贸易理论看,建立自由贸易区可以给中国带来多重贸易和投资效应:一方面,商签双边或多边自由贸易区有利于促进成员提高贸易和投资自由化便利化水平,而贸易投资自由化增加了市场竞争程度,从而迫使低生产率的企业退出市场,提高行业生产率水平,进而增强其出口产品的竞争力、扩大对外出口(余淼杰和高恺琳,2018)。另一方面,贸易成本的降低有助于高品质中间品的进口,进而促进企业生产商品的品质提升或扩展企业生产的范围(Goldberg 等,2010)。

中国政府关于组建自由贸易区的可行性研究,始于 20 世纪 90 年代初。1991 年年底,国务院总体研究协调小组确定了 13 个重大研究课题,当时的对外贸易经济合作部承担了《世界经济区域集团化趋势、影响及对策》课题,对全球自由贸易区建设的发展态势、自由贸易区的"贸易创造效应"和"贸易转移效应"等理论问题进行了深入研究。由于 20 世纪 90 年代后半期加入世界贸易组织谈判到了关键时刻,组建自由贸易区的可行性研究虽在推进之中,但进展缓慢(陈文敬,2008)。

进入 21 世纪以后,全球掀起了商签自由贸易协定的新热潮,一大批自由贸易区相继诞生。与此同时,2001 年 12 月,中国也终于正式成为世界贸易组织成员,其对外开放进入新的发展阶段。加入世界贸易组织以后,中国积极践行自由贸易理念,主动扩大对外开放,加快推进自由贸易区建设的理论研究与创新。

2007 年 10 月,党的十七大提出,提高开放型经济水平,要"实施自由贸易区战略,加强双边多边经贸合作"。[①] 至此,中国正式把自由贸易区建设上升为国家战略。

(二)中国自由贸易区建设的早期实践推进

从 2001 年 5 月加入《亚太贸易协定》起,到 2012 年 11 月党的十八大召开之前,中国共对外签署并实施了 10 个自由贸易协定(见表 6-1)。下面依次介绍其基本情况和显著特征。

表 6-1　中国已签协议的自由贸易区情况(截至 2022 年 6 月)

序号	自由贸易区名称	签署日期	生效日期	升级[3]签署日期	升级生效日期
1	亚太贸易协定[1]	2001 年 5 月 23 日	2002 年 1 月 1 日		
2	中国—东盟自由贸易区	2002 年 11 月 4 日	2010 年 1 月 1 日	2015 年 11 月 22 日	2016 年 7 月 1 日
3	内地与香港关于建立更紧密经济关系的安排	2003 年 6 月 29 日	2004 年 1 月 1 日		
	内地与澳门关于建立更紧密经济关系的安排	2003 年 10 月 17 日			

---

① 胡锦涛:《高举中国特色社会主义伟大旗帜,为夺取全面建设小康社会新胜利而奋斗——在中国共产党第十七次全国代表大会上的报告(2007 年 10 月 15 日)》,人民出版社 2007 年版,第 27 页。

序号	自由贸易区名称	签署日期	生效日期	升级签署日期	升级生效日期
4	中国—智利自由贸易区	2005 年 11 月 18 日	2006 年 10 月 1 日	2017 年 11 月 11 日	2019 年 3 月 1 日
5	中国—巴基斯坦自由贸易区	2006 年 11 月 24 日	2007 年 7 月 1 日	2019 年 4 月 28 日	2019 年 12 月 1 日
6	中国—新西兰自由贸易区	2008 年 4 月 7 日	2008 年 10 月 1 日	2021 年 1 月 26 日	2022 年 4 月 7 日
7	中国—新加坡自由贸易区	2008 年 10 月 23 日	2009 年 1 月 1 日	2018 年 11 月 12 日	2019 年 10 月 16 日
8	中国—秘鲁自由贸易区	2009 年 4 月 28 日	2010 年 3 月 1 日		
9	海峡两岸经济合作框架协议	2010 年 6 月 29 日	2010 年 9 月 12 日		
10	中国—哥斯达黎加自由贸易区	2010 年 4 月 8 日	2011 年 8 月 1 日		
11	中国—冰岛自由贸易区	2013 年 4 月 15 日	2014 年 7 月 1 日		
12	中国—瑞士自由贸易区	2013 年 7 月 6 日	2014 年 7 月 1 日		
13	中国—韩国自由贸易区	2015 年 6 月 1 日	2015 年 12 月 20 日		
14	中国—澳大利亚自由贸易区	2015 年 6 月 17 日	2015 年 12 月 20 日		
15	中国—格鲁吉亚自由贸易区	2017 年 5 月 13 日	2018 年 1 月 1 日		
16	中国—马尔代夫自由贸易区	2017 年 12 月 7 日	——		
17	中国—毛里求斯自由贸易区	2019 年 10 月 17 日	2021 年 1 月 1 日		
18	中国—柬埔寨自由贸易区	2020 年 10 月 12 日	2022 年 1 月 1 日		

序号	自由贸易区名称	签署日期	生效日期	升级签署日期	升级生效日期
19	区域全面经济伙伴关系协定[2]	2020 年 11 月 15 日	2022 年 1 月 1 日		

注:与中国陆地领土接壤的 14 个国家:朝鲜、蒙古国、俄罗斯、哈萨克斯坦、吉尔吉斯斯坦、塔吉克斯坦、阿富汗、巴基斯坦、印度、尼泊尔、不丹、缅甸、老挝、越南。

1.《亚太贸易协定》现有成员 7 国:孟加拉国、中国、印度、老挝、韩国、蒙古国和斯里兰卡。

2.《区域全面经济伙伴关系协定》现有成员 15 国:东盟 10 国(马来西亚、印度尼西亚、泰国、菲律宾、新加坡、文莱、越南、老挝、缅甸和柬埔寨)、中国、日本、韩国、澳大利亚和新西兰。

3. 中国—巴基斯坦自由贸易区为自由贸易协定第二阶段议定书签署及生效时间。

资料来源:笔者根据中国商务部自由贸易区服务网资料整理得到。

第一个:《亚太贸易协定》。严格来讲,该协定应为多边体系下的区域贸易安排,其前身为签订于 1975 年的《曼谷协定》。该协定是中国参加的第一个区域优惠贸易安排,也是其在加入世界贸易组织之前参加的唯一一个区域优惠贸易安排。中国于 2001 年 5 月 23 日加入该协定,当时成员共有六个:孟加拉国、中国、印度、老挝、韩国和斯里兰卡。2002 年 1 月 1 日起,该协定正式生效。2005 年 11 月 2 日,《曼谷协定》更名为《亚太贸易协定》。2017 年 1 月 13 日,该协定各成员签署第四轮关税减让谈判成果文件《亚太贸易协定第二修正案》,并于 2018 年 7 月 1 日起正式实施。2020 年 9 月 29 日,蒙古国正式加入该协定,成为第七个成员国。2021 年 1 月 1 日,中国与蒙古国相互实施在该协定项下的关税减让安排。根据安排,蒙古国对 366 个税目削减关税,平均降税幅度 24.2%;中国在该协定项下的关税减让安排适用于蒙古国。

第二个:《中华人民共和国与东南亚国家联盟全面经济合作框架协议》。中国—东盟自由贸易区是中国对外商谈的第一个自由贸易区,也是东盟作为整体对外商谈的第一个自由贸易区。2002 年 11 月 4 日,中国和东盟十国领导人共同签署了该协议。该协议于 2003 年 7 月 1 日正式生效,并于 2003 年、2006 年、2012 年和 2015 年修订。此后双方于 2004 年 11 月 29 日、2007 年 1

月 14 日和 2009 年 8 月 15 日分别签署该协议下的《货物贸易协议》《服务贸易协议》和《投资协议》。2010 年 1 月 1 日起,该协议下的《投资协议》正式生效,中国—东盟自由贸易区全面建成。该协议下《货物贸易协议》规定:2010 年 1 月 1 日起,中国与东盟 6 个老成员之间 90% 以上的产品实现零关税;2015 年,中国与东盟 4 个新成员之间的贸易自由化也将达到同样的水平。此外,该协议下《服务贸易协议》和《投资协议》规定:双方的服务部门将进一步开放,投资环境也将大大改善,这些都为双方企业的市场准入提供了极大便利。

第三个:《内地与港澳关于建立更紧密经贸关系的安排》(CEPA)。该安排的全称是《内地与香港关于建立更紧密经贸关系的安排》和《内地与澳门关于建立更紧密经贸关系的安排》。其中,前者及其 6 个附件分别于 2003 年 6 月 29 日、9 月 29 日在香港签署。后者及其 6 个附件于 2003 年 10 月 17 日在澳门签署。两者均于 2004 年 1 月 1 日起开始实施。《内地与港澳关于建立更紧密经贸关系的安排》是中国国家主体与香港、澳门单独关税区之间签署的自由贸易协议,其内容包括货物贸易自由化、服务贸易自由化和贸易投资便利化。《内地与港澳关于建立更紧密经贸关系的安排》是"一国两制"原则的成功实践,也是中国内地第一个全面实施的自由贸易协议。

第四个:《中华人民共和国政府和智利共和国政府自由贸易协定》。2005 年 11 月 18 日,中国和智利两国政府在韩国釜山签署了该协定(主要包括货物贸易)。该协定是中国与拉美国家签署的第一个自由贸易协定,于 2006 年 10 月 1 日开始实施。该协定的实施,不仅极大地促进了双边贸易和投资合作,而且在国际上树立南南合作的新典范。2008 年 4 月 13 日,两国政府签署了《中智自由贸易区服务贸易协定》。2010 年 8 月 1 日起,《中智自由贸易区服务贸易协定》开始实施。

第五个:《中华人民共和国政府和巴基斯坦伊斯兰共和国政府自由贸易协定》。2006 年 11 月 24 日,中国和巴基斯坦两国政府在巴基斯坦伊斯兰堡签署该协定(主要包括货物贸易和投资合作)。2009年2月21日,两国政府在武汉签署了《中巴自由贸易区服务贸易协定》;同年10月10日起,《中巴自由贸易区服务贸易协定》生效实施。

第六个:《中华人民共和国政府和新西兰政府自由贸易协定》。2008年4月7日,中国和新西兰两国政府在中国北京签署该协定。该协定是中国与发达国家达成的第一个自由贸易协定,于2008年10月1日起正式生效。此后,两国货物贸易关税逐步降低,服务贸易市场扩大开放,投资环境更加规范透明,两国双向投资规模不断扩大。

第七个:《中华人民共和国政府和新加坡共和国政府自由贸易协定》。2008年10月23日,中国政府和新加坡政府在中国北京签署该协定。该协定是一份内容全面的自由贸易协定,双方在中国—东盟自由贸易区的基础上,拓展了双边自由贸易关系与经贸合作的深度与广度。2009年1月1日起,该协定正式生效实施。

第八个:《中华人民共和国政府与秘鲁共和国政府自由贸易协定》。2009年4月28日,中国和秘鲁两国政府在中国北京签署了该协定。该协定是中国与拉美国家签署的第一个"一揽子"自贸协定。在货物贸易方面,双方将对各自90%以上的产品分阶段实施零关税。该协定于2010年3月1日起实施。

第九个:《海峡两岸经济合作框架协议》(ECFA)。2010年6月29日,中国大陆海峡两岸关系协会(以下简称海协会)与中国台湾海峡交流基金会(以下简称海基会)负责人在重庆签署了《海峡两岸经济合作框架协议》。《海峡两岸经济合作框架协议》是中国海峡两岸之间的自由贸易协定谈判的初步框架安排,于2010年9月12日正式生效,其货物贸易早期收获于2011年1月1日起正式实施。2012年8月9日,海协会与海基会负责人在台北签署了《海峡两岸投资保护和促进协议》。2013年6月21日,海协会与海基会负责人在上海签署了《海峡两岸服务贸易协议》。至此,为促进两岸贸易和投资自由化作出了重要的制度性安排。

第十个:《中华人民共和国政府和哥斯达黎加共和国政府自由贸易协定》。2010年4月8日,中国和哥斯达黎加两国政府在中国北京签署了该协定。该协定是中国与中美洲国家签署的第一个"一揽子"自由贸易协定,于2011年8月1日起正式生效,也是党的十八大之前签署并实施的最后一个自由贸易协定。

二、新时代理论创新与实践推进

2012年11月以来,随着中国特色社会主义进入新时代,中国自由贸易区建设也随之进入了一个新的发展阶段。无论是理论创新,还是实践推进,均实现了新的突破。

(一)从加快到提升:中国自由贸易区建设的理论创新

2012年11月,党的十八大提出,全面提高开放型经济水平,要"统筹双边、多边、区域次区域开放合作,加快实施自由贸易区战略,推动同周边国家互联互通"。[1] 2013年11月,党的十八届三中全会提出,加快自由贸易区建设,要"以周边为基础加快实施自由贸易区战略""形成面向全球的高标准自由贸易区网络"。[2] 2014年12月,习近平总书记在十八届中央政治局第十九次集体学习时强调,加快实施自由贸易区战略是一项复杂的系统工程,要"逐步构筑起立足周边、辐射'一带一路'、面向全球的自由贸易区网络,积极同'一带一路'沿线国家和地区商建自由贸易区,使我国与沿线国家合作更加紧密、往

---

① 胡锦涛:《坚定不移沿着中国特色社会主义道路前进,为全面建成小康社会而奋斗——在中国共产党第十八次全国代表大会上的报告(2012年11月8日)》,人民出版社2012年版,第24页。

② 《中共中央关于全面深化改革若干重大问题的决定》,人民出版社2013年版,第27页。

来更加便利、利益更加融合"。① 2017 年 10 月,党的十九大提出,推动构建人类命运共同体,要"促进自由贸易区建设,推动建设开放型世界经济"。② 2020 年 10 月,党的十九届五中全会提出,实行高水平对外开放,开拓合作共赢新局面,要"实施自由贸易区提升战略,构建面向全球的高标准自由贸易区网络"。③ 2021 年 11 月,党的十九届六中全会专门提到,在全面深化改革开放上,要"推动贸易和投资自由化便利化,构建面向全球的高标准自由贸易区网络"。④

(二)扩量提质:中国自由贸易区建设的实践创新

党的十八大以来,中国推动双边和多边自由贸易区建设的步伐明显加快。截至 2022 年 7 月,已经签署协议的 19 个自由贸易区中,9 个自由贸易协定为党的十八大以来签署,包括先后与冰岛、瑞士、韩国、澳大利亚、格鲁吉亚、马尔代夫、毛里求斯、柬埔寨 8 个单个国家签署的自由贸易协定,以及 2020 年 11 月 15 日签署的《区域全面经济伙伴关系协定》(RCEP)。与此同时,还先后对中国与东盟、智利、新加坡、新西兰 4 个自由贸易协定进行了升级,并签署中巴自由贸易协定第二阶段议定书(见表 6-1)。12 个正在谈判的自由贸易区中,除中国与海合会自由贸易区,其他 11 个自由贸易协定谈判均为党的十八大以来启动;9 个正在研究的自由贸易区中,除中国—哥伦比亚自由贸易区,其他 8 个自由贸易区的自由贸易协定联合可行性研究均为党的十八大以来启动(见表 6-2)。

---

① 中共中央文献研究室编:《习近平关于社会主义经济建设论述摘编》,中央文献出版社 2017 年版,第 293 页。

② 习近平:《决胜全面建成小康社会 夺取新时代中国特色社会主义伟大胜利:在中国共产党第十九次全国代表大会上的报告(2017 年 10 月 18 日)》,人民出版社 2017 年版,第 60 页。

③ 《中共中央关于制定国民经济和社会发展第十四个五年规划和二〇三五年远景目标的建议》,人民出版社 2020 年版,第 31 页。

④ 《中共中央关于党的百年奋斗重大成就和历史经验的决议》,人民出版社 2021 年版,第 38 页。

表 6-2 中国正在谈判和研究自由贸易区情况(截至 2022 年 7 月)

序号	正在谈判的自由贸易区(12 个)		正在研究的自由贸易区(9 个)	
	启动方	启动日期	启动方	启动日期
1	中国—海合会自由贸易区	2005 年 4 月 23 日	中国—哥伦比亚自由贸易区	2012 年 5 月 9 日
2	中日韩自由贸易区	2012 年 11 月 20 日	中国—斐济自由贸易区	2015 年 11 月 4 日
3	中国—斯里兰卡自由贸易区	2014 年 9 月 16 日	中国—尼泊尔自由贸易区	2016 年 3 月 21 日
4	中国—以色列自由贸易区	2016 年 3 月 29 日	中国—加拿大自由贸易区	2016 年 9 月 22 日
5	中国—挪威自由贸易区[1]	2017 年 8 月 21 日[1]	中国—瑞士自由贸易协定升级	2017 年 1 月 16 日
6	中—韩自由贸易协定第二阶段	2017 年 12 月 14 日	中国—蒙古国自由贸易区	2017 年 5 月 12 日
7	中国—摩尔多瓦自由贸易区	2017 年 12 月 28 日	中国—孟加拉国自由贸易区	2018 年 6 月 29 日
8	中国—巴拿马自由贸易区	2018 年 6 月 12 日	中国—巴新自由贸易区	2020 年 8 月 6 日
9	中国—巴勒斯坦自由贸易区	2018 年 10 月 23 日	中国—乌拉圭自由贸易区	2021 年 9 月 10 日
10	中国—秘鲁自由贸易协定升级	2018 年 11 月 17 日		
11	中国—厄瓜多尔自由贸易区	2022 年 2 月 6 日		
12	中国—尼加拉瓜自由贸易区	2022 年 7 月 12 日		

注:1. 中国—挪威自由贸易区谈判于 2008 年 9 月 18 日正式启动,2010 年 9 月第八轮自由贸易协定谈判之后曾一度中断,2017 年 8 月 21 日重启第九轮自由贸易协定谈判。

资料来源:笔者根据中国商务部自由贸易区服务网资料整理得到。

1. 新签署了 9 个自由贸易协定

中国对外签署的自由贸易协定数量,由 2012 年年底的 10 个增加至 2022 年 6 月末的 19 个。中国与自由贸易区伙伴的贸易额占其全部贸易额的比重,由 2012 年的 17%增长到 2022 年上半年的 35%。以下是党的十八大以来新签署的 9 个自由贸易协定的基本情况和显著特征。

第十一个:《中华人民共和国政府和冰岛政府自由贸易协定》。2013 年 4 月 15 日,该协定在中国北京签署。该协定既是中国在党的十八大召开之后对外签署的第一个自由贸易协定,也是其与欧洲国家签署的第一个自由贸易协定。该协定涵盖货物贸易、服务贸易、投资等诸多领域。中国—冰岛自由贸易区谈判于 2006 年 12 月启动,历经 6 年多、进行 6 轮谈判,于 2013 年 1 月就协定内容达成一致。2014 年 7 月 1 日起,该协定正式生效。

第十二个:《中华人民共和国和瑞士联邦自由贸易协定》。2013 年 7 月 6 日,该协定在中国北京签署。该协定是中国与欧洲大陆国家签署的第一个自由贸易协定,也是当时中国达成的一个高水平、内涵丰富、互利共赢的自由贸易协定。该协定于 2014 年 7 月 1 日正式生效之后,对促进两国经贸合作与发展起到了积极作用。2021 年,中瑞双边贸易额 441.1 亿美元,同比增长96.7%。中瑞双方于 2017 年 1 月 16 日签署谅解备忘录,宣布启动自贸协定升级联合研究,探讨进一步全面升级自贸协定的可能性。

第十三个:《中华人民共和国政府和大韩民国政府自由贸易协定》。2015 年 6 月 1 日,该协定在韩国首尔签署。该协定不仅是中国当时对外签署的覆盖议题范围最广、涉及国别贸易额最大的自由贸易协定,而且也为"逐步构筑起立足周边、辐射'一带一路'、面向全球的自由贸易区网络"起到引领作用。该协定于 2015 年 12 月 20 日正式生效。

第十四个:《中华人民共和国政府和澳大利亚政府自由贸易协定》。该协定签署时间和中韩自由贸易协定非常接近。2015 年 6 月 17 日,该协定在澳大利亚堪培拉签署。该协定是中国与一个比较大的发达国家签署的第一个自贸协定,不仅为两国贸易和投资自由化提供更高的平台和更完善的制度保障,也为亚太地区发展高水平的经贸安排产生示范效应。根据该协定,澳大利亚对中国产品最终实现 100% 零关税;中国对澳方产品实现零关税的占比为97%。该协定生效日期和中韩自由贸易协定一样,都在 2015 年 12 月 20 日。

第十五个:《中华人民共和国政府和格鲁吉亚政府自由贸易协定》。2017年5月13日,该协定在中国北京签署。该协定于2015年12月启动谈判,是共建"一带一路"倡议提出后中国启动并达成的首个自由贸易协定,也是中国与欧亚地区国家商签的第一个自由贸易协定。该协定于2018年1月1日生效并实施,是党的十九大召开之后新实施的第一个自由贸易协定。该协定进一步提升中国与格鲁吉亚双边贸易自由化、便利化水平,对中国推进共建"一带一路"高质量发展和自由贸易区提升战略均具有重要意义。

第十六个:《中华人民共和国政府和马尔代夫共和国政府自由贸易协定》。2017年12月7日,该协定在中国北京签署。该协定是马尔代夫对外签署的首个双边自由贸易协定,涵盖货物贸易、服务贸易、投资、经济技术合作等内容,将为双方贸易投资自由化和便利化提供坚实的制度保障。截至2022年6月,该协定暂未生效。

第十七个:《中华人民共和国政府和毛里求斯共和国政府自由贸易协定》。2019年10月17日,该协定在中国北京签署。该协定是中国与非洲国家签署的第一个自由贸易协定,于2021年1月1日起生效实施。

第十八个:《中华人民共和国政府和柬埔寨王国政府自由贸易协定》。2020年10月12日,中柬两国政府通过视频正式签署该协定。该协定是中国与最不发达国家商签的第一个自由贸易协定,还是第一个将共建"一带一路"倡议合作独立设章的自由贸易协定。该协定于2022年1月1日正式生效实施。根据协定安排,双方货物贸易零关税产品税目比例均将达到90%以上,双方还将加强在服务贸易、投资、共建"一带一路"、电子商务、经济技术等领域合作。

第十九个:《区域全面经济伙伴关系协定》(RCEP)。2020年11月15日,东盟十国与中国、日本、韩国、澳大利亚、新西兰政府共同签署该协定。2022年1月1日,文莱、柬埔寨、老挝、新加坡、泰国、越南6个东盟成员和中国、日本、新西兰、澳大利亚4个非东盟成员正式开始实施协定,该协定正式生效。

同年 2 月 1 日、3 月 18 日起,该协定分别对韩国和马来西亚正式生效。截至 2022 年 6 月,该协定是全球规模最大的自由贸易协定,其总人口、经济体量、贸易总额均占到全球总量的 1/3。该协定也是中国首次通过自由贸易协定与世界前十大经济体建立自由贸易联系,其实施为中国实现更大范围、更宽领域、更深层次对外开放创造广阔空间(陶涛和朱子阳,2021)。

2. 升级了 4 个自由贸易协定

第一个:中国—东盟自由贸易区升级《议定书》。2015 年 11 月 22 日,中国政府与东盟十国政府在马来西亚首都吉隆坡正式签署该升级议定书。该升级议定书是中国完成的第一个自由贸易区升级协议,是对原有系列协定的丰富、完善、补充和提升,于 2016 年 7 月 1 日率先对中国和越南生效、2019 年 10 月 22 日对所有协定成员全面生效。

第二个:《中国—智利自由贸易协定升级议定书》。2017 年 11 月 11 日,中国政府和智利政府在越南岘港正式签署该升级议定书。该升级议定书是党的十九大胜利闭幕后中国签署的第一个自由贸易区升级协定,已于 2019 年 3 月 1 日正式生效实施。该升级议定书是中国与拉美国家签署的第一个自由贸易区升级协定,将进一步提升两国贸易自由化便利化水平。

第三个:《中国—新加坡自由贸易协定升级议定书》。2018 年 11 月 12 日,中国政府和新加坡政府在新加坡正式签署该升级议定书。该议定书对原中新自由贸易协定原产地规则、海关程序与贸易便利化、贸易救济、服务贸易、投资、经济合作 6 个领域进行了升级,并新增了电子商务、竞争政策和环境 3 个领域,已于 2019 年 10 月 16 日生效。根据该升级议定书规定,中新双方于 2020 年 12 月启动升级后续谈判,致力于采用负面清单方式开展服务贸易和投资自由化谈判,全面提升双边贸易投资自由化便利化水平。至 2021 年 12 月 14 日,中国与新加坡已经举行三次自由贸易协定升级后续谈判。

第四个:《中国—新西兰自由贸易协定升级议定书》。2021 年 1 月 26 日,中国和新西兰两国政府通过视频方式正式签署该升级议定书。该升级议定书进一步扩大货物、服务、投资等领域市场开放,进一步提升贸易便利化等规则水平,还新增电子商务、竞争政策、政府采购、环境与贸易4个章节,实现了两国自贸关系在《区域全面经济伙伴关系协定》基础上进一步提质增效,已于2022年4月7日正式生效。

3. 启动了12个新的自由贸易区谈判和9个新的自由贸易区可行性研究

12个正在谈判的自由贸易区中,除中国—海合会自由贸易区之外,其他11个自由贸易协定谈判均为党的十八大以来启动或重启。其中,2012年11月20日,在党的十八大闭幕的第六天,中、日、韩三国经贸部部长在柬埔寨金边宣布启动三国自由贸易区谈判。2018年11月17日,中国和秘鲁启动两国自由贸易协定升级谈判。这是继中国启动与东盟、智利、新加坡、新西兰自由贸易协定升级谈判之后,启动的第五个自贸协定升级谈判。2022年2月6日,中国与厄瓜多尔正式启动自由贸易协定谈判。

9个正在研究的自由贸易区中,除中国与哥伦比亚自由贸易协定联合可行性研究之外,其他8个均为党的十八大以来启动。其中,2015年11月4日,中国和斐济宣布启动两国自由贸易协定联合可行性研究;2017年1月16日,中国和瑞士宣布启动两国自由贸易区升级联合研究;2021年9月10日,中国和乌拉圭宣布启动两国自由贸易协定联合可行性研究。

4. 自由贸易区建设质量得到较大提升,国际市场布局更加合理

一是在货物贸易领域,关税水平更低、通关效率更高。2012年以来,中国对外新签署的9个自由贸易协定大部分商定的关税为零的商品比例达到了90%以上。通关效率方面,2017—2022年,中国货物进出口环节监管证件由86个减少到41个;整体通关时间压缩了一半以上,其中,进口通关时间从4天左右减少至不到1天半;出口通关时间从12个小时左右减少至不到1.2个小时。

二是在服务贸易和投资领域,市场准入更宽、开放力度更大。在服务贸易领域,与加入世界贸易组织时承诺的100个部门相比,在2022年1月1日正式生效的《区域全面经济伙伴关系协定》中又增加了 22 个部门的开放承诺。在投资领域,中国采用负面清单的方式,在制造业、农业、采矿业等方面作出了更高水平的开放承诺。

三是市场多元化取得积极成效,国际市场布局更加合理。2012 年以来,中国积极拓展东盟、非洲、拉丁美洲等新兴市场,贸易伙伴不断增多,市场布局日益优化。据中国海关数据显示,中国与东盟、非洲、拉丁美洲等新兴市场贸易伙伴进出口占其外贸总值的比重,由 2012 年的 22.2% 提升到 2021 年的 26.2%。其中,2020—2022 年东盟连续三年成为中国最大的贸易伙伴。2013 年以来,中国与"一带一路"沿线国家和地区贸易规模稳步提升。据中国海关数据显示,2013—2021 年,中国与"一带一路"沿线国家和地区进出口总值从 6.46 万亿元增长至 11.6 万亿元,年均增长 7.5%,占其外贸总值的比重相应从 25.0% 提高至 29.7%,2022 年上半年进一步提高至 31.9%。

第二节　高标准自由贸易区构建
助推出口市场多元化

贸易自由化是异质性企业贸易理论的两个核心概念之一,贸易自由化的企业"自选择效应",不仅可通过要素资源重置促进行业总体生产率的提升,而且可通过增加贸易伙伴和降低贸易成本促进出口市场多元化,而高标准自由贸易区的构建又可促进贸易投资自由化便利化。因此,高标准自由贸易区网络的构建可助推中国出口新兴市场拓展与市场多元化。

高标准自由贸易区的自由化和便利化要求更高、涵盖领域更广,不仅涉及商品和要素流动型开放,还涉及规则等制度型开放(崔凡,2022)。因此,高标准自由贸易区的构建将大幅促进中国贸易投资自由化便利化,进而助推中国出口新兴市场拓展和市场多元化新发展。下面以《区域全面经济伙伴关系协定》为例分析这一问题。

《区域全面经济伙伴关系协定》由 20 个章节和 4 个市场准入承诺附件构成,涵盖货物、服务、投资等全面的市场准入承诺,是一份全面、现代、高质量、互惠的自贸协定,体现出全面性、先进性、包容性、开放性等特征(沈铭辉和郭明英,2021)。一是在货物贸易方面,该协议不仅规定 90%的商品最终实现零关税,大幅降低区域内贸易成本和商品价格,而且推动新技术基础上的通关便利化。二是在服务贸易方面,该协议开放承诺涵盖了大多数服务部门,显著高于原有的"10+1"自贸协定水平,比世界贸易组织明显进步。例如,中国在加入世界贸易组织时承诺开放约 100 个服务部门,该协议新增了研发、管理咨询、空运等 22 个部门,并放宽了金融、法律、建筑、海运等 37 个部门的外资所有权限制。三是在投资方面,15 个成员方均采用负面清单对制造业、农林渔业、采矿业等领域投资作出较高水平开放承诺,还制定了统一的原产地规则和原产地区域累积原则,大大降低了原产地认证标准,极大地促进区域内贸易合作。此外,各方还就中小企业、经济技术合作等作出规定,纳入了较高水平的贸易便利化、知识产权、电子商务、竞争政策、政府采购等现代化议题,适应知识经济、数字经济发展的需要(钟山,2020)。

从以上理论分析可见,《区域全面经济伙伴关系协定》的实施将大幅促进中国与区域内其他 14 国之间的贸易投资自由化便利化,进而助推中国外贸企业国际市场开拓和出口市场多元化。

实际上,《区域全面经济伙伴关系协定》实施半年的实际效果也充分支持了上述结论。如,甘肃宇盛农产品开发有限公司销售经理胡春静告诉我们:"《区域全面经济伙伴关系协定》生效对我们公司带来的最大好处就是进口国关税降低了,出口机遇增多了。今年上半年,我们出口到东盟国家的农产品凭借海关签发的《区域全面经济伙伴关系协定》原产地证书,享受到了 100 多万元的进口国关税优惠,这对于我们与国外客户进行价格谈判、签订贸易合同非常有利,也增强了我们开拓《区域全面经济伙伴关系协定》国家市场的信心"(访谈时间,2022 年 7 月 9 日)。又如,肇庆市振业水产冷冻有限公司总经理韩金良告诉我们:"在海关帮助下,公司的预制菜产品顺利坐上《区域全面经济伙伴关系协定》'快车',凭借《区域全面经济伙伴关系协定》原产地证书这一'纸黄金',我们对预制菜产品拓展海外市场充满信心"(访谈时间,2022年7月9日)。而据中国海关统计数据,2022年1—6月,中国出口企业申领《区域全面经济伙伴关系协定》原产地证书和开具原产地声明26.6万份、货值979亿元,可享受进口国关税减让7.1亿元。

第三节　高标准自由贸易区网络空间布局存在的问题

党的十七大将自由贸易区建设上升为国家战略以后,尤其是党的十八大提出加快实施自由贸易区战略以来,中国自由贸易区建设取得重大进展。尽管如此,进入新发展阶段,对比全球自由贸易协定签署数量快速增长、议题范围持续扩展、规则深度不断提升、网络化加快构建等新趋势,中国自由贸易协定签署尚存在数量偏少、条款深度有待提升、伙伴覆盖面有待拓宽等差距(岳文和韩剑,2021)。"十四五"时期乃至到2035年,"构建面向全球的高标准自由贸易区网络"仍然任重道远。就贸易伙伴的空间分布方面,尚存在以下三方面明显短板与不足:

一、周边自由贸易区数量太少

加快构建周边自由贸易区,是中国进一步优化自由贸易区建设布局的首要任务。经典的贸易引力模型理论认为,两国双边贸易规模与其经济总量成正比,与其地理距离和文化差异成反比(Tinbergen,1962;Lawless和Whelan,2014)。因此,两个或多个国家之间地理距离越近、文化差异越小,越容易商建自由贸易区。实际上,全球经济规模最大的三个自由贸易区,欧盟(EU)、北美自由贸易区(NAFTA)、中国—东盟自由贸易区(CAFTA),都是在接壤或距离较近的国家和地区之间建立的自由贸易区。为此,党的十八届三中全会提出,加快自由贸易区建设,要"以周边为基础加快实施自由贸易区战略"。①2015 年 12 月,国务院《关于加快实施自由贸易区战略的若干意见》提出,进一步优化自由贸易区建设布局,要"加快构建周边自由贸易区。力争与所有毗邻国家和地区建立自由贸易区,不断深化经贸关系,构建合作共赢的周边大市场"。②

党的十八大以来,尽管中国自由贸易区建设取得重大进展,但与周边国家和地区的自由贸易区建设数量明显不足。中国陆地边界长达 2.28 万公里,与中国陆地领土接壤的邻国有 14 个:东邻朝鲜,东北邻俄罗斯,西北邻哈萨克斯坦、吉尔吉斯斯坦、塔吉克斯坦,北邻蒙古,西和西南与阿富汗、巴基斯坦、印度、尼泊尔、不丹等国家接壤,南与缅甸、老挝、越南相连。据商务部数据显示,截至 2022 年 6 月,在与中国陆地领土接壤的 14 个邻国中,签署的双边自由贸易区只有 1 个,即中国—巴基斯坦自由贸易区;多边自由贸易区也只有两个,中国—东盟自由贸易区和区域全面经济伙伴关系协定(见表 6-1)。不仅如此,甚至正在谈判和研究的自由贸易区中,也只有两个尚处于自由贸易协定联合可行性研究阶段的自由贸易区,即中国—尼泊尔自由贸易区和中国—蒙古国自由贸易区(见表 6-2)。

二、"一带一路"沿线自由贸易区数量偏少

积极推进"一带一路"沿线自由贸易区,是中国进一步优化自由贸易区建设布局的重要任务。2015 年 12 月,国务院《关于加快实施自由贸易区战略的若干意见》提出,进一步优化自由贸易区建设布局,要"积极同'一带一路'沿线国家商建自由贸易区,形成'一带一路'大市场,将'一带一路'打造成畅通

---

①　《中共中央关于全面深化改革若干重大问题的决定》,人民出版社 2013 年版,第 27 页。
②　《国务院关于加快实施自由贸易区战略的若干意见》,人民出版社 2015 年版,第 4 页。

之路、商贸之路、开放之路"。① 国务院 2021 年 11 月批复同意的《"十四五"对外贸易高质量发展规划》提出,实施自由贸易区提升战略,要优化自由贸易区布局,务实推动与共建"一带一路"国家自由贸易谈判。

2013 年 9 月共建"一带一路"以来,尤其是 2018 年 8 月共建"一带一路"转向高质量发展以来,中国与"一带一路"沿线自由贸易区建设取得较大成效。但与"一带一路"广泛的朋友圈相比,与沿线国家商签的自由贸易区数量明显偏少。据商务部数据显示,截至 2022 年 6 月底,中国已经同 149 个国家、32 个国际组织签署 200 多份共建"一带一路"合作文件,但只与 13 个沿线国家签署 7 个自由贸易协定(见表 6-1)。

三、"核心节点"自由贸易区有待拓展

2008 年国际金融危机以来,全球自由贸易区日益呈现网络化发展新态势。在全球自由贸易区网络中,以美国、欧盟、日本等为主的少数发达国家和地区占据着网络中的"核心节点"位置,成为"轮轴—辐条"结构中的轮轴国(岳文和韩剑,2021)。与这些占据"核心节点"位置的国家和地区签署自由贸易协定,有利于接触到更丰富的全球市场资源,进而拓展国际市场和推进出口市场多元化。

从中国所签署的 19 个自由贸易协定的 26 个伙伴看,主要还是发展中国家及亚太国家(地区)。中国与发达国家特别是与在全球自由贸易区网络中占据"核心节点"位置的经济体签署的自由贸易协定非常少。据商务部数据显示,截至 2022 年 6 月,与中国签署自由贸易协定的 26 个贸易伙伴主要还是亚太地区的发展中经济体,尽管也与瑞士、澳大利亚、新西兰等部分发达经济体建立了自由贸易区,虽然 2020 年签署的《区域全面经济伙伴关系协定》使中国与日本首次建立了自由贸易区关系,但与在全球自由贸易区网络中占据

---

① 《国务院关于加快实施自由贸易区战略的若干意见》,人民出版社 2015 年版,第 4 页。

"核心节点"位置的美国和欧盟等发达经济体签署的自由贸易协定几乎没有（见表6-1）。甚至正在谈判和研究的自由贸易区中也没有涉及这些经济体（见表6-2）。

第四节　双边高标准自由贸易区构建的制约因素

如前所述，"十四五"时期甚至到2035年，"构建面向全球的高标准自由贸易区网络"仍然任重道远，其中，周边自由贸易区数量太少是最大的短板，加快构建周边自由贸易区，是中国进一步优化自由贸易区建设布局的首要任务。那么，为何出现这一局面呢？本书以中国与俄罗斯双边自由贸易区为例，分析其原因。

之所以选择俄罗斯，是因为俄罗斯不仅与中国领土接壤，而且中俄边界线长度在中国14个邻国边界线长度中位居第二，仅次于中蒙边界线长度。不仅如此，俄罗斯还是"一带一路"沿线重点国家。因此，从地理位置看，中国—俄罗斯自由贸易区的构建，对中国加快构建立足周边、辐射"一带一路"、面向全球的高标准自由贸易区网络，进而推进出口新兴市场拓展和出口市场多元化新发展，具有典型的代表意义。

对于中俄自由贸易区的构建，学术界早在2007年就已经开始初步讨论。赵传君（2007）最早提出建立中俄自由贸易区的构想，并对其必要性、可行性及主要障碍进行了初步分析。陈淑华（2008）在分析建立中俄自由贸易区的政治、经济与地理等方面的现实基础上，重点分析了其经济效应、政治效应和安全效应。栾贵勤和徐子晗（2009）在对建立中俄自由贸易区的可行性与作用分析基础上，初步探讨了其推动策略。赵传君（2010）对中俄自由贸易区的经济效应、战略效应和区域安全效应，以及其模式选择、机制设计与推进策略等问题进行了进一步分析。项义军和赵阳阳（2016）首次采用定量分析方法，对构建中俄自由贸易区的贸易效应进行了研究。荣红霞和付林(2016)初步探讨了中俄边境自由贸易区建设金融政策支持的实现路径。

中俄自由贸易区的构建,尽管已被学术界研讨多年,但一直未被两国政府提上议程,主要原因是受到经济、文化、历史与边界等诸多因素的制约。就经济因素而言,从异质性企业贸易理论视角看,主要受两国经济规模差异过大、企业创新能力偏弱、双边贸易层次较低、基础设施及其互联互通建设较差四大因素制约。

一、经济规模差异过大

根据国际经济学理论,双边投资协定和自由贸易区协定最容易在经济规模和发展水平相近、地理相邻的经济体之间实现(王跃生,2018)。如,巴西—智利自由贸易区,从2018年4月27日启动自由贸易协定谈判,到2018年11月21日签署自由贸易协定,仅用了不到7个月。如果双方经济规模差异过大,往往会让处于较弱的一方有所顾虑(张国凤,2016)。俄罗斯与中国的经济规模差距过大而且日益扩大,是制约俄罗斯参与中俄自由贸易区构建的首要因素。

从经济规模和市场规模等方面静态比较看,俄罗斯与中国的差距不小。世界银行数据显示,2021年,中国的GDP为17.73万亿美元,是俄罗斯的10.0倍;中国的年中人口为14.13亿人,是俄罗斯的9.7倍;中国的人口密度为149.9人每平方千米,是俄罗斯的17.0倍(见表6-3)。

表6-3　中国、俄罗斯经济规模和市场规模比较
(单位:GDP,万亿美元;人口,亿人;人口密度,人/平方公里;增长率,%)

国家	2021年GDP、人口、人口密度						2019—2024年GDP增长			
	GDP	中俄之比	年中人口	中俄之比	人口密度	中俄之比	2019—2021年	中俄之差	2022—2024年(预测)	中俄之差
中国	17.73	10.0	14.13	9.7	149.9	17.0	5.4	6.8	4.9	7.8
俄罗斯	1.78		1.46		8.8		1.4		-2.9	

资料来源:笔者根据世界银行数据库数据和世界银行(2022)数据整理和推算得到。

不仅如此,从未来三年经济增长速度动态比较看,俄罗斯与中国经济规模的差距呈不断扩大趋势。据世界银行数据,2022—2024 年,预计中、俄两国GDP 年均增长率分别为4.9%、-2.9%,两者差距由 2019—2021 年的6.8 个百分点扩大至7.8 个百分点(见表6-3)。因此,俄罗斯难免会对两国自由贸易区的构建产生抵触和排斥倾向。尤其考虑到,作为苏联的唯一继承国,1988—1992 年,俄罗斯的经济总量曾一度超过中国;即使现在,俄罗斯也是当今世界的核大国、能源大国和重工业大国。因此,随着与中国经济规模的差距日益扩大,俄罗斯对两国自由贸易区的构建持消极态度就更不难理解了。

二、企业创新能力偏弱

根据异质性企业贸易理论,企业生产率是决定企业生产和贸易模式的关键因素,企业根据其生产率由低至高依次作出退出市场、仅在国内销售、同时在国内销售和出口到国外市场等"啄序"企业决策(Melitz,2003;Helpman,2014)。而企业生产率水平的高低,则本质上取决于其创新能力的强弱。因此,一国是否以及如何参与国际经济贸易活动,主要取决于该国企业创新能力的强弱,其企业的创新能力越强,越有利于促进其与其他国家和地区商建双边或多边自由贸易区。中、俄两国及其企业创新能力偏弱,是制约中俄自由贸易区构建的重要因素。

党的十八大以来,中国政府把科技创新摆在国家发展全局的核心位置,深入实施创新驱动战略,科技创新成为推动中国经济高质量发展的新引擎(王志刚,2019)。一方面,国家研发投入保持较快增长,全球创新指数排名持续提升。据中国科技部统计数据显示,中国研发投入强度(全社会研发支出占GDP 的比重),从 2012 年的 1.91%持续提高至 2021 年的 2.44%,接近经济合作与发展组织国家平均水平。世界知识产权组织(World Intellectual Property Organization,WIPO)报告显示,中国创新指数在全球的排名,从 2012 年的第34 位提升到 2021 年的第 12 位。另一方面,鼓励科技型中小企业加大研发投入,企业创新主体地位进一步巩固。据中国科技部统计数据显示,中国企业研发费用加计扣除比例,从 2012 年的 50% 提升到 2022 年科技型中小企业的 100%;2021 年,中国企业研发投入经费占全社会研发投入经费比例达到 76%。

尽管如此,中国的创新能力同国际先进水平相比仍然差距较大。较之中国,俄罗斯企业创新能力整体更弱。世界知识产权组织报告显示,2021 年,中国企业创新能力的总体竞争力水平,在全球被评估的 132 个经济体中排名第 12 位,其中,政策环境、基础设施、人力资本与研究 3 项二级指标分别排名第 61 位、第 24 位和第 21 位;俄罗斯企业创新能力的总体竞争力在全球 132 个经济体中排名第 45 位,其中,政策环境、基础设施、市场成熟度、创意产出等 4 项二级指标分别排名第 67 位、第 63 位、第 61 位和第 56 位(见表 6-4)。

表 6-4 2021 年中国和俄罗斯创新能力竞争力全球排名比较

经济体	总体排名	政策环境	人力资本与研究	基础设施	市场成熟度	商业成熟度	知识与技术产出	创意产出
中国	12	61	21	24	16	13	4	14
俄罗斯	45	67	29	63	61	44	48	56

注:被比较的经济体共 132 个。
资料来源:笔者根据世界知识产权组织(2021)资料整理得到。

三、双边贸易层次较低

经典的新贸易理论认为,从产业间贸易走向产业内贸易,是国际贸易层次由低到高不断发展的历史演进过程,以产业内贸易为主的国家之间更容易商建双边和多边自由贸易区(盛斌和王岚,2009)。现实世界中,大多成功的自由贸易区,都是以产业内贸易为主。如,中国与周边国家已经建立的双边自由贸易区中,中国—新加坡自由贸易区和中国—韩国自由贸易区都以产业内贸易为主。以中韩贸易为例。据中国海关统计数据显示,2022 年 1—5 月,机电产品产业内贸易占中、韩两国进出口总额的 55.8%。其中,机电产品出口占中国对韩国出口总值的 43.3%,机电产品进口占中国自韩国进口总值的 65.3%。中、俄双边贸易层次较低,是制约中国与俄罗斯自由贸易区构建的另一重要因素。

党的十八大以来,中、俄两国经贸关系不断取得新进展。据中国海关统计数据显示,2022 年 1—5 月,俄、中双边货物贸易额为 4198 亿元,同比增长 26.5%。其中,中国对俄罗斯出口 1567.0 亿元,同比增长 5.2%;自俄罗斯进口 2631.0 亿元,同比增长 43.9%。中国连续 13 年保持俄罗斯第一贸易伙伴国地位。尽管如此,中、俄两国之间贸易层次较低问题仍然比较突出。2022 年,中国对俄罗斯出口仍以机电产品为主,自俄罗斯进口则仍以矿产品为主,双边贸易尚处于以产业间贸易为主阶段。据中国海关统计数据显示,2022 年 1—5 月,中国对俄罗斯出口排名前五位的商品依次为机电产品、车辆航空船舶及运输设备、化工及相关工业产品、贱金属及制品、纺织原料及制品,五类商品出口额合计占中国对俄罗斯出口总值的比重达 74.7%,其中机电产品比重高达 42.4%;中国自俄罗斯进口排名前五位的商品为矿产品、贱金属及制品、木及制品、活动物和动物产品、化工及相关工业产品,五类商品进口额合计占中国自俄罗斯进口总值的比重更是高达 93.6%,其中矿产品比重高达 78.8% (见表 6-5)。

表 6-5　2022 年 1—5 月中俄贸易商品结构(类)

(单位:金额,亿元;占比,%)

序号	中国对俄罗斯出口			中国自俄罗斯进口		
	商品类别	金额	占比	商品类别	金额	占比
	总值	**1567.0**	**100**	总值	**2631.0**	**100**
1	机电产品	663.8	42.4	矿产品	2072.5	78.8
2	车辆、航空器、船舶及运输设备	140.2	8.9	贱金属及制品	171.6	6.5

续表

序号	中国对俄罗斯出口			中国自俄罗斯进口		
	商品类别	金额	占比	商品类别	金额	占比
	总值	**1567.0**	**100**	总值	**2631.0**	**100**
3	化工及其相关工业产品	132.3	8.4	木及制品	89.5	3.4
4	贱金属及制品	123.6	7.9	活动物和动物产品	71.5	2.7
5	纺织原料及纺织制品	110.3	7.0	化工及其相关工业产品	58.2	2.2
前五合计		1170.1	74.7		2463.3	93.6

资料来源:笔者根据中国海关统计数据推算得到。

四、基础设施及其互联互通建设较差

交通运输、能源供应等基础设施是一国经济和贸易发展的基本保障,基础设施及其互联互通建设是促进区域内双边和多边贸易与投资合作、产品运输和自由贸易区建设的硬性基础(董志勇和杨丽花,2017)。中国和俄罗斯两国交通运输、能源供应和国际通信等基础设施及其互联互通建设较差,是制约中俄自由贸易区构建的又一重要因素。

俄罗斯横跨欧亚大陆,其公路、铁路和航空、水运等基础设施建设虽然有一定基础,但多为在苏联时期建造,较为陈旧、质量较差,尤其是公路,近30%的公路质量不符合养护标准。中国基础设施条件尽管比俄罗斯稍好一点,但与其全球第二大经济体的国际地位也不太相配。世界经济论坛《2019年全球竞争力报告》显示,2019年,俄罗斯的基础设施竞争力总体水平,在全球被评估的141个经济体中排名第50位,其中公路质量、铁路密度、电力供应质量、供水可靠性和航运服务效率等方面的竞争力尤其偏弱,分别排名第99位、69位、61位、53位和52位;中国的基础设施竞争力总体水平排名第36位,其中饮水安全、供水可靠性、航运服务效率、铁路密度、海港服务效率等竞争力分别排名第74位、68位、66位、61位和52位(见表6-6)。

表 6-6　2019 年中国和俄罗斯基础设施竞争力排名情况

经济体	总体	公路		铁路		航空		水运		电力		饮水	
		公路连通	公路质量	铁路密度	铁路服务	空运连通	航运服务	海运连通	海港服务	电气化率	供电质量	饮水安全	供水可靠
中国	36	10	45	61	24	2	66	1	52	2	18	74	68
俄罗斯	50	41	99	69	17	18	52	43	47	2	61	50	53

注:1. 被评估的经济体共 141 个。
　　2. 自 2020 年起,鉴于各国政府采取不同寻常的措施应对新冠肺炎疫情,世界经济论坛暂停发布
"全球竞争力指数"排名,故使用 2019 年数据。
资料来源:笔者根据世界经济论坛(World Economic Forum,2019)资料整理得到。

不仅如此,中俄两国基础设施互联互通情况更差,尤其是铁路和公路互联互通方面。铁路方面,铁路轨道距离标准不一而导致的物流不便问题,是中国与俄罗斯之间铁路互联互通面临的主要难题。俄罗斯铁路以轨距 1520 毫米宽轨线路为主,而中国铁路则以轨距 1435 毫米标轨线路为主,这导致两者在车厢换装过程中既徒增了不必要的运输成本,也降低了运输效率。公路方面,俄罗斯的公路主要位于欧洲境内,绝大部分与芬兰、乌克兰、白俄罗斯等欧洲国家公路相连,仅有少数几条与中国相连。

第五节　加快构建高标准自由贸易区网络的推进路径

上一节,我们以中国与俄罗斯双边自由贸易区为例,从异质性企业贸易理论视角,分析了中国与周边和"一带一路"沿线国家双边自贸区建设进展较慢的经济原因,即主要受经济规模差异过大、企业创新能力偏弱、双边贸易层次较低、基础设施及其互联互通较差等因素制约。那么,应如何突破这些经济制约因素,推进中国加快构建面向全球的高标准自由贸易区网络呢? 我们认为,其关键在于坚持共商共建共享理念,推进"互利共赢"全方位合作、扩大科技

创新合作深度和广度、发挥顺向投资产业结构升级效应、深化金融合作与创新,进而促进双方经济共同繁荣、打造创新共同体、促进产业结构共同升级、加快基础设施及其互联互通建设。

一、推进"互利共赢"全方位合作,促进经济共同繁荣

俄、中两国经济规模差异过大而且日益扩大,是制约俄罗斯参与中俄自由贸易区构建积极性的首要因素。这同样也适用周边和"一带一路"沿线国家。因此,如何促进经济共同繁荣,是推动中国与周边和"一带一路"沿线国家自由贸易区构建的首要路径。

党的十八大以来,中国全方位加强和改善与周边和"一带一路"沿线国家关系,不断开创共赢共享新局面。仍以中、俄两国为例,自 2019 年 6 月两国关系提升为"中俄新时代全面战略协作伙伴关系"以来,中国与俄罗斯持续深化各领域战略协作,双方新时代全面战略协作伙伴关系不断走深走实。这既为中国与周边和"一带一路"沿线国家双边经贸和投资互利合作的拓展创造了前所未有的条件,也为破解双边自由贸易区构建的经济制约因素带来了战略机遇。

为此,中国可从政府和企业两个层面坚持共享发展理念,以增进周边和"一带一路"沿线国家对中国的战略信任。就政府层面而言,一是坚持和谐包容,充分尊重周边和"一带一路"沿线国家发展道路和模式的选择,进行经济援助过程中,不附加任何条件,不从中获取任何特权,而是释放大国经济溢出效应,采取以不同于西方新殖民主义的方式扶持和拉动周边和"一带一路"沿线国家的经济发展;二是拓展人文交流合作,加大国家元首定期会晤和高层交流互访的同时,通过学者互相访学、留学生相互培养等形式扩大民间人文往来和交流,促进中国与周边和"一带一路"沿线国家发展战略对接。就企业层面而言,一是坚持市场化运营,遵循市场规律和国际通行规则,坚持等价交换、公平竞争,促进周边和"一带一路"沿线国家市场经济发展;二是坚持低碳绿色

化建设和运营管理,在产能与投资合作项目建设中创新和开发低碳技术和绿色技术,避免造成周边和"一带一路"沿线国家环境污染;三是坚持本土化建设与管理,尽可能多雇佣周边和"一带一路"沿线国家的员工参与企业发展,多为其创造新的就业机会,促进其经济发展与社会进步。

二、扩大科技创新合作深度和广度,打造创新共同体

创新发展,既是引领中国经济发展的第一动力,也是促进中国与周边和"一带一路"沿线国家双边自由贸易区构建的重要路径。当今世界正经历百年未有之大变局,新一轮科技革命带来的激烈竞争前所未有。加强国际合作,是世界各国发展科技创新的普遍做法。中国与周边和"一带一路"沿线国家唯有扩大科技创新合作深度和广度,加强创新成果共享,打造双方创新共同体,才能加快提升双方企业创新能力,进而推动双边自由贸易区的构建。

实施共建"一带一路"科技创新行动计划,是推动共建"一带一路"高质量发展的重要路径。自 2017 年 5 月共建"一带一路"科技创新行动计划启动以来,中国与沿线国家和地区在科技人文交流、共建联合实验室、科技园区合作、技术转移等 4 方面合作取得了积极进展。截至 2021 年 12 月,中国已和沿线 84 个国家和地区建立了科技合作关系。这为中国与周边和"一带一路"沿线国家和地区打造创新共同体创造了有利条件。

为此,中国政府相关部门应顺势而为,扩大与周边和"一带一路"沿线国家科技创新合作的深度和广度,打造双方创新共同体。一方面,扩大双方科技创新合作的深度。一是在共建创新生态系统中加强战略协作,推进双方联合科技创新基金建设。通过共建科技产业园区、联合实验室等政府科技创新合作平台,乃至共建国际技术转移中心、联合研发中心等企业技术创新合作平台,助力双方科技及产业界联合开展重点研发项目合作、科技成果产业化等活动,推动双方科技创新合作向更高层次不断发展。二是创新双方科技创新人才交流与培养合作机制。可考虑设立一个中国与周边和"一带一路"沿线科

技人才交流和培养合作基金,资助双方企业科技领军人才和优秀技工互相学习与交流。另一方面,拓展中国与周边和"一带一路"沿线国家科技创新合作的广度。一是加强信息通信技术、数字经济、5G 技术和人工智能等新一代前沿技术领域的合作,拓展双方在月球和深空探测、运载火箭、遥感技术等航空航天领域的合作。二是共同加强知识产权保护,营造有利于激励双方企业创新创业的良好氛围与环境。

三、发挥顺向投资产业升级效应,促进产业结构共同升级

中国与周边和"一带一路"沿线国家贸易层次较低、结构单一的直接原因,主要在于周边和"一带一路"沿线国家自身对外贸易层次较低、结构单一。实际上,中国与周边和"一带一路"沿线国家贸易结构与其对外贸易结构大体相似。仍以俄罗斯为例。俄罗斯出口商品主要集中在矿产品,进口商品则集中于机电产品、化工产品和运输设备三大类商品。如,2022 年 1—5 月,矿产品占俄罗斯出口总额的比重高达 64.4%,机电产品、化工产品和运输设备等三大类商品合计占俄罗斯进口总额的比重为 54.4%。对外贸易结构与产业结构是"镜像"与"原像"的关系(袁欣,2010)。中国周边和"一带一路"沿线国家对外贸易结构单一的深层原因,在于其产业结构单一、以资源能源产业为主。因此,如何促进中国与周边和"一带一路"沿线国家产业结构共同升级,从深层次破解中国与周边和"一带一路"沿线国家贸易结构单一问题,是推进中国与周边和"一带一路"沿线国家自贸区建设的另一重要路径。

既有研究表明:顺向对外投资可通过新兴产业促长效应、价值链升级效应、后向关联效应等路径促进母国和东道国产业结构共同升级(马相东,2017)。为此,可从以下三方面促进中国与周边和"一带一路"沿线国家产业结构共同升级:一是发挥中国的产业园区发展经验优势,通过合作建设跨境经济合作区等各类产业园区,促进双方在人工智能、生物制药、新能源、新材料等新兴产业领域的深入合作,实现双方新兴产业发展与产业结构共同升级;二是

发挥中国企业对外顺向投资的价值链升级效应,推动上下游产业链和关联产业协同发展,实现双方价值链共同升级;三是发挥中国企业的技术比较优势,促进双方在节能技术和标准信息等方面交流与合作,在助推周边和"一带一路"沿线国家上游资源能源产业的升级的同时推动中国资源能源产业后向关联升级。

四、深化金融合作与创新,加快设施联通建设

大型基础设施建设一般都投入资金大、回收周期长,改善中国与周边和"一带一路"沿线国家基础设施及其互联互通需要投入大量资金,现有资金远远不能满足建设需求,资金短缺是中国与周边和"一带一路"沿线国家基础设施及其互联互通建设面临的最大困难。因此,如何解决资金短缺,加快中国与周边和"一带一路"沿线国家基础设施及其互联互通建设,是推进中国与周边和"一带一路"沿线国家自由贸易区构建的又一重要路径。

资金融通是"一带一路"建设的五大合作重点之一。共建"一带一路"倡议被提出九年多来,在中国政府的主导下,2014 年 12 月、2015 年 7 月、2016 年1 月先后成立了丝路基金、新开发银行、亚洲基础设施投资银行三大国际金融机构。这三大金融机构既为"一带一路"建设的资金融通提供了强力支撑,也为中国与周边和"一带一路"沿线国家基础设施及其互联互通建设提供了重要融资途径。

未来的关键,是要创新融资模式和金融服务方式,助推中国与周边和"一带一路"沿线国家运输交通、能源供应、国际通信等基础设施及其互联互通建设。一方面,创新融资模式,发展多方共赢的政府和社会资本合作(PPP)模式吸引更多社会资本参与两国基础设施及互联互通建设。实践表明,PPP 模式在基础设施和资源能源开发等资金密集型项目融资中非常成功(杨丽花、周丽萍和翁东玲,2016)。如,2018 年 1 月,美国特朗普政府发布的未来 10 年1.5 万亿美元的基础设施建设方案中,联邦政府仅出资 2000 亿美元,其余部

分也是通过 PPP 模式吸引地方政府和私营部门资金。中国政府与周边和"一带一路"沿线国家政府,也可以应用和推广这一模式吸引和促进社会资本参与其基础设施及其互联互通建设。另一方面,创新金融机构金融服务方式,为中国与周边和"一带一路"沿线国家基础设施及其互联互通建设提供优质高效的金融服务。要加强对上述三大国际金融机构及中资金融机构的引导,促进其通过开展境外贸易和直接投资人民币结算、发行债券或进行收益和资产证券化等方式,创新金融服务方式和提升金融服务能力,推进基础设施建设等重大项目落地。国家开发银行、中国银行、中国建设银行、中国工商银行等中资金融机构要在周边和"一带一路"沿线国家优化布局的同时,通过开展境外贸易和直接投资人民币结算等方式创新金融服务方式和提升金融服务能力。

第七章　开放发展、经济安全与中国贸易强国建设推进

进一步推动出口市场多元化,最终目的是推进外贸高质量发展和贸易强国建设,而开放发展、保稳提质和经济安全,则是"十四五"时期乃至到2035年中国推进出口市场多元化、外贸高质量发展和贸易强国建设的关键。

本章围绕开放发展、保稳提质和经济安全主题,运用异质性企业贸易理论,对中国推进出口市场多元化、外贸高质量发展和贸易强国建设需要重点关注的五个现实问题进行学术思考,以期为相关学术研究和实践工作提供启示和参考。

第一节　抵御"逆全球化",数字经济展现韧性

在2021年地方"两会"上,数字经济成为热词,多地政府吹响数字经济号角。北京提出建设全球数字经济标杆城市,上海提出加快打造具有世界影响力的国际数字之都,广东提出把粤港澳大湾区打造成为全球数字经济发展高地,浙江提出实施数字经济"一号工程"2.0版,贵州提出深挖大数据"钻石矿"……

2021年以来,数字经济持续升温。2021年10月,习近平总书记在主持十

九届中央政治局第三十四次集体学习时强调,发展数字经济意义重大,面向未来,要"不断做强做优做大我国数字经济"。① 同年 12 月,国务院印发《"十四五"数字经济发展规划》,从优化升级数字基础设施、充分发挥数据要素作用、大力推进产业数字化转型等八方面进行重点部署。2022 年 3 月,国务院政府工作报告提出,深入实施创新驱动发展战略,要"促进数字经济发展"。②

数字经济为何变得如此火热? 这主要得益于其强大的发展韧性和抗冲击能力。党的十八大以来,以习近平同志为核心的党中央高度重视发展数字经济,深入实施网络强国战略和国家大数据战略,将发展数字经济上升为国家战略,数字经济发展取得显著成效。据工业和信息化部数据显示,从 2012 年至 2021 年,中国数字经济规模从 11.0 万亿元增长到 45.5 万亿元,年复合增长率高达 17.1%,数字经济占国内生产总值比重由 21.6% 提升至 39.8%。尤其是 2020 年以来,新冠肺炎疫情加速了数字经济的蓬勃发展。5G、人工智能、物联网等新技术得到广泛应用,电子商务、视频会议、网上购物、在线教育、共享平台、协同办公、远程医疗等"非接触经济"加速发展。数字经济成为促进企业复工复产的"生力军"和对冲经济下行压力的"稳定器"。据工业和信息化部数据显示,2020 年,中国数字经济规模达 39.2 万亿元,占 GDP 比重为 38.6%,比上年提高 3.0 个百分点;2021 年,中国数字经济规模实现 45.5 万亿元,占 GDP 比重达到 39.8%,比上年提高 1.2 个百分点。

不只在中国,数字经济在全球各国都展现出其强大的发展韧性和抗冲击能力。据中国信息通信研究院报告数据显示,2019 年,全球数字经济增加值规模为 31.8 万亿美元,同比增长 5.4%,占全球 GDP 的比重达到 41.5%,比 2018 年提高 1.2 个百分点。2020 年,数字经济更是以其强大的发展韧性和活力在全球经济下行中逆势上扬,成为一道亮丽的风景线。人工智能、大数据、

① 《习近平谈治国理政》第四卷,外文出版社 2022 年版,第 205—206 页。
② 李克强:《政府工作报告——2022 年 3 月 5 日在第十三届全国人民代表大会第五次会议上》,人民出版社 2022 年版,第 24 页。

云计算等数字技术在各国抗击疫情进程中快速发展,以数字技术为基础的远程办公、视频会议、云端经济等新产业、新业态、新模式异军突起。这既为维持各国经济社会正常运转发挥了重要作用,也为对冲世界经济下行注入了新的动能。据世界经济论坛发布的《2020 年特别版全球竞争力报告》,荷兰、新西兰、瑞士和美国等经济体,因其数字经济发达、数字技能成熟,在新冠肺炎疫情中保持了更强的韧性。据中国信息通信研究院报告数据显示,2020 年,全球数字经济增加值规模为 32.6 万亿美元,占 GDP 比重为 43.7%,比上年提高2.2 个百分点;2021 年,全球数字经济增加值规模为 38.1 万亿美元,占 GDP比重为 45.0%,比上年提高 1.3 个百分点。

不仅如此,数字经济还展现了其抗击"逆全球化"的强大韧性。近年来,单边主义、保护主义、孤立主义、科技脱钩等"逆全球化"声浪不断。2020 年,新冠肺炎疫情在全球的大流行,让本已脆弱的世界经济雪上加霜,"逆全球化"思潮变本加厉。新冠肺炎疫情冲击之下,多数国家实施严格的跨境旅行和国际运输限制,意大利、捷克、西班牙、法国、日本等少数国家甚至实行全面"封国"。这无疑对全球生产链供应链造成巨大冲击,全球化的国际生产更加不稳定,国际贸易甚至一度中断。与此同时,跨境旅行、国际贸易的受阻和中断导致抗疫防疫物资短缺,部分国家在抗疫中捉襟见肘,全球化因此成为疫情危机的"替罪羊"。美国、日本等国誓言以本国生产和区域化替代全球化。另外,数字经济的蓬勃发展,不仅深刻改变着本国居民的生产和生活方式,而且革命性地改变了国际贸易和跨国投资的合作方式。数字技术、数字贸易、数字金融、数字政务和数字安全,在丰富经济业态、提升贸易福利、优化资本配置、促进跨国协作、增强信息防护等方面,极大地维护全球产业链供应链稳定、促进各国利益更加紧密相连,成为抗击"逆全球化"的强大力量。

不同于疫情是加大"逆全球化"浪潮的短期变量,数字经济这种数字化、信息化的力量是抗击"逆全球化"的长期因素。数字科技在疫情防控中的突出表现,以及数字经济在稳定社会生产和生活方面发挥的关键作用,既反映出疫情下保护主义触发"逆全球化"浪潮的对冲力量,也从生产方式变革的维度透视多边主义、国际合作、自由贸易的经济根源。因此,数字经济必将对各国经济贸易格局和经济社会发展、国际秩序和全球治理体系乃至人类文明进程产生更加持久的深远影响。

然而,全球数字经济的进一步发展,也面临着数字鸿沟、治理规则不健全、治理体系不合理等诸多挑战。由少数国家主导的现行互联网治理规则,越来越难以适应信息技术的日新月异与数字经济的蓬勃发展,越来越落后于时代的需求,积极构建以多边主义为基础、以开放包容为原则、以发展为导向的全球数字治理规则,具有十分重要的现实意义。为此,习近平主席在2021年世界经济论坛"达沃斯议程"对话会上的特别致辞中提出,推动构建人类命运共同体,要"探讨制定全球数字治理规则"。①

作为全球数字经济第二大国,中国应积极参与全球数字治理规则的制定,从而推动形成数字经济国际治理新机制。一方面,通过联合国、世界贸易组织、亚太经合组织、二十国集团、《区域全面经济伙伴关系协定》、金砖国家等既有的国际经济组织和区域经济组织,加强与各国之间的数字经济治理合作,改革与完善全球数字治理既有的国际规则。另一方面,通过在双边和多边国际贸易和投资协定谈判中,诸如中国—以色列自由贸易区、中国—挪威自由贸易区和中日韩自由贸易区等正在进行的自由贸易协定谈判,以及将来可能进行的中国—加拿大自由贸易区、中国—蒙古国自由贸易区和数字经济伙伴关系协定、全面与进步跨太平洋伙伴关系协定等新的自由贸易协定谈判,加强数据安全、跨境电商、电子认证、信息技术合作等新的议题谈判,致力于维护全球供应链开放、安全和稳定,推动数字经济更加规范、更加公平、更可持续发展,为加强全球数字治理贡献中国智慧。

"河海不择细流,故能就其深。"展望未来,世界各主要国家都要通过推进

---

① 《习近平谈治国理政》第四卷,外文出版社2022年版,第463页。

本国数字经济的进一步发展和全球数字治理规则的不断完善,对冲单边主义、保护主义、科技脱钩等"逆全球化"浪潮对世界经济和全球贸易增长带来的负面影响,共同促进全球贸易发展繁荣,推动世界经济尽快复苏。

第二节　中国出口保稳提质面临的风险与应对

"十三五"时期,面对保护主义和单边主义蔓延、新冠肺炎疫情严重冲击等重大风险挑战,中国对外贸易展现出极强的韧性和蓬勃的活力,保稳提质取得积极进展。一是规模持续扩大,成功跃居对外贸易第一大国。自 2017 年起,中国连续四年保持货物贸易第一大国地位;2020 年,中国货物和服务贸易总额跃升至全球首位。二是创新能力显著提升,贸易新业态新模式快速发展。截至 2020 年年底,中国跨境电商综合试验区增至 105 个,跨境电商进出口规模较 2015 年增长 9 倍;市场采购贸易方式试点增至 31 个,出口规模增长 3 倍。三是国际市场布局进一步优化,新兴市场占比持续提高。2020 年,新兴市场占中国货物进出口比重提高至 58.6%,较 2015 年提高 2.7 个百分点。

尽管如此,"十四五"时期,中国外贸保稳提质仍面临不少风险和挑战。如,全球疫情持续蔓延和反复,外部需求不稳定性不确定性增强。又如,经济全球化遭遇逆流,贸易摩擦加剧。再如,产业链供应链畅通稳定难度加大,外贸新优势亟待培育。还如,贸易安全发展面临新的挑战,风险防控体系需不断完善等。为此,中国《"十四五"对外贸易高质量发展规划》提出,以贸易创新发展为动力,统筹贸易发展与安全,加快培育参与国际经济合作和竞争新优势。未来,要以创新发展引领中国出口保稳提质。

"十四五"时期乃至到 2035 年,中国进入全面建设社会主义现代化国家的新发展阶段,百年变局和世纪疫情交织,地缘冲突加剧,中国出口保稳提质面临的国际国内环境发生深刻变化。

一是世界经济和全球贸易下行压力或将更大。2022 年以来,新冠肺炎疫情大流行本已重创世界经济,乌克兰战争又雪上加霜,全球经济增长放缓,可能正在进入一个漫长的增长乏力、通胀高企时期。为此,世界银行和国际货币基金组织最新发布的报告,均下调了世界经济和全球贸易的增长预期。国际货币基金组织 2022 年 7 月 26 日发布的《世界经济展望报告》,将 2022 年和 2023 年世界经济增长预期分别下调了 0.4 个和 0.7 个百分点(较之 2022 年 4 月);全球贸易量相应下调 0.9 个和 1.2 个百分点,其中,2022 年全球贸易量增长预期 4.1%,比 2021 年的 10.1%大幅回落 6.0 个百分点。

二是保护主义和单边主义或将进一步蔓延。当前,百年变局和世纪疫情相互交织,单边主义、贸易保护主义、孤立主义、科技脱钩等"逆全球化"思潮变本加厉。

三是国际经贸规则标准日趋提高。世界贸易组织改革正酝酿制定新的高标准的国际多边规则,涉及市场准入、技术标准、竞争中性以及服务贸易、跨境电商等方面的高标准贸易规则。国际社会正处于新一轮国际经贸规则的重塑期,各国的博弈进一步加剧发达经济体谋求更加符合自身利益的国际规则和制度体系。

四是中国经济和外贸下行压力或将加大。中国经济和外贸在转向高质量发展阶段过程中,长期积累的矛盾与新问题新挑战交织,下行压力或将进一步加大。目前,中国经济发展面临需求收缩、供给冲击、预期转弱三重压力。据中国统计数据显示,2022 年第一季度、第二季度,中国 GDP 分别同比增长4.8%和0.4%。据中国海关统计数据显示,中国货物贸易进出口,2022 年第一季度实现两位数增长(10.7%),但第二季度回落至个位数增长(9.4%)。未来,国际环境复杂严峻,国内疫情多发散发,或将加大中国经济和外贸下行压力。

五是外贸发展新动能尚未形成。党的十八大以来,以习近平同志为核心的党中央深入实施创新驱动发展战略,创新正成为推动中国经济高质量发展的新引擎。据统计数据显示,2021 年科技进步对中国经济增长的贡献率提高至 60.0%，比 2012 年提高 7.8 个百分点。尽管如此，同国际先进水平相比，当前中国科技发展水平还有较大差距，关键核心技术短板突出，相当部分出口产品技术含量较低，处于价值链中低端的状况尚未根本改变，这些正成为中国经济和外贸高质量发展的"阿喀琉斯之踵"。

六是跨境贸易便利度有待于进一步改善。党的十八大以来，中国不断改革完善出口退税、出口信贷、通关便利化等政策措施，营商环境得到持续改善、不断向好向优，但贸易投资便利化水平仍有待进一步提高。世界银行发布的《全球营商环境报告 2020》显示，中国的总体排名已经跃居全球第 31 位，较 2012 年的第 91 位大幅前移了 60 个位次，但跨境贸易便利度排名尚在全球第 56 位，较 2012 年的第 68 位仅仅前移 12 个位次。这既与中国营商环境总体改善幅度不太相配，也将极大影响中国出口保稳提质。

应对上述风险和挑战，要以创新作为引领外贸发展的第一动力，深化外贸领域科技创新、制度创新、模式和业态创新，加快培育中国出口竞争新优势，助推中国出口保稳提质。

其一，以高质量共建"一带一路"为引领，进一步推进出口市场多元化。推进出口市场多元化，是中国抵御外部需求冲击和"稳出口"的重要战略举措。党的十八大以来，中国出口市场多元化成效更加显著。2022 年上半年，中国与"一带一路"沿线国家和地区货物贸易同比增长 17.8%，占比提高至 31.9%。未来，要在继续深耕发达经济体等传统市场的同时，更加深化与"一带一路"沿线国家和地区的经贸合作，不断拓展广大亚非拉新兴市场，进一步提高新兴市场和发展中经济体在中国出口中的比重。

其二，以周边国家和地区为重点，加快高标准自由贸易区建设。实施自由贸易区提升战略，构建面向全球的高标准自由贸易区网络，既是新时代中国实行高水平对外开放的重要抓手，也是推进中国出口新兴市场拓展和出口市场多元化新发展的重要路径。党的十八大以来，中国自由贸易区建设步伐明显加快，但与周边国家和地区高标准自由贸易区建设仍然任重道远。为此，要坚持共商共建共享理念,推进"互利共赢"全方位合作、扩大科技创新合作深度和广度、发挥顺向投资产业结构升级效应、深化金融合作与创新,进而促进两国经济共同繁荣、打造两国创新共同体、促进两国产业结构共同升级、加快双方基础设施及其互联互通建设。

其三,以落实世界贸易组织《贸易便利化协定》为重点,进一步提升跨境贸易便利化水平。《贸易便利化协定》是世界贸易组织成立以来首份缔结的多边贸易协定,其实施将便利各国贸易,降低交易成本,推动世界贸易和全球经济的增长。2017 年 2 月《贸易便利化协定》生效 5 年多以来,有效促进了全球贸易发展,增强了全球供应链韧性。截至 2021 年 12 月,世界贸易组织全部 162 个成员中,已有 154 个成员加入了该协定。中国是第 16 个接受议定书的成员。下一步,中国要以加快做好该协定 B 类措施落实为重点,深化国际贸易"单一窗口"建设,全面实施货物进出口行政许可无纸化,做好口岸收费目录清单公示工作,进一步推动降低港口、码头收费,降低企业经营成本,不断提高跨境贸易便利化水平。

其四,以跨境电子商务综合试验区建设为重点,加快发展外贸新业态。党的十八大以来,中国跨境电商规模快速扩大,成为外贸增长突出亮点。截至 2022 年 6 月,国务院分 6 批设立 132 个跨境电商综合试验区,试验区内跨境电商成交额已连续两年实现了 1 倍以上增长。支持跨境电商等新业态发展,是中国适应产业革命新趋势、促进进出口稳中提质的重要举措。未来,在总结试点经验的基础上,要进一步完善跨境电子商务零售出口管理模式,推进市场采购贸易方式试点,复制推广成熟经验做法;与此同时,再增加一批试点城市,扩大跨境电商零售进口试点城市范围,探索支持外贸综合服务企业发展的新举措。

其五,以自由贸易试验区建设为重点,进一步推进市场化改革。建设自由贸易试验区和自由贸易港,是新时代推进改革开放的一项战略举措,市场化改革和制度创新是其核心任务。自 2013 年 9 月以来,中国 21 个自由贸易试验区充分发挥"试验田"作用,在对外开放方面进行了一系列市场化改革和制度创新,既缩小了中国与国际市场经济通行规则之间的距离,也为中国市场化改革提供了诸多可复制经验。截至 2022 年 6 月,21 个自由贸易试验区已累计在国家层面形成 278 项可复制推广的经验。今后,现有自由贸易试验区要进一步深化市场化改革,力争在进一步提高市场准入开放度、市场竞争开放度、优化创新创业环境等方面形成新的可复制经验,并及时推广;与此同时,进一步增加自由贸易试验区试点,高水平建设中国特色自由贸易港,形成更大范围的试点格局,打造市场化水平更高、辐射作用更强的开放新高地。

其六,以开展内外贸一体化试点为抓手,高标准推进内外贸一体化。推进内外贸一体化有利于畅通国内国际双循环,激发外贸发展内生动力,既是应对贸易保护主义和经贸摩擦的有力工具,更是加快培育中国外贸竞争新优势的必然要求。要以开展内外贸一体化试点为抓手,通过改革创新、主体引领、数字赋能、产品对标、途径对接和服务优化等,形成一批可复制推广经验做法,不断完善内外贸一体化调控体系,以点带面推进高标准、高质量推进内外贸一体化发展,增强内外贸一体化发展动能。

第三节 全面提升重要大宗商品的国际定价权

习近平总书记在浦东开发开放 30 周年庆祝大会上的重要讲话中强调,增强全球资源配置能力,要"提升重要大宗商品的价格影响力"。[①] 党的十八大以来,中国在大宗商品贸易中的国际地位不断提升,但国际定价权却相对"缺失"。究其原因,主要是科技自立自强能力偏弱。因此,要以加快实现科技自立自强为重点,提升中国大宗商品国际定价权。

党的十八大以来,中国经济发展取得了举世瞩目的成就,主要经济指标占

---

① 习近平:《在浦东开发开放 30 周年庆祝大会上的讲话(2020 年 11 月 12 日)》,人民出版社 2020 年版,第 10 页。

世界的比重持续提高,国际地位显著提升。据世界银行数据显示,中国经济总量自 2010 年首次超越日本以来,已经连续 13 年稳居世界第二;2021 年,中国GDP 实现 17.73 万亿美元,全球占比提升至 18.5%,比 2012 年的 11.4% 提高了 7.1 个百分点。据世界贸易组织数据,中国货物贸易总额自 2013 年首次超越美国以来,9 年位居世界第一(2016 年世界第二);2020 年,中国货物和服务贸易总额跃升至全球首位;2021 年,中国出口、进口国际市场份额分别达15.1% 和 11.9%,均创历史新高,全球贸易第一大国地位进一步巩固。

目前,中国已经成为全球多种大宗商品最主要的消费国和进口国,在大宗商品国际贸易中占有举足轻重的地位。如,中国是全球铁矿石消耗最大和进口最多的国家。2021 年,中国铁矿石进口量为 11.24 亿吨,占全球铁矿石进口总量(16.63 亿吨)的 67.6%。又如,中国是世界上大豆消费和进口最大的国家。2021 年,中国大豆进口量为 0.97 亿吨,占全球大豆贸易总量(1.66 亿吨)的 58.3%。再如,中国还是全球第一大原油进口国。2021 年,中国原油进口量为 5.13 亿吨,是全球第二大原油进口国美国的 1.6 倍。然而,中国对大宗商品的国际定价权能力却很弱,在国际贸易中没有形成相应的话语权和定价权,只能被动接受国际市场的价格,与中国经济和贸易国际大国地位不相匹配。

大宗商品国际定价相对"缺失",不仅较大弱化中国企业的产品国际竞争力和盈利能力,而且一定程度上冲击国际产业链供应链稳定,甚至还可能危及国家经济安全。因此,提升重要大宗商品的价格影响力和国际定价权迫在眉睫。

造成当前中国对大宗商品国际定价权相对"缺失"的原因是多方面的,首当其冲的是中国科技自立自强能力偏弱。

首先,科技自立自强能力偏弱。发达国家掌控大多数大宗商品国际定价权的首要原因,是其拥有一大批具有"觅价权"(自主定价权)的高科技企业,其他国家无法与之竞争。党的十八大以来,中国科技事业实现跨越式发展:研发投入强度,从 2012 年的 1.97% 提高至 2021 年的 2.44%;全球创新指数排名从 2015 年的第 34 位跃升至 2021 年的第 12 位。尽管如此,中国科技创新仍面临一些"卡脖子"技术问题,科技自立自强能力亟待提升。因此,在大宗商品国际贸易中,只是被动的"受价者",而非主动的"觅价者"。

其次,人民币国际货币功能不足。定价权的核心是以什么货币定价。美元的国际货币霸权地位,是美国掌控大多数大宗商品国际定价权的又一重要原因。自 2009 年 7 月人民币国际化进程正式开启以来,人民币国际使用稳步发展,支付货币功能稳步增强,国际货币地位不断提升(谭小芬和王睿贤,2020)。但与美元相比,人民币的国际货币功能依然差距很大。国际储备方面,国际货币基金组织数据显示,截至 2022 年第一季度末,美元资产和人民币资产在全球外汇储备所占份额分别为 58.88%、2.88%。国际支付方面,国际资金清算系统(SWIFT)数据显示,2022 年 6 月,美元和人民币在全球支付货币的占比分别为 41.16%、2.17%。

再次,期货市场发展滞后。发达的期货市场,是美国、欧盟、日本等发达经济体主导国际定价权的重要基础。党的十八大以来,中国期货市场取得长足发展。如,上海原油期货已成为规模仅次于美国西得克萨斯的轻质(WTI)原油期货和布伦特(Brent)原油期货的第三大原油期货,大连成为芝加哥之外重要的玉米期货市场,郑州的小麦和棉花期货交易在一定程度上建构了"中国价格"。然而,较之美国、欧盟、日本等发达经济体,中国期货市场发展依然落后,离定价权目标还有较大的距离。因此,要赢得大宗商品的国际定价权,必须加快中国期货市场的培育与发展。

科技自立自强是国家强盛之基、安全之要。针对上述原因,要以加快实现科技自立自强为重点,全面提升中国大宗商品的价格影响力和国际定价权。

第一,加快实现科技自立自强。一是发挥政府在科技自立自强能力提升中的统领和激励作用,强化国家战略科技力量。政府应为新产品的开发提供政策扶持与金融支持,将数字经济赋能于传统行业,通过推动产业链的现代化发展增强中国产品的市场竞争力。二是发挥企业在科技自立自强能力提升中的主体作用,优化产业链供应链。企业需加大科研人力、资金投入,通过建立研发机构、开展技术改造、强化协同创新等方式提升产品质量和国际贸易竞争力。三是发挥学研机构在科技自立自强能力提升中的技术支撑作用,强化科研资源共享。

第二,稳慎推进人民币国际化。一是进一步深化金融供给侧结构性改革,推进更大范围的金融市场对外开放,推动国内金融市场开放和基础设施互联互通,将上海建成重要的全球金融中心,夯实人民币国际化的基础和能力。二是抓住共建"一带一路"高质量发展和《区域全面经济伙伴关系协定》实施所带来的战略机遇,协同推进国内金融市场与离岸金融市场建设,加快完善贸易结算货币双向流动。三是壮大一批世界领先的跨国公司,培育对外贸易中的人民币使用需求,进一步拓展人民币的使用场景,全面提升中国大宗商品的定价力和定价权。

第三,加快推进期货市场建设。一是继续扩大期货市场高水平双向开放。深入推进高水平制度型开放,更多地引入境外成熟机构投资者和外资机构来华投资展业;继续扩大特定开放品种范围,拓宽市场开放模式。二是继续推动期货新品种上市。加快推进天然气、成品油、花生期货期权等品种上市工作,加快商品指数和商品指数期货期权品种研发和上市,以加强对大宗商品等的定价自主权。三是加快期货法等立法工作,夯实期货市场法治基础。

第四节 从企业"啄序"理论看贸易强国建设

"坚持创新驱动,加快发展方式转型",被列为中国"十四五"时期对外贸易高质量发展规划的首要原则。当前,中国外贸保稳提质面临复杂的国际国内环境。国际方面,百年变局、世纪疫情、乌克兰危机交织叠加,让本已脆弱的世界经济雪上加霜,外部需求复苏势头明显放缓。国内方面,劳动力和土地等要素成本持续上升,外贸传统竞争优势不断弱化。在此背景下,唯有将创新作为引领外贸发展的第一动力,不断深化外贸领域科技创新、制度创新、模式和业态创新,持续增强对外贸易综合竞争力,才能推动外贸保稳提质和推进贸易强国建设。

问题是,谁来创新? 怎样才能创新? 创新不创新如何识别? 创新关乎国计民生、民族复兴,全民都应有创新意识、创新精神,让中国成为创新的国度。因此,说全民创业、全民创新并无不当。但真正能够制度性地带动一个国家实现创新发展的必定有一个明确的载体,而不是一拥而上。熊彼特的经典创新理论认为,企业是创新主体,企业家是创新的核心,企业家精神则是创新的根本源泉。中国经济的创新发展,根本上也必须依靠企业,依靠企业家和企业家精神。近年来迅速发展的新新贸易理论(异质性企业贸易理论),以及由这一理论衍生出的企业"啄序"理论,进一步揭示了创新能力和效率决定企业定位、排序和活动范围的原理,贴近现实,让我们从企业的活动范围就能看出企业的效率和创新能力,对认识一国的企业定位与经济定位有所启发。

根据新新贸易理论,一个国家是否以及如何参与国际经济贸易活动,不仅取决于比较优势、自然禀赋等因素,更取决于该国企业的状态、效率和竞争力状况。一个国家的企业如果效率很高,竞争力很强,对其他国家具有优势,就可以很大程度上让全球变为自己的市场,否则就只能局限于自己国内,并可能在竞争中被淘汰。在一国国内也是如此。竞争力强、效率高的企业可以开展贸易,实现出口,低效率的企业则只能以国内为市场,甚至在国内也无法生存,被淘汰。不仅如此,贸易行为还可以扩展到投资行为。最优秀的企业不仅可以开展国际贸易,而且可以进行国际投资,更好地整合和利用全球资源和生产要素,其他企业则因效率不同而依次排列。

据此,现实中的企业会依能力和效率不同形成按"啄食顺序"的排列:生产率水平最高的企业选择对外投资的方式进入国际市场,全球通吃;次之的企业选择离岸外包方式进入国际市场,鲸吞蚕食;再次之的则选择出口方式进入国际市场,分一杯羹;又次之的企业仅供应国内市场,在自己的圈子里讨生活;而生产率水平最低的企业被迫退出市场,无食可吃。由此形成一个依据企业生产率水平由高到低而产生的企业经营市场"啄食"排列。显然,排列越靠前的企业所能利用的全球资源越多,企业都想进入这个队伍的前列,都想全球通吃。但这取决于企业的生产率水平进而创新能力。经济学家认为,在"企业丛林"中的"啄食顺序",如同自然界的生物链一样,是依据能力和竞争力自发形成的。狮、虎如同对外投资企业,处于食物链的最高端;狼、狐如同出口企业,位于食物链的中端;鹿、兔则如同内销企业,处于食物链的最低端,难免时常面临被吃掉的命运。经济学家们通过对美国、日本、法国、西班牙等许多国家案例的实证研究都证明了企业丛林的排序法则。

当然,中国的情况有点不同。

中国对外贸易和投资高度发达,尤其是近十年来不断开创历史新高。据中国商务部数据显示,中国货物贸易从2017年起已经连续五年保持世界第一,中国货物和服务贸易总额2020年首次跃居全球第一、2021年继续保持全球第一;中国对外投资也曾在2020年跃居全球第一。

但是,众所周知,中国的外贸附加值并不高,是为到中国投资的跨国公司打工,它不但不表明中国企业的高效率,恰恰反映了进入中国投资的那些跨国巨头具有竞争优势。一旦加工贸易发展迟滞,中国的对外贸易就步履艰难,这就是证明。

企业"啄序"理论又一次提示我们,要清醒认识中国企业和经济在全球竞争中所处的位置,深刻理解创新的重要性、创新的主体、创新的来源,加快实施创新驱动发展战略,深化外贸领域科技创新、制度创新和业态创新,推动外贸质量变革、效率变革、动力变革,加快培育对外贸易竞争新优势。唯有这样,才能不断提高企业劳动生产率,不断解放和发展社会生产力,推进中国贸易高质量发展,进而迈向贸易强国。

第五节　统筹开放发展和经济安全，
加快建设贸易强国

2022 年以来，以习近平同志为核心的党中央团结带领全党全国各族人民，高效统筹疫情防控和经济社会发展，扎实做好稳外贸稳外资工作，中国外贸外资工作总体开局平稳。2022 年第一季度，中国货物贸易进出口增长 10.7%，实际使用外资增长 25.6%，外贸外资双双以两位数增长实现"开局稳"。

同时也要看到，当前，新冠肺炎疫情和乌克兰危机导致风险挑战增多，受内、外部多重因素影响，中国稳外贸稳外资的压力显著增加。如，一些第一季度订单还不错的外贸企业，现在坦言第二、第三季度压力会加大。又如，疫情重点地区的部分外资企业反映，目前在复工复产、人员入境、物流运输等方面存在一些困难。有鉴于此，2022 年 4 月 29 日召开的中共中央政治局会议强调，"疫情要防住、经济要稳住、发展要安全"，同时指出，"要坚持扩大高水平对外开放，积极回应外资企业来华营商便利等诉求，稳住外贸外资基本盘"；同年 5 月 9 日召开的全国促进外贸外资平稳发展电视电话会议提出，要深入学习贯彻习近平总书记重要指示精神，积极努力稳住外贸外资基本盘。

在新时代条件下，积极努力稳住外贸外资基本盘，需要准确把握开放发展和经济安全的辩证法，并运用辩证思维积极作为，加强和完善外贸外资服务保障机制，不断优化中国外贸外资发展环境，提升风险防控能力，推动中国外贸高质量发展和贸易强国建设。

开放发展是国家繁荣发展的必由之路。党的十八大以来，中国以共建"一带一路"为引领，推动开放型经济新体制建设迈上新台阶，以更加开放的心态、更加自信的步伐融入世界经济，国家经济实力不断跃上新台阶。据世界银行数据显示，2021 年，中国经济总量已经达到美国经济总量的 77.1%、世界经济总量的 18.5%。

发展和安全是一体之两翼、驱动之双轮。开放发展与经济安全之间互为条件、彼此支撑,存在着紧密且复杂的辩证关系。一方面,对外开放和经济发展是经济安全的物质基础和根本保障。开放带来进步,封闭必然落后。在全球化的 21 世纪,封闭的国家不可能获得经济的长期发展,而经济发展长期滞后,抗冲击能力也必然低下,就是最大的不安全。即使封闭条件下的所谓安全,也只是"偏安一隅"式的安全,注定是不可持续的安全。因此,要确保经济安全,就必须顺应经济全球化,以对外开放带动创新、推动改革、促进发展。另一方面,经济安全是对外开放和经济发展的必要前提。对外开放要把握好度,要与本国经济安全条件和抗冲击能力相匹配。缺乏条件、不顾后果的超前开放,不仅不可能带来经济的稳定发展,还很可能危害和拖累经济发展。作为一个发展中新兴经济体,无论是经济安全条件,还是抵抗外部冲击能力,都相对薄弱。如超前开放,经济安全必定会受到外部的冲击。因此,只有严密防控经济安全风险,才能持续推进开放发展。

党的十八大以来,中国深入推进高水平对外开放,目前已经形成的制造业基本开放、农业服务业稳步持续开放的新格局,为外贸外资企业提供了更加广阔的发展空间。习近平总书记强调:"越是开放越要重视安全,统筹好发展和安全两件大事,增强自身竞争能力、开放监管能力、风险防控能力。"[①] 未来,需要运用辩证思维统筹好开放发展和经济安全,扎实做好稳外贸稳外资工作。

一方面,要避免经济安全泛化,在确保国家经济安全前提下实行更加积极主动的开放战略。2022 年 4 月,习近平总书记再次向世界宣示:"不论世界发生什么样的变化,中国改革开放的信心和意志都不会动摇。"[②] 已经被四十多年改革开放所证明的对外开放基本国策必须坚定不移地执行。

---

① 习近平:《在深圳经济特区建立 40 周年庆祝大会上的讲话(2020 年 10 月 14 日)》,人民出版社 2020 年版,第 10 页。
② 习近平:《携手迎接挑战,合作开创未来——在博鳌亚洲论坛 2022 年年会开幕式上的主旨演讲(2022 年 4 月 21 日)》,人民出版社 2022 年版,第 8 页。

做好稳外贸工作,当务之急,是打通堵点难点,保障外贸领域生产流通稳定,重点保障外贸货物运输高效畅通,全力保障外贸产业链供应链完整和稳定。就中长期来说,要重点做好三项工作:一是进一步推进贸易与投资自由化、便利化,鼓励发展同线同标同质产品,推动内外贸一体化;二是适时制定全国版跨境服务贸易负面清单,做大做强数字服务、特色服务等出口基地,培育服务贸易新增长点;三是积极推进加入《数字经济伙伴关系协定》和《全面与进步跨太平洋伙伴关系协定》,加快构建面向全球的高标准自由贸易区网络。

做好稳外资工作,当务之急,是加强和完善外贸外资协调机制,积极回应外资企业反映的新诉求,并及时协调解决,帮助其实现稳定有序经营,切实稳住现有外资企业。就中长期而言,要重点做好两项工作:一是进一步缩减外资准入负面清单,加快推进制度型开放,促进内外资市场主体公平竞争;二是对接国际高标准经贸规则,统筹推进自由贸易试验区、海南自由贸易港、内陆开放型经济试验区等各类开放平台建设,打造营商环境更优的对外开放新高地,以优质市场环境吸引更多国际资本在中国投资兴业。

另一方面,也要防止经济安全虚化,构筑安全保障体系,在开放发展中维护好经济安全。一是通过全面落实公平竞争审查制度、调整优化外商投资安全审查范围等,健全对外资的国家安全审查制度。二是完善相关法律法规体系,加强对数字经济领域的反垄断和反不正当竞争,有效防范风险,维护市场公平竞争。三是谨慎放宽特定行业的外资市场准入,对于涉及国家安全的敏感领域继续保留外资准入限制。

"不拒众流,方为江海。"改革开放四十多年来,对外开放推动中国经济发展创造了举世瞩目的"中国奇迹"。当前,面对错综复杂的形势,要持续深化商品和要素流动性开放,稳住外贸外资的基本盘。未来,要坚定构建更高水平的开放型经济新体制,在经济安全下加快迈向贸易强国,为促进世界经济复苏和建设开放型世界经济继续作出中国的重要贡献。

参 考 文 献

1.《中共中央关于制定国民经济和社会发展第七个五年计划的建议》,人民出版社 1985 年版。

2.《中共中央关于全面深化改革若干重大问题的决定》,人民出版社 2013 年版。

3.《中共中央关于制定国民经济和社会发展第十三个五年规划的建议》,人民出版社 2015 年版。

4.《中共中央关于坚持和完善中国特色社会主义制度、推进国家治理体系和治理能力现代化若干重大问题的决定》,人民出版社 2019 年版。

5.《中共中央关于制定国民经济和社会发展第十四个五年规划和二〇三五年远景目标的建议》,人民出版社 2020 年版。

6.《中共中央关于党的百年奋斗重大成就和历史经验的决议》,人民出版社 2021 年版。

7.《中华人民共和国国民经济和社会发展十年规划和第八个五年计划纲要》,人民出版社 1991 年版。

8.《中华人民共和国国民经济和社会发展"九五"计划和 2010 年远景目标纲要》,人民出版社 1996 年版。

9.《中华人民共和国国民经济和社会发展第十一个五年规划纲要》,人民出版社 2006 年版。

10.《中华人民共和国国民经济和社会发展第十二个五年规划纲要》,人民出版社 2011 年版。

11.《中华人民共和国国民经济和社会发展第十三个五年规划纲要》,人民出版社 2016 年版。

12.《中华人民共和国国民经济和社会发展第十四个五年规划和 2035 年远景目标纲要》,人民出版社 2021 年版。

13. 陈磊、宋丽丽:《金融发展与制造业出口的二元边际——基于新新贸易理论的实证分析》,《南开经济研究》2011 年第 4 期。

14. 陈文敬:《中国自由贸易区战略及未来发展探析》,《理论前沿》2008 年第 17 期。

15. 陈勇兵、陈宇媚:《贸易增长的二元边际:一个文献综述》,《国际贸易问题》2011 年第 9 期。

16. 陈勇兵、陈宇媚、周世民:《贸易成本、企业出口动态与出口增长的二元边际——基于中国出口企业微观数据:2000—2005》,《经济学(季刊)》2012 年第 4 期。

17. 陈勇兵、李梦珊、赵羊、李冬阳:《企业出口市场的选择:一个文献综述》,《财贸研究》2015 年第 3 期。

18. 陈紫若、刘林青:《企业跳跃距离、出口多样性对出口二元边际的影响研究》,《国际贸易问题》2022 年第 2 期。

19. 程晓青:《海外投资是否促进出口市场多元化发展——基于中国企业微观数据实证研究》,《国际经济合作》2019 年第 5 期。

20. 崔凡:《国际高标准经贸规则的发展趋势与对接内容》,《学术前沿》2022 年第 1 期。

21. 崔凌云、崔凡、邓兴华:《新常态下中国贸易扩展边际的影响因素分析——基于分位数回归方法》,《经济问题探索》2017 年第 12 期。

22. 戴金平、甄筱宇:《人民币国际化与企业出口质量升级》,《南开学报(哲学社会科学版)》2022 年第 4 期。

23. 戴觅、余淼杰、M. Maitra:《中国出口企业生产率之谜:加工贸易的作用》,《经济学(季刊)》2014 年第 2 期。

24. 东艳、冯维江、邱薇:《深度一体化:中国自由贸易区战略的新趋势》,《当代亚太》2009 年第 4 期。

25. 董志勇、李成明:《国内国际双循环新发展格局:历史溯源、逻辑阐释与政策导向》,《中共中央党校(国家行政学院)学报》2020 年第 5 期。

26. 董志勇、杨丽花:《推动"一带一路"沿线自贸区建设的策略与路径》,《中国特色社会主义研究》2017 年第 6 期。

27. 范剑勇、冯猛:《中国制造业出口企业生产率悖悖论之谜:基于出口密度差别上的检验》,《管理世界》2013 年第 8 期。

28．方虹、王旭:《马克·梅利茨对异质性企业贸易理论的贡献——科睿维安"引文桂冠奖"得主学术贡献评介》,《经济学动态》2018 年第 4 期。

29．葛顺奇、罗伟:《中国制造业企业海外投资和母公司竞争优势》,《管理世界》2013 年第 6 期。

30．郭四维、张明昂、王庆、朱贤强:《新常态下的"外贸新引擎":中国跨境电子商务发展与传统外贸转型升级》,《经济学家》2018 年第 8 期。

31．贺灿飞、任卓然:《地方嵌入对在华外资企业出口市场多元化的影响》,《地理科学》2021 年第 3 期。

32．华晓红:《拓展均衡——我国出口市场多元化战略评价与调整》,《国际贸易》2002 年第 9 期。

33．黄先海、胡馨月、陈航宇:《知识产权保护、创新模式选择与中国贸易扩展边际》,《国际贸易问题》2016 年第 9 期。

34．黄先海、周俊子:《中国出口广化中的地理广化、产品广化及其结构优化》,《管理世界》2011 年第 10 期。

35．蒋冠宏、蒋殿春:《中国企业对外直接投资的"出口效应"》,《经济研究》2014 年第 5 期。

36．荆林波、袁平红:《中国加快实施自由贸易区战略研究》,《国际贸易》2013 年第 7 期。

37．鞠建东、余心玎:《"一体两翼、三足鼎立":贸易新常态、治理新框架、开放新战略》,《清华金融评论》2016 年第 11 期。

38．孔庆峰、董虹蔚:《"一带一路"国家的贸易便利化水平测算与贸易潜力研究》,《国际贸易问题》2015 年第 12 期。

39．蓝庆新、童家琛:《中国外贸新业态新模式可持续发展研究》,《国际经济合作》2022 年第 2 期。

40．李春顶:《中国出口企业是否存在"生产率悖论":基于中国制造业企业数据的检验》,《世界经济》2010 年第 7 期。

41．李春顶:《中国企业"出口—生产率悖论"研究综述》,《世界经济》2015 年第 5 期。

42．李春顶、郭志芳、何传添:《中国大型区域贸易协定谈判的潜在经济影响》,《经济研究》2018 年第 5 期。

43．李春顶、尹翔硕:《中国出口企业的"生产率悖论"及其解释》,《财贸经济》2009 年第 11 期。

44．李磊、马欢：《"一带一路"倡议与高质量进口》，《南开学报（哲学社会科学版）》2022 年第 2 期。

45．李丽霞、李培鑫、张学良：《开发区政策与中国企业"出口—生产率悖论"》，《经济学动态》2020 年第 7 期。

46．李向阳：《"一带一路"的高质量发展与机制化建设》，《世界经济与政治》，2020 年第 5 期。

47．李晓、李俊久：《"一带一路"与中国地缘政治经济战略的重构》，《世界经济与政治》2015 年第 10 期。

48．梁明、夏融冰：《自贸试验区离岸贸易创新发展研究》，《国际贸易》2022 年第 5 期。

49．林毅夫：《转变思路，应对全球贸易新常态》，《清华金融评论》2016 年第 11 期。

50．刘力：《出口市场的分布规律与我国出口市场多元化战略》，《国际贸易问题》1996 年第 5 期。

51．刘乃全、戴晋：《我国对亚洲市场出口地理方向的优化路径——基于出口市场多元化对出口绩效影响的实证分析》，《中国流通经济》2015 年第 7 期。

52．刘啟仁、黄建忠：《贸易自由化、企业动态与行业生产率变化——基于中国加入 WTO 的自然实验》，《国际贸易问题》2016 年第 1 期。

53．刘竹青、佟家栋：《要素市场扭曲、异质性因素与中国企业的出口—生产率关系》，《世界经济》2017 年第 12 期。

54．鲁晓东、刘京军、王咏哲：《贸易方式、所有权结构与中国企业出口扩展边际》，《国际贸易问题》2016 年第 3 期。

55．栾贵勤、徐子晗：《关于建立中俄自由贸易区的研究》，《学术交流》2009 年第 10 期。

56．马骧、马相东：《"一带一路"建设与中国产业结构升级——基于出口贸易的视角》，《亚太经济》2017 年第 5 期。

57．马述忠、房超：《跨境电商与中国出口新增长——基于信息成本和规模经济的双重视角》，《经济研究》2021 年第 6 期。

58．马述忠、郭继文：《制度创新如何影响我国跨境电商出口？——来自综试区设立的经验证据》，《管理世界》2022 年第 8 期。

59．马述忠、胡增玺：《跨境电子商务对我国企业出口市场组合风险的影响》，《财贸经济》2022 年第 7 期。

60．马相东：《企业异质性与中国出口省级失衡研究》，人民出版社 2012 年版。

61．马相东：《顺向对外投资与产业结构升级——基于"一带一路"建设背景的分析》，《中国特色社会主义研究》2017 年第 3 期。

62．马相东：《新时代中俄自贸区构建的制约因素与推进路径》，《中国流通经济》2019 年第 12 期

63．马相东：《人工智能的双重效应与中国智能经济发展》，《中共中央党校（国家行政学院）学报》2020 年第 2 期。

64．马相东：《抵御"逆全球化"，数字经济展现韧性》，《光明日报》2021 年 2 月 18 日。

65．马相东：《为什么要提升重要大宗商品的价格影响力》，《学习时报》2021 年 4 月 21 日。

66．马相东：《加快发展外贸新业态新模式》，《学习时报》2021 年 7 月 28 日。

67．马相东：《统筹好开放发展和经济安全》，《人民日报》2021 年 10 月 12 日。

68．马相东：《积极努力稳住外贸外资基本盘》，《光明日报》2022 年 5 月 23 日。

69．马相东：《对外直接投资的双重技术效应与高质量共建"一带一路"》，《北京师范大学学报（社会科学版）》2022 年第 4 期。

70．马相东、王跃生：《中国对外贸易出口：问题、原因与对策》，《宏观经济研究》2010 年第 12 期。

71．马相东、王跃生：《什么样的企业创新能力强》，《人民日报》2014 年 11 月 30 日。

72．马相东、王跃生：《全球贸易新常态与中国外贸发展新策略》，《中共中央党校学报》2015 年第 6 期。

73．马相东、王跃生：《"一带一路"建设与中国出口市场多元化新发展》，《中共中央党校学报》2017 年第 2 期。

74．马相东、王跃生：《新时代吸引外资新方略：从招商政策优惠到营商环境优化》，《中共中央党校学报》2018 年第 4 期

75．马相东、王跃生：《从加入世界贸易组织到共建"一带一路"：世界经济增长的中国贡献》，《中共中央党校（国家行政学院）学报》2021 年第 5 期。

76．马相东、杨丽花：《贸易模式、企业异质性与国际贸易：研究述评与展望》，《云南财经大学学报》2010 年第 4 期。

77．马相东、张文魁、刘丁一：《地方政府招商引资政策的变迁历程与取向观察：1978—2021 年》，《改革》2021 年第 8 期。

78．马相东、张文魁、王喆:《中国企业出口增长的决定因素:生产率抑或企业规模》,《改革》2019年第4期。

79．毛其淋:《要素市场扭曲与中国工业企业生产率——基于贸易自由化视角的分析》,《金融研究》2013年第2期。

80．毛其淋、盛斌:《贸易自由化、企业异质性与出口动态——来自中国微观企业数据的证据》,《管理世界》2013年第3期。

81．毛其淋、许家云:《外资进入如何影响了本土企业出口国内附加值?》,《经济学(季刊)》2018年第4期。

82．毛其淋、许家云:《贸易自由化与中国企业出口的国内附加值》,《世界经济》2019年第1期。

83．毛其淋、赵柯雨:《重点产业政策如何影响了企业出口——来自中国制造业的微观证据》,《财贸经济》2021年第11期。

84．孟亮、孟京:《中国跨境电商企业海外仓模式选择分析——基于消费品出口贸易视角》,《中国流通经济》2017年第6期。

85．裴长洪、刘斌:《中国对外贸易的动能转换与国际竞争新优势的形成》,《经济研究》2019年第5期。

86．裴长洪、刘斌:《中国开放型经济学:构建阐释中国开放成就的经济理论》,《中国社会科学》2020年第2期。

87．彭支伟、张伯伟:《TPP和亚太自由贸易区的经济效应及中国的对策》,《国际贸易问题》2013年第4期。

88．蒲岳、吴钢、姚星、彭利:《人民币国际化对中国出口增长边际的影响》,《世界经济研究》2016年第11期。

89．钱学锋:《企业异质性、贸易成本与中国出口增长的二元边际》,《管理世界》2008年第9期。

90．钱学锋、王菊蓉、黄云湖、王胜:《出口与中国工业企业的生产率——自我选择效应还是出口学习效应?》,《数量经济技术经济研究》2011年第2期。

91．钱学锋、熊平:《中国出口增长的二元边际及其因素决定》,《经济研究》2010年第1期。

92．钱学锋、余弋:《出口市场多元化与企业生产率:中国经验》,《世界经济》2014年第2期。

93．强永昌:《我国出口市场多元化战略初探》,《国际经贸探索》1992年第1期。

94．邱斌、刘启明、孙少勤:《人力资本积累与制造业企业出口市场多元化——来自"大学扩招"的证据》,《东南大学学报(哲学社会科学版)》2021 年第 5 期。

　　95．邱斌、刘修岩、赵伟:《出口学习抑或自选择:基于中国制造业微观企业的倍差匹配检验》,《世界经济》2012 年第 4 期。

　　96．权衡:《对外开放四十年实践创新与新时代开放型经济新发展》,《世界经济研究》2018 年第 9 期。

　　97．荣红霞、付林:《中俄边境自由贸易区建设中金融政策支持路径研究》,《学习与探索》2016 年第 9 期。

　　98．沈国兵、沈彬朝:《实施 RCEP 与出口多元化:来自中国的证据》:《东南大学学报(哲学社会科学版)》2022 年第 2 期。

　　99．沈铭辉、郭明英:《大变局下的区域全面经济伙伴关系协定:特征、影响与机遇》,《当代世界》2021 年第 1 期。

　　100．盛斌、陈帅:《全球价值链如何改变了贸易政策:对产业升级的影响和启示》,《国际经济评论》2015 年第 1 期。

　　101．盛斌、高疆:《数字贸易:一个分析框架》,《国际贸易问题》2021 年第 8 期。

　　102．盛斌、郝碧榕:《全球价值链嵌入与技能溢价——基于中国微观企业数据的经验分析》,《国际贸易问题》2021 年第 2 期。

　　103．盛斌、毛其淋:《进口贸易自由化是否影响了中国制造业出口技术复杂度》,《世界经济》2017 年第 12 期。

　　104．盛丹:《地区行政垄断与中国企业出口的"生产率悖论"》,《产业经济研究》2013 年第 4 期。

　　105．施炳展:《中国出口增长的三元边际》,《经济学(季刊)》2010 年第 4 期。

　　106．孙楚仁、陈瑾、徐丽鹤:《新火致新茶——检验中国制造企业"出口生产率悖论"的新方法和新结果》,《世界经济文汇》2021 年第 5 期。

　　107．孙浦阳、蒋为、陈惟:《外资自由化、技术距离与中国企业出口——基于上下游产业关联视角》,《管理世界》2015 年第 11 期。

　　108．孙天阳、许和连、王海成:《产品关联、市场邻近与企业出口扩展边际》,《中国工业经济》2018 年第 5 期。

　　109．汤二子:《中国企业"出口—生产率悖论":理论裂变与检验重塑》,《管理世界》2017 年第 2 期。

　　110．谭小芬、王睿贤:《人民币国际化的进程、经验借鉴与路径选择》,《新视野》2020 年第 5 期。

　　111．唐宜红、林发勤:《异质性企业贸易模型对中国企业出口的适用性检验》,《南开经济研究》2009 年第 6 期。

112．陶涛：《后危机时代全球化的新特征与新趋势》，《新视野》2017 年第 6 期。

113．陶涛：《全球产业链重塑的新动向》，《学术前沿》2022 年第 7 期。

114．陶涛、李广乾：《平台演进、模式甄别与跨境电子商务拓展取向》，《改革》2015 年第 9 期。

115．陶涛、肖迎春：《双边跨境次数与双边贸易分解》，《经济科学》2019 年第 5 期。

116．陶涛、朱子阳：《RCEP、区域生产网络重构与新发展格局构建》，《新视野》2021 年第 5 期。

117．田朔、张伯伟、陈立英：《汇率变动与出口扩展边际——兼论企业异质性行为》，《国际贸易问题》2015 年第 2 期。

118．田巍、余淼杰：《企业出口强度与进口中间品贸易自由化：来自中国企业的实证研究》，《世界经济》2013 年第 1 期。

119．田巍、余淼杰：《中间品贸易自由化和企业研发：基于中国数据的经验分析》，《世界经济》2014 年第 6 期。

120．王杰、刘斌、孙学敏：《对外直接投资与企业出口行为——基于微观企业数据的经验研究》，《经济科学》2016 年第 1 期。

121．王开、佟家栋：《自由贸易协定、贸易稳定性与企业出口动态》，《世界经济研究》2019 年第 3 期。

122．王凯、倪建军：《"一带一路"高质量建设的路径选择》，《现代国际关系》2019 年第 10 期。

123．王灵桂、杨美姣：《发展经济学视阈下的"一带一路"与可持续发展》，《中国工业经济》2022 年第 1 期。

124．王跃生：《世界经济"双循环"、"新南南合作"与"一带一路"建设》，《新视野》2015 年第 6 期。

125．王跃生：《世界经济或将进入多趋势并存的时代：表征、成因与未来——兼论特朗普的"三零贸易秩序"》，《国际经济评论》2018 年第 6 期。

126．王跃生、边恩民、张羽飞：《中国经济对外开放的三次浪潮及其演进逻辑——兼论 RCEP、CECAI、CPTPP 的特征和影响》，《改革》2021 年第 5 期。

127．王跃生、李宇轩：《新型全球化下国际经贸规则新趋势与中国对策》，《中国特色社会主义研究》2017 年第 2 期。

128．王跃生、马相东：《全球经济"双循环"与"新南南合作"》，《国际经济评论》

2014 年第 2 期。

129．王跃生、马相东：《经济全球化新趋势与开放型世界经济建设》，《中国特色社会主义研究》2020 年第 3 期。

130．王跃生、陶涛：《世界经济结构、全球经济"双循环"与中国经济转型》，《新视野》2014 年第 1 期。

131．王跃生、吴国峰：《贸易自由化与中国的城乡收入差距——基于地级城市面板数据的实证研究》，《国际贸易问题》2019 年第 4 期。

132．王跃生、张羽飞：《民营企业助推"一带一路"高质量发展：优势、挑战与对策》，《新视野》2020 年第 4 期。

133．魏浩、张宇鹏：《融资约束与中国企业出口产品结构调整》，《世界经济》2020 年第 6 期。

134．魏浩、张文倩：《出口目的地进口关税、人民币汇率与中国企业"稳出口"》，《经济管理》2021 年第 1 期。

135．习近平：《决胜全面建成小康社会，夺取新时代中国特色社会主义伟大胜利：在中国共产党第十九次全国代表大会上的报告（2017 年 10 月 18 日）》，人民出版社 2017 年版。

136．《习近平谈治国理政》第一卷，外文出版社 2018 年版。

137．《习近平谈治国理政》第二卷，外文出版社 2017 年版。

138．《习近平谈治国理政》第三卷，外文出版社 2020 年版。

139．习近平：《在庆祝中国共产党成立 100 周年大会上的讲话（2021 年 7 月 1 日）》，人民出版社 2021 年版。

140．《习近平谈治国理政》第四卷，外文出版社 2022 年版。

141．夏广涛、胡汪音：《中国企业"出口—生产率悖论"的新解读——基于企业寻租与创新的双重选择》，《技术经济》2018 年第 3 期。

142．项松林：《融资约束与中国出口增长的二元边际》，《国际贸易问题》2015 年第 4 期。

143．项松林：《结构转型与全球贸易增长的二元边际》，《世界经济》2020 年第 9 期。

144．项松林：《农业劳动力转移对中国出口增长二元边际的影响》，《国际贸易问题》2021 年第 2 期。

145．许统生、张小伟、饶晓辉：《出口市场多元化的经济增长长、短期效应——基于协整和误差修正模型的实证分析》，《当代财经》2008 年第 11 期。

146．杨丽花：《美国贸易逆差对经济增长的作用机制》，人民出版社 2017 年版。

147．杨丽花、董志勇：《中蒙俄自贸区构建的经济制约因素与推进路径》，《中共中央党校学报》2018 年第 4 期。

148．杨丽花、马相东：《政产学研用一体制造业创新网络构建》，《中国特色社会主义研究》2016 年第 3 期。

149．杨丽花、王跃生：《建设更高水平开放型经济新体制的时代需求与取向观察》，《改革》2020 年第 3 期。

150．杨丽花、钟玲玲：《企业规模与中国高新技术产品出口增长》，《东岳论丛》2019 年第 8 期。

151．杨丽花、周丽萍、翁东玲：《丝路基金、PPP 与"一带一路"建设——基于博弈论的视角》，《亚太经济》2016 年第 2 期。

152．杨长湧：《我国出口市场多元化战略的现状、影响及对策》，《宏观经济研究》2010 年第 6 期。

153．杨长湧、刘栩畅、陈大鹏、张一婷：《百年未有大变局下的世界经济中长期走势》，《宏观经济研究》2020 年第 8 期。

154．杨竺松、陈冲、杨靖溪：《"一带一路"倡议与东道国的国家治理》，《世界经济与政治》2022 年第 3 期。

155．易会文、黄汉民：《企业出口市场多元化可以减弱出口波动吗？——以制造业为例》，《北京工商大学学报（社会科学版）》2014 年第 6 期。

156．易靖韬、傅佳莎：《企业生产率与出口：浙江省企业层面的证据》，《世界经济》2011 年第 5 期。

157．易靖韬：《企业异质性、市场进入成本、技术溢出效应与出口参与决定》，《经济研究》2009 年第 9 期。

158．余淼杰：《中国的贸易自由化与制造业企业生产率》，《经济研究》2010 年第 12 期。

159．余淼杰、高恺琳：《中国—东盟自由贸易区的经济影响和减贫效应》，《国际经济评论》2018 年第 4 期。

160．余淼杰、蒋海威：《从 RCEP 到 CPTPP：差异、挑战及对策》，《国际经济评论》2021 年第 2 期。

161．袁欣：《中国对外贸易结构与产业结构："镜像"与"原像"的背离》，《经济学家》2010 年第 6 期。

162．岳文、韩剑：《中国高标准自由贸易区建设：动因、现状及路径》，《经济学家》

2021 年第 7 期。

163．张辉、吴唱唱、闫强明：《进口竞争、生产率异质性与企业创新》，《经济科学》2022 年第 3 期。

164．张杰、李勇、刘志彪：《出口促进中国企业生产率提高吗？来自中国本土制造业企业的经验证据：1999—2003》，《管理世界》2009 年第 12 期。

165．张文魁：《企业规模、企业异质性与经济持续增长》，《新视野》2018 年第 2 期。

166．张文魁：《经济增长之梯与大企业踏板》，清华大学出版社 2019 年版。

167．张文魁：《构建我国企业发展基本政策》，中国财政经济出版社 2021 年版。

168．张文魁：《中国企业发展政策的历史逻辑与未来取向》，《管理世界》2021 年第 12 期。

169．张文魁：《数字经济领域的反垄断与反不正当竞争》，《新视野》2022 年第 2 期。

170．张文魁：《数字经济的内生特性与产业组织》，《管理世界》2022 年第 7 期。

171．张颖：《中国的国际经济合作新模式：第三方市场合作》，《现代国际关系》2020 年第 4 期。

172．赵传君：《关于中俄签署自由贸易协定的探讨》，《俄罗斯中亚东欧研究》2007 年第 1 期。

173．赵传君：《创建中俄自由贸易区问题探索》，社会科学文献出版社 2010 年版。

174．Akcigit, U., M.J. Melitz, "International Trade and Innovation", in Gopinath, Helpman, Rogoff, (eds), *Handbook of International Economics*: *International Trade*, *Volume* 5, North—Holland, 2022.

175．Albornoz, F., F. Héctor, C. Pardo, G. Corcos, E. Ornelas, " Sequential Exporting", *Journal of International Economics*, Vol.88, No.1, 2012.

176．Antras, P., "Firms, Contracts, and Trade Structure", *Quarterly Journal of Economics*, Vol.118, No.4, 2003.

177．Antras, P., E. Helpman, "Global Sourcing", *Journal of Political Economy*, Vol.112, No.3, 2004.

178．Arkolakis, C., "A Unified Theory of Firm Selection and Growth", *Quarterly Journal of Economics*, Vol.131, No.1, 2016.

179．Costas, A., A. Costinot, A. Rodriguez-Clare, "New Trade Models, Same Old Gains?" *American Economic Review*, Vol. 102, No. 1, 2012.

180 . Arkolakis, C., S. Ganapati, M.-A. Muendler, "The Extensive Margin of Exporting Products: A Firm Level Analysis", *American Economic Journal*, *Macro*, Vol.13, No.4, 2021.

181 . Arkolakis, C., P. Klenow, S. Demidova, A. Rodriguez-Clare, "Endogenous Variety and the Gains from Trade", *American Economic Review*, Vol. 98, No. 2, 2008.

182 . Aw, B., S. Chung, M. Roberts, "Productivity and Turnover in the Export Market: Micro-Level Evidence from the Republic of Korea and Taiwan (China)", *World Bank Economic Review*, Vol.14, No.1, 2000.

183 . Baldwin, R., "Trade and Industrialization after Globalization's Second Unbundling: How Building and Joining a Supply Chain Are Different and Why It Matters", in Feenstra and Taylor, (eds), *Globalization in an Age of Crisis: Multilateral Economic in the Twenty-First Century*, Chicago: University of Chicago Press, 2014.

184 . Baldwin, R., F. Robert-Nicoud, "Trade and Growth with Heterogenous Firms", *Journal of International Economics*, Vol.74, No.1, 2008.

185 . Bernard, A.B., J. Eaton, J.B. Jensen, S. Kortum, "Plants and Productivity in International Trade", *American Economic Review*, Vol.93, No.4, 2003.

186 . Bernard, A. B., J. Eaton, J. B. Jensen, S. Kortum, "The Empirics of Firm Heterogeneity and International Trade", *Annual Review of Economics*, Vol.4, No.1, 2012.

187 . Bernard, A.B., J. Jensen., "Exporters, Jobs, and Wages in U.S. Manufacturing: 1976-1987", *Bookings Papers on Economic Activity: Microeconomics*, Vol.1995, 1995.

188 . Bernard, A.B., J. Jensen, "Exporters, Skill-Upgrading, and the Wage Gap", *Journal of International Economics*, Vol.42, Vol.1, 1997.

189 . Bernard, A.B., J. Jensen, "Exceptional Exporter Performance: Cause, Effect, or Both?" *Journal of International Economics*, Vol.47, No.1, 1999.

190 . Bernard, A.B., J. Jensen, "Exporting and Productivity in the USA", *Oxford Review of Economic Policy*, Vol.20, No.3, 2004.

191 . Bernard, A. B., J. Jensen, S. Redding, P. Schott, "Firms in International Trade", *Journal of Economic Perspectives*, Vol.21, No.3, 2007.

192 . Bernard, A.B., J. Jensen, S. Redding, P. Schott, "The Margins of U.S. Trade", *American Economic Review*, Vol.99, No.2, 2009.

193 . Bernard, A.B., J. Jensen, P. Schott, "Trade Costs, Firms and Productivity", *Journal of Monetary Economics*, Vol.53, No.5, 2006.

194．Bernard, A.B., J. Jensen, J. Wagner, "The Good Go Abroad", in Laarsonen, (eds). *Evolutions of Firms and Industries*, Statistics Finland Helsinki. 1997.

195．Bernard, A. B., S. Redding, P. Schott, "Comparative Advantage and Heterogeneous Firms", *Review of Economic Studies*, Vol.74, 2007.

196．Bernard, A.B., J. Wagner, "Exports and Success in German Manufacturing", *WeltwirtschaftlichesArchiv*, Vol.133, No.1, 1997.

197．Bhattacharyay, B. N., "Estimating Demand for Infrastructure in Energy, Transport, Telecommunications, Water and Sanitation in Asia and the Pacific: 2010 – 2020", *ADBI Working Paper*, No.248, Tokyo: Asian Development Bank Institute, 2010.

198．Brainard, S., "An Empirical Assessment of the Proximity-Concentration Trade-Off between Multinational Sales and Trade", *American Economic Review*, Vol. 87, No.4, 1997.

199．Broda, C., D. E. Weinstein, "Globalization and the Gains from Variety", *Quarterly Journal of Economics*, Vol.121, No.2, 2006.

200．Bussiere, M., G. Callegeri, F. Ghironi, G. Sestieri, N. Yamano, "Estimating Trade Elasticities: Demand Composition and the Trade Collapse of 2008–2009", *American Economic Journal: Macroeconomics*, Vol.5, No.3, 2013.

201．Cadot, O., C. Carrère, V. Strauss-Kahn, "Export Diversification: What's Behind the Hump", *Review of Economics and Statistics*, Vol.93, No.2, 2011.

202．Chan, J.M.L., K. Manova, "Financial Development and the Choice of Trade Partners", *Journal of Development Economics*, Vol.116, 2015.

203．Chaney, T., "Distorted Gravity: the Intensive and Extensive Margins of International Trade", *American Economic Review*, Vol.98, No.4, 2008.

204．Chaney, T., "Liquidity Constrained Exporters", *Journal of Economic Dynamics and Control*, Vol.72, 2016.

205．Clerides, S., S. Lach, J. Tybout, "Is Learning by Exporting Important? Micro-Dynamic Evidence from Colombia, Mexico, and Morocco", *Quarterly Journal of Economics*, Vol.113, No.3, 1998.

206．Constantinescu, C., A. Mattoo, M. Ruta, "The Global Trade Slowdown: Cyclical or Structural", *IMF Working Paper* 15/6, Washington, DC: IMF Publications, 2015.

207．Dixit, A., J. Stiglitz, "Monopolistic Competition and Optimum Product Diversity", *American Economic Review*, Vol.67, No.3, 1977.

208．Dixit, A., V. Norman, *Theory of International Trade: A Dual General Equilibrium*

Approach, Cambridge, UK: Cambridge University Press, 1980, Chapter 9.

209. Eaton, J., M. Eslava, M. Kugler, J. Tybout, "Export Dynamics in Colombia: Firm-level Evidence", in Helpman, Marinand Verdier, (eds), *The Organization of Firms in a Global Economy*. Cambridge, MA: Harvard University Press, 2008.

210. Eaton, J., S. Kortum, "Technology, Geography, and Trade", *Econometrica*, Vol.70, No.5, 2002.

211. Eaton, J., S. Kortum, *Technology and the Global Economy: a Framework for Quantitative Analysis*, NJ: Princeton University Press, 2011.

212. Eaton, J., S. Kortum, F. Kramarz, "Dissecting Trade: Firms, Industries, and Export Destinations", *American Economic Review*, Vol.94, No.1, 2004.

213. Eaton, J., S. Kortum, F. Kramarz, "An Anatomy of International Trade: Evidence from French Firms", *Econometrica*, Vol.79, No.5, 2011.

214. Ethier, W., "Internationally Decreasing Costs and World Trade", *Journal of International Economics*, Vol.9, No.1, 1979.

215. Ethier, W., "National and International Returns to Scale in the Modern Theory of International Trade", *American Economic Review*, Vol.72, No.1, 1982.

216. Ghironi, F., M.J. Melitz, "International Trade and Macroeconomic Dynamics with Heterogeneous Firms", *Quarterly Journal of Economics*, Vol.120, No.3, 2005.

217. Goldberg, P. K., A. K. Khandelwal, N. Pavcnik, P. Topalova, "Imported Intermediate Inputs and Domestic Product Growth: Evidence from India", *Quarterly Journal of Economics*, Vol.125, No.4, 2010.

218. Grossman G. M., E. Helpman, "Trade, Innovation, and Growth", *American Economic Review*, Vol.80, No.2, 1990.

219. Grubel, H., P. Lloyd, *Intra-industry Trade: The Theory and Measurement of International Trade in Differentiated Products*, MacmillanPublishers, 1975.

220. Haddad, M., J. Lim, C. Pancaro, C. Saborowski, "Trade Openness Reduces Growth Volatility When Countries Are well Diversified", *Canadian Journal of Economics*, Vol.46, No.2, 2013.

221. Hausmann, R., B. Klinger, "Structural Transformation and Patterns of Comparative Advantage in the Product Space", *CID Working Paper* No.128, 2006.

222. Helpman, E., "A Simple Theory of International Trade with Multinational Corporations", *Journal of Political Economy*, Vol.92, No.3, 1984.

223. Helpman, E., "The Structure of Foreign Trade", *Journal of Economic Perspectives*, Vol.13, No.2, 1999.

224. Helpman, E., "Foreign Trade and Investment: Firm-level Perspectives", *Economica*, Vol.81, No.321, 2014.

225. Helpman, E., M.J. Melitz, Y. Rubinstein, "Estimating Trade Flows: Trading Partners and Trading Volumes", *Quarterly Journal of Economics*, Vol.123, No.2, 2008.

226. Helpman, E., M.J. Melitz, S.R. Yeaple, "Export versus FDI with Heterogeneous Firms", *American Economic Review*, Vol.94, No.1, 2004.

227. Helpman, E., P. Krugman, *Market Structure and Foreign Trade*, MIT Press, 1985.

228. Hummels, D., P. Klenow, "The Variety and Quality of a Nation's Exports", *American Economic Review*, Vol.95, No.3, 2005.

229. Juvenal, L., P.S. Monteiro, "Export Market Diversification and Productivity Improvements: Theory and Evidence from Argentinean Firms", *FRB of St. Louis Working Paper*, No. 2013-015A, 2013.

230. Kee, H.L., H. Tang, "Domestic Value Added in Exports: Theory and Firm Evidence from China", *American Economic Review*, Vol.106, No.6, 2016.

231. Keller, W., B. Li, C.H. Shiue, "China's Foreign Trade: Perspectives from the Past 150 Years", *The World Economy*, Vol.34, No.6, 2011.

232. Krugman, P., "Increasing Returns, Monopolistic Competition, and International Trade", *Journal of International Economics*, Vol.9, No.4, 1979.

233. Krugman, P., "Scale Economies, Product Differentiation, and the Pattern of Trade", *American Economic Review*, Vol.70, No.5, 1980.

234. Krugman, P., "Intra-industry Specialization and the Gains from Trade", *Journal of Political Economy*, Vol.89, No.3, 1981.

235. Lancaster, K., "Intra-industry Trade under Perfect Monopolistic Competition", *Journal of International Economics*, Vol.10, No.1, 1980.

236. Lawless M., K. Whelan, "Where Do Firms Export, How Much, and Why", *The World Economy*, Vol. 37, No.8, 2014.

237. Lin, S., Y.Weng, "Market Size, Productivityand Product Quality Regarding Firm Heterogeneity", *Economic Research-Ekonomska Istraživanja*, Vol.32, No.1, 2019.

238. Lu, J., Y. Lu, Z. Tao, "Exporting Behavior of Foreign Affiliates: Theory and

Evidence", *Journal of International Economics*, Vol.81, 2010.

239. Lu, Y., H. Shi, W. Luo, B. Liu, "Productivity, Financial Constraints, and Firms' Global Value Chain Participation: Evidence from China", *Economic Modelling*, Vol.73, 2018.

240. Ma, Y., H. Tang, Y. Zhang, "Factor Intensity, Product Switching, and Productivity: Evidence from Chinese Exporters", *Journal of International Economics*, Vo.92, No.2, 2014.

241. Manova, K., "Credit Constraints, Equity Market Liberalizations and International Trade", *Journal of International Economics*, Vol.76, No.1, 2008.

242. Manova, K., "Credit Constraints, Heterogeneous Firms, and International Trade", *Review of Economic Studies*, Vol.80, No.2, 2013.

243. Markusen, J., "Multinationals, Multi-Plant Economies, and the Gains from Trade", *Journal of International Economics*, Vol.16, No.1, 1984.

244. Mayer, T., M.J. Melitz, G. Ottaviano, "Market Size, Competition, and the Product Mix of Exporters", *American Economic Review*, Vol.104, No.2, 2014.

245. McCalman, P., "International Trade, Income Distribution and Welfare", *Journal of International Economics*, Vol.110, 2018.

246. Melitz, M.J., "The Impact of Trade on Intra-Industry Reallocations and Aggregate Industry Productivity", *Econometrica*, Vol.71, No.6, 2003.

247. Melitz, M.J., G. Ottaviano, "Market Size, Trade, and Productivity", *Review of Economic Studies*, Vol.75, No.1, 2008.

248. Ohlin, B. G., *Interregional and International Trade*, Harvard University Press, 1933.

249. Önder, A.S., H. Yilmazkuday, "Trade Partner Diversification and Growth: How Trade Links Matter", *Journal of Macroeconomics*, Vol.50, 2016.

250. Ottaviano, G., T. Tabuchi, J. Thisse, "Agglomeration and Trade Revisited", *International Economic Review*, Vol.43, No.2, 2002.

251. Pavcnik, N., "Trade Liberalization, Exit, and Productivity Improvements: Evidence from Chilean Plants", *Review of Economic Studies*, Vol.69, No.1, 2002.

252. Qian, X.F., M. Yaşar, "Export Market Diversification and Firm Productivity: Evidence from a Large Developing Country", *World Development*, Vol.82, No.1, 2016.

253. Ricardo, D., *The Principle of Political Economy and Taxation*, Gaersey Press,

1817.

254 . Roberts, M.J., T. Sullivan, J.R. Tybout, "Micro-Foundations of Export Booms", *Mimeo*, World Bank, 1995.

255 . Ruhl, K., J. Willis, "New Exporter Dynamics", *International Economic Review*, Vol.58, No.3, 2017.

256 . Stolper, W., P. Samuelson, "Protection and Real Wages", *The Review of Economic Studies*, Vol.9, No.1, 1941.

257 . Syverson, C., "Market Structure and Productivity: A Concrete Example", *Journal of Political Economy*, Vol.112, No.6, 2004.

258 . Tinbergen, J., *An analysis of World Trade Flows//Shaping the World Economy*, NY: Twentieth Century Fund, 1962.

259 . Tybout, J., "Plant- and Firm-Level Evidence on 'New' Trade Theories", in Choi and Harrigan (eds.), *Handbook of International Trade*, Oxford: Basil Blackwell, Chapter 13, 2003.

260 . Wagner, J., "Productivity and Size of the Export Market, Evidence for West and East German Plants, 2004", *Jahrbücher für Nationalökonomie und Statistik*, Vol.227, No.4, 2007.

后　记

本书是在我所主持的国家社会科学基金青年项目"企业异质性与中国出口市场多元化研究"最终成果基础上修改加工而成的学术专著。此成果能够有幸在人民出版社出版,离不开诸多机构和个人的支持与帮助,谨此致谢。

首先,衷心感谢国家社会科学基金的研究资助和本单位的出版资助,以及全国社科工作办和北京市社科规划办相关人员、本单位领导和同事们的研究支持与帮助。

其次,诚挚感谢五位匿名评审人提出的富有建设性的修改意见与建议,同时衷心感谢我的博士生导师王跃生教授和硕士生导师朱邦宁教授,以及北京大学萧琛教授、王大树教授、董志勇教授、章政教授、陶涛教授和陈仪教授,中国人民大学刘伟教授、雷达教授、赵勇教授和杨瀚方教授,国务院发展研究中心张文魁研究员、袁东明研究员、张俊伟研究员和胡江云研究员,中国社会科学院张卓元研究员、张宇燕研究员、剧锦文研究员和沈铭辉研究员,北京师范大学赵春明教授、蔡宏波教授,对外经济贸易大学林汉川教授和桑百川教授,中央财经大学谭小芬教授,南开大学盛斌教授、李磊教授,浙江大学马述忠教授等的学术指导与支持。

项目在研期间,曾赴美国哥伦比亚大学和纽约市立大学访学七个月,赴美国哈佛大学、普林斯顿大学和俄亥俄大学,日本京都大学和庆应大学等进行学术交流。衷心感谢美国哥伦比亚大学 Graciela Chichilnisky, Jagdish Bhagwati, Joseph Stiglitz, Edmund Phelps, Donald Davis 和 David Weinstein 等教授、纽约市立大学 Peter Chow, Paul Krugman 和 Kevin Foster 等教授、哈佛大学 Elhanan Helpman 和 Marc Melitz 等教授、普林斯顿大学 Gene Grossman 和 Stephen Redding 等教授、俄亥俄大学曹伯龙和李捷理等教授、日本京都大学刘德强和矢野刚等教授、庆应大学大西广教授等的学术交流与支持。

再次,衷心感谢人民出版社再次提供的宝贵出版机会,以及李春生副社长和郑海燕老师的及时指导与热心支持。

项目在研期间,曾公开发表了部分阶段性成果。由衷感谢《中共中央党校(国家行政学院)学报》《改革》《中国特色社会主义研究》《北京师范大学学报》《中国流通经济》《国际经济评论》《亚太经济》《人民日报》《光明日报》《学习时报》和 American Review of China Studies、《经济科学通信》等国内外报刊提供的宝贵发表机会,以及《新华文摘》和人大复印报刊资料《世界经济导刊》《国际贸易研究》《体制改革》等提供的宝贵转载机会。

最后,诚挚感谢爱人和孩子、父母和岳父母,以及舅父母郭通武、许巧玉夫妇和兄嫂马小文、郭姿伶夫妇等所有鼓励和支持我学术研究的亲友们。

今年恰逢党的二十大胜利召开。十年前,在党的十八大胜利召开之年,我的第一部学术专著《企业异质性与中国出口省际失衡研究》有幸在人民出版社出版。党的十八大以来的十年,世界百年未有之大变局加速演进,中国外贸和经济高质量发展遭遇的风险挑战风高浪急,其复杂性、严峻性前所未有。这既对本书研究提出了巨大挑战,也促使我们对现实问题进行更深入思考。希望本书的出版能为相关研究抛砖引玉,也以此喜迎党的二十大胜利召开!

马相东

2022 年 6 月 16 日于北京市委党校

策划编辑:郑海燕
封面设计:石笑梦
版式设计:胡欣欣
责任校对:周晓东

图书在版编目(CIP)数据

企业异质性与中国出口市场多元化研究/马相东 著. —北京:人民出版社,
  2022. 10
ISBN 978 - 7 - 01 - 025174 - 5

I.①企… Ⅱ.①马… Ⅲ.①企业管理-出口贸易-研究-中国 Ⅳ.①F752.62

中国版本图书馆 CIP 数据核字(2022)第 189114 号

企业异质性与中国出口市场多元化研究
QIYE YIZHIXING YU ZHONGGUO CHUKOU SHICHANG DUOYUANHUA YANJIU

马相东 著

人民出版社 出版发行
(100706 北京市东城区隆福寺街 99 号)

中煤(北京)印务有限公司印刷 新华书店经销

2022 年 10 月第 1 版 2022 年 10 月北京第 1 次印刷
开本:710 毫米×1000 毫米 1/16 印张:14
字数:210 千字

ISBN 978 - 7 - 01 - 025174 - 5 定价:76.00 元

邮购地址 100706 北京市东城区隆福寺街 99 号
人民东方图书销售中心 电话 (010)65250042 65289539